歩いて学ぶ
東海道57次

蒲原宿・東海道町民生活歴史館館長
志田威

はじめに

旧街道には多くの歴史が詰まっています。本陣などの遺構は少なくなったとはいえ、道沿いには並木道・石畳・一里塚・道標などが残り、往時の旅の様子を伝えています。街道歩きは高齢になっても楽しめるものであり、まさに人生100年時代にぴったりの趣味といえましょう。特に東海道は江戸と京・大坂を結ぶ重要な街道であり、歴史を学びながら歩くことは大変有意義です。

東海道の宿場は一般的に「53次」と称されます。これは江戸の日本橋から京の三条大橋を結ぶ道として広く世間に知られていますが、一方で江戸期の東海道には京手前の髭茶屋追分で分岐し、大坂方面へと続く道も存在していました。道中には伏見・淀・枚方・守口の4つの宿場があり、大坂の高麗橋へ至ることから、現在では「57次」ともいわれます。

このように江戸期には「京までの53次」と「大坂までの57次」が併存していた東海道ですが、歌川広重の描いた浮世絵「東海道五十

三次」のヒットや、明治以降の街道政策の見直しなどの影響により、大坂までの経路は次第に忘れ去られました。

ただ、昭和53・54年に静岡県教育委員会がまとめた文化庁「歴史の道調査事業」の報告書には、「江戸幕府の東海道に対する認識は、一般には大津より更に西方へ伏見、淀、枚方、守口の宿駅を通って大坂に至るまでを指す場合が多い。従って『東海道五十七宿』というべきかもしれない」と記載され、平成6年の復刻版でも同様に記しています。また、近年の高校教科書などにも、京までの53次のほかに、大坂までの57次が記載されることが増えてきました。

徳川家康によって創設された東海道宿駅伝馬制は、三代家光時代の寛永元年（1624）に庄野宿（三重県）が置かれたことで、「京までの53次・大坂までの57次」となりました。2024年はこの東海道完成から、400周年という記念の年に当たります。本書を通じ、江戸時代の最重要街道であった東海道について、正確な理解を深めていただくことを願っています。

※幕府の天保14年調査記録（東海道宿村大概帳）より作成

目次

東海道57次とは？

太平の世を支えた江戸——京・大坂の大動脈

　徳川家康は慶長5年（1600）9月15日に関ヶ原の戦いに勝利すると、すぐさま街道政策に着手した。具体的には、江戸と京をつなぐ東海道に40ほどの駅（宿・宿駅・宿場）を置き、各駅に人足36人、伝馬36疋を常備させるもので、全駅がこの人馬を使い、役人を隣宿まで送り届けるよう幕府から命じられた。

　翌慶長6年（1601）に始まったこの制度は、家康の朱印状や高官が記した証文持参者であれば無賃で利用できた。宿駅といえば、旅人たちが寝泊まりした休泊地のように語られることが多いが、実際の使命は幕府の役人たちがスムーズに移動を行えるように整備された旅支援中継基地だった。

　関ヶ原の戦いの後、家康は江戸幕府を開き、天下人となったが、西国の外様大名たちの動向には注意を払う必要があった。その意を汲んだ二代将軍・秀忠は大坂の陣後、大坂城を再建し、東海道を大坂まで延伸することで、豊臣恩顧の大名へにらみを利かせた。大津宿の先にある髭茶屋追分から大坂へと至る街道には、伏見・淀・枚方（牧方）・守口の4宿が置かれ、これにより京・大坂の2カ所が東海道の終端となった。

　この内、江戸から京までの東海道は、歌川広重が「幕府が朝廷にお馬を献上する道中」として浮世絵に描き、好評を博したことで広く知られた。さらに明治以降も教科書などで紹介されたことで、次第に「東海道といえば53次」というイメージが形成され、「大坂までの57次」は忘れ去られた。

　しかし、文化3年（1806）に幕府道中奉行所が作成した「東海道分間延絵図」には、江戸から大坂ま

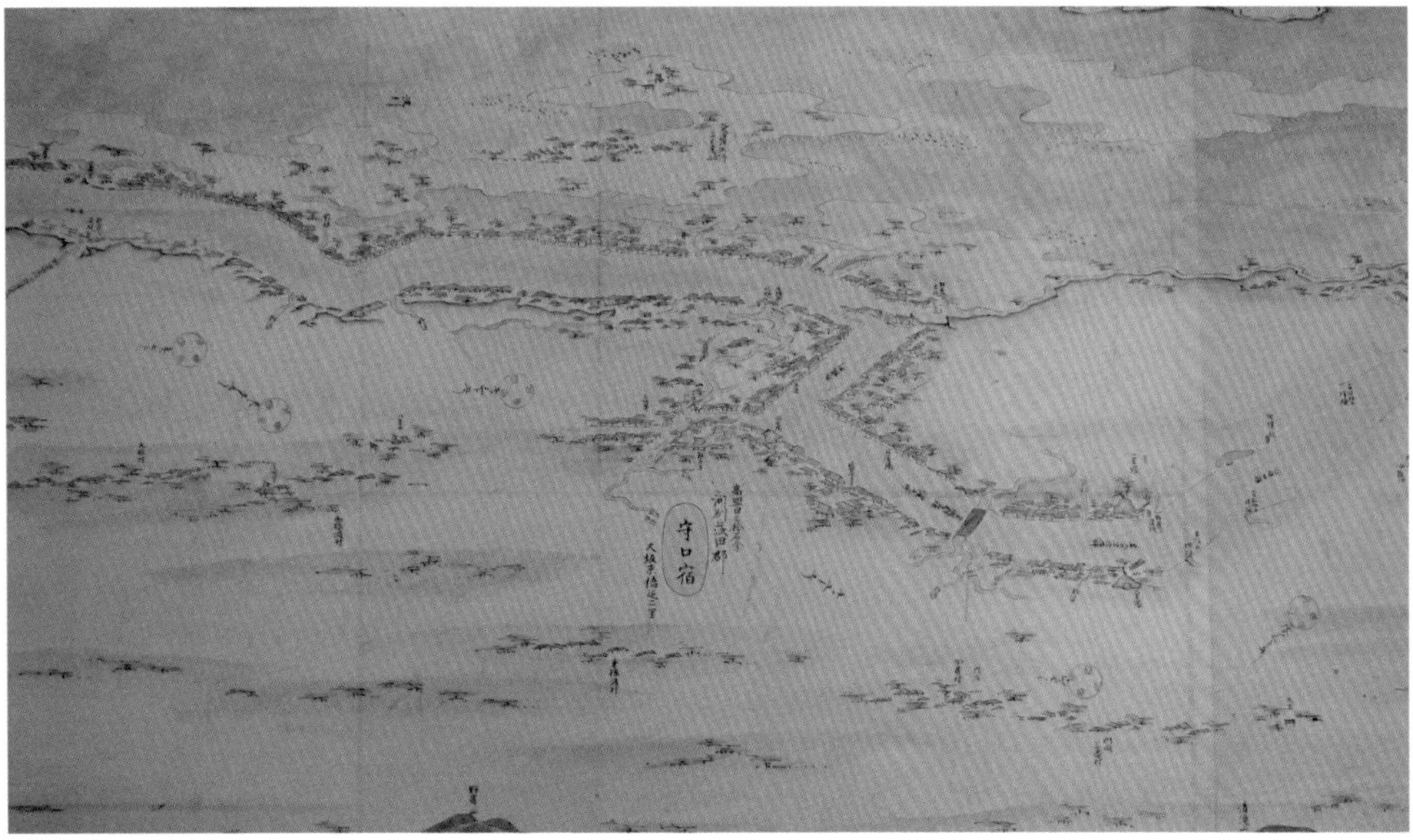

東海道分間延絵図（文化3年完成）には大坂までの宿駅が描かれている（郵政博物館蔵）

での道中の様子が細かく描かれている。天保14年（１８４３）の幕府調査記録「東海道宿村大概帳」にも大坂までの各宿駅の人口や石高、休泊施設などが記されており、幕府が東海道を「大坂までの57次」と認識していたことが分かる。

寛永元年（１６２４）、東海道に最後の宿駅である庄野宿が置かれ、この時点で東海道は江戸から京までの53継立、大坂までの57継立となった。その後、津波による被災等で宿駅移動はあるものの、新たに宿駅が追加されることはなく、宿駅伝馬制度は明治初期まで続いた。「沿線の潜在力を遠隔地の管理に活用する」という画期的な発想が、２６０余年にわたる江戸幕府の礎を築いたといっても過言でないだろう。

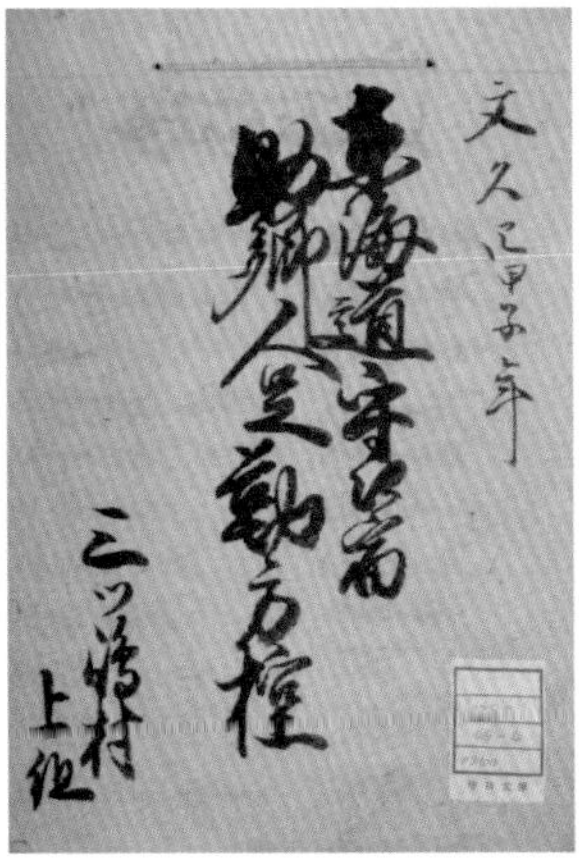

東海道守口宿と書かれた
江戸期帳簿（守口文庫蔵）

本書について

◆本書は東海道57次の宿ごとに、代表的な史跡や観光施設を紹介しています。宿周辺の簡易的な地図も掲載しているので散策の参考にしてください。なお、宿と宿の間をつなぐ街道については省略している部分がありますのでご注意ください。

◆宿データの内、戸数・人口・本陣・脇本陣・旅籠・距離（宿駅の長さ）は天保14年（1843）の調査に基づき道中奉行所が作成した「宿村大概帳」に準じています。

◆宿周辺マップに記されている赤い点線は東海道を示しています。

◆記載されている情報は2023年12月現在のものです。変更になる場合もあるので、お出かけの際は該当自治体の観光協会や各施設などにご確認ください。

PART 1

日本橋〜箱根峠

東海道57次は日本橋から始まる。
花のお江戸は徳川将軍家の史跡が豊富で、
見どころ十分。
相模国へと向かう道中には、
幕末ゆかりの地も点在する。
天下の険で名高い箱根峠は、
石畳が続く風情あふれる旅路だ。

始

日本橋

将軍家ゆかりの名所が目白押し

五街道の起点となる日本橋から、いざ東海道57次の旅へ。都内に残る将軍家ゆかりの名所を巡ってみよう。

宿データ

場所／東京都中央区
戸数／ー
人口／ー
本陣／ー
脇本陣／ー
旅籠／ー
距離／ー
最寄り駅／JR東京駅

①江戸城
15代にわたる徳川将軍家が居城とした天下人の城。田安門・清水門・外桜田門などが現存する

旅の始まりは天下人の城から

江戸は徳川家康が幕府を開いて以降、世界最大級の都市として栄える日本の中心地。「東京」となった今も、街道沿いには歴史を感じさせる見どころが多く残っており、歩きがいがある。

東海道の起点は日本橋だが、その前にまずは東京駅の西側に広がる**①江戸城**へ行ってみたい。将軍は代々江戸城に居を構え、周辺には全国各地の大名が滞在する武家屋敷が置かれていた。現在は皇居となっているが、本丸や二の丸、三の丸の一部は見学することができる。

城内には富士見櫓や田安門、外桜田門などの建築物が残り、忙しなく働きまわっていた往時の役人の姿を想像させる。本丸には堅固な石垣で固められた天守台も現存。天守は明暦の大火（1657）によって焼失し、その後は財政的な問題から再建されることなく今に至っている。

城を後にして日本橋方面へ向かうとコの字型の枡形《ますがた》が見えてくる。ここは**②常盤橋門跡**と呼ばれ、かつて城門があった。門前に架かる常盤橋は天正18年

②常盤橋門跡
江戸城外郭に築かれた重要な桝形門の跡地。石垣が現存する

③日本橋

慶長8年（1603）に架かれ、現在の石造2連アーチ橋は明治44年（1911）に完成。袂には魚市場発祥の地碑が立つ

日本国道路元標
（複製）

（１５９０）に架橋され、両国橋が架かるまでは江戸では最も大きな橋だった（橋は明治10年に改架）。

　その先にある**③日本橋**は、東海道や中《なか》山道《せんどう》など、五街道の起点として名高い。ただし、家康が東海道に宿駅伝馬制を敷いた慶長６年の時点では、まだ橋は存在せず、２年後にようやく架橋された。現在の橋は明治44年（１９１１）に作られた石造りの洋風橋で、中心部には現在の主要道の起点として「日本国道路元標」が埋め込まれている。

　ここから東海道を南西にしばらく進んでいくと、銀座役所の跡地がある。「銀座」という地名は慶長17年（１６１２）、駿河・府中宿にあった銀貨鋳造役所がこの地に移転したことに由来し、現在、跡地には**④銀座発祥の地の碑**が立っている。当時は「新両替町」だったが、通称として「銀座町」とも呼ばれており、明治以降、正式な地名となった。

④銀座発祥の地の碑

鋳造所は現在の銀座2丁目周辺にあり、一分銀・一朱銀などの鋳造が行われた

恩賜庭園を愛《め》で、歴代将軍が眠る寺へ

JR新橋駅近くまで来ると、⑤**旧新橋停車場**がある。明治5年（1872）、新橋―横浜間に日本初の鉄道が開業した際、新橋駅舎が建っていた跡地で、国史跡の遺構が見学できる。現在は当時の外観を再現した資料館が建ち、近代日本の歩みを今に伝えている。

東海道からはやや外れるが、近くには⑥**浜離宮恩賜庭園**もある。四代将軍・家綱の弟で、甲府宰相の松平綱重の屋敷があったこの地は、同家出身の家宣《いえのぶ》が六代将軍になると将軍家の城外屋敷として活用された。以降、歴代将軍が鴨猟や鷹狩りに足繁く通い、樹齢300年に及ぶ見事な松や鴨場もそのまま残されている。

ちなみに、その先には⑦**旧芝離宮恩賜庭園**もあるので時間があれば立ち寄りたい。かつては老中・大久保忠朝の上屋敷だった埋立地で、幕末になると紀州徳川家が所有。中国の西湖を模した石造りの堤などがあり、江戸期の大名庭園の雰囲気を今に伝える。

ここから大門通りを西へ行くと、⑧**増上寺**にたどりつく。神君・家康の大葬儀を挙行したほか、歴代の6将軍や皇女和宮《かずのみや》らが眠る将軍家の菩提寺である。国指定重要文化財の三解脱門をはじめ、二代・秀忠の霊廟・台徳院殿の惣門、七代・家継の霊廟への二天門、将軍たちが参拝時に利用した御成門などが現存する。

なお、御成門の北東にある小高い丘は愛宕《あたご》山で、頂上には⑨**愛宕神社**が建つ。家康が幕府を開く際、防火の守り神として建立された神社で、慶応4年（1868）に西郷隆盛と勝海舟が最初に会談した場所といわれる。その後、江戸城無血開城がまとめられるが、JR田町駅近くにはその舞台となった⑩**薩摩藩邸跡**の石碑が建っている。

⑤旧新橋停車場
新橋停車場の初代駅舎の外観を再現。現地から出土した犬釘や双頭レールなどが展示されている

⑦旧芝離宮恩賜庭園
かつて楽壽園と名付けられた回遊式泉水庭園。勇壮な石組も見どころの一つ

⑧増上寺
明徳4年（1393）、武蔵国貝塚（千代田区）に念仏伝法堂として創建。徳川家の菩提寺となり慶長3年（1598）に現在の地に移転した

⑥浜離宮恩賜庭園
代々将軍家の城外屋敷として活用された庭園。海水を引き込める池のほか、鴨場や馬場跡もある

ミニ知識

「桜あんぱん」で有名な銀座木村家のビルに掲げられている「木村家」の文字は、幕臣・山岡鉄舟がしたためた書を再現したもの。創業者の木村安兵衛は明治7年に酒種あんぱんを考案。親交のあった鉄舟を通じて天皇へ献上され、一躍有名となった。

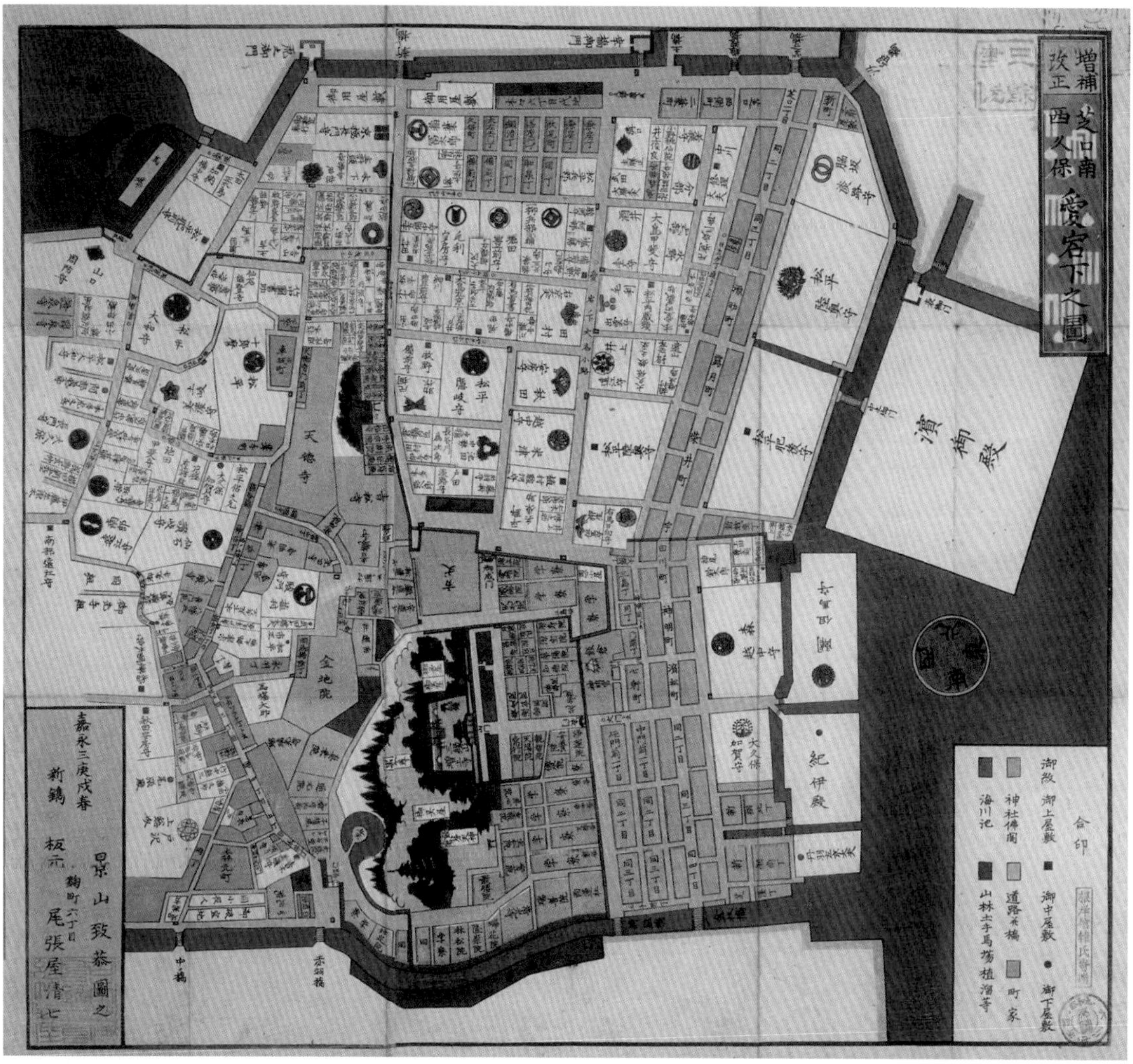

江戸切絵図 芝愛宕下絵図 国立国会図書館デジタルコレクション
東の海に突き出た「濱御殿」は現在の浜離宮恩賜庭園。「紀伊殿」は現在の旧芝離宮恩賜庭園に当たる。西側、大門通りの先には増上寺があり、北には愛宕山も描かれる

⑩薩摩藩邸跡
西郷隆盛と勝海舟が「江戸城無血開城」をめぐって会談を行った場所の一つ

⑨愛宕神社
家康が江戸幕府を開く際、慶長8年（1603）に防火の守り神として創建された。花見の名所としても有名

01

品川宿

旅人で賑わった江戸の玄関口

品川宿は日本橋を発した旅人にとって、最初の人馬継立地。道幅の狭い商店街には、今も歴史ある寺院などが点在する。

宿データ

場所／東京都品川区
戸数／1561
人口／6890
本陣／1
脇本陣／2
旅籠／93
距離／19町40間
最寄り駅／京急北品川駅

北品川商店街　かつての品川宿の中心部。現在は旧道沿いに商店街が続く

商店街を抜け、幕末明治の舞台を歩く

中山道の板橋宿、甲州道中の内藤新宿、日光道中の千住宿とともに江戸四宿に数えられる品川《しながわ》は、いわば江戸の玄関口に当たる。江戸から上方へ向かう者にとっては最初の宿だが、江戸を目指す者にとっては最後の宿となるため、旅の苦労を吹き飛ばそうと羽目を外す旅人も多かったようだ。

また、幕末には生活に困窮した民衆による「打ちこわし」が発生するなど、開国・攘夷の動乱に関する出来事も多く起こり、江戸城間近の宿ならではの緊張と緩和が入り交じる町でもあった。

宿の手前、ＪＲ高輪《たかなわ》ゲートウェイ駅近くには**①高輪大木戸跡**がある。もともとは宝永7年（１７１０）、江戸の南口の交通規制と治安維持のために芝口門に建造されたが、その後、現在の場所に移された。現在は海岸側の石垣のみが残り、その規模から幕府の江戸防衛にかける強い決意も感じられる。

東海道（第一京浜）を少し進むと**②泉岳寺**がある。もともとは家康が慶長17年（１６１２）に外桜田に創建した寺院であったが、寛永18年（１６４１）に

①高輪大木戸跡
現在は海側のみ堅固な石垣が残っている

②泉岳寺
徳川家康が、今川義元の孫である門庵宗関和尚を迎えて創建。赤穂四十七士の墓が残る

焼失。その後、浅野家などによって現在地に再建された。その縁から境内には忠臣蔵で有名な浅野内匠頭《たくみのかみ》が祀られ、主君を囲むように赤穂義士の墓も並んでいる。

　JR品川駅から東海道を南に進み、日本最初の跨線橋といわれる八ツ山橋跨線橋を越えると、いよいよ品川宿に到着する。宿場は京浜急行北品川駅から鉄道と運河に挟まれた形で続き、今もさまざまな店が並ぶにぎやかな商店街になっている。

　同駅すぐ先の左手には、幕末の志士にゆかりの深い旅籠屋**③土蔵相模跡**がある。文久2年（1862）、御殿山に建設中だった英国公使館を焼き討ちした際、首謀者である高杉晋作、久坂玄瑞、伊藤博文ら長州藩士が密議を凝らした旅籠「相模屋」の跡地だ。土蔵相模という名は、外壁が土蔵のような海鼠《なまこ》壁だったことに由来するという。

　ちなみに宿の西にある高台は**④御殿山**と呼ばれ、三代将軍・家光がこの地に鷹狩りや茶会のための御殿を築いたことからその名が付いた。家光は18年間に200回近くもこの地を訪れ、寛永16年（1639）には僧・沢庵のために東海寺も建立している。幕末になると攘夷派浪士による外国人殺傷事件が続いたため、幕府は警備のために各国公使館をこの地に集めようとしたが、前述の焼き討ち事件により計画は頓挫した。

④御殿山
かつては将軍家の御殿があり、鷹狩りや茶会などで度々利用された。三代将軍・家光は特にこの地を好んだという

③土蔵相模跡
幕末の志士たちに利用された旅籠の跡地。桜田門外の変を起こした水戸浪士たちも前日、ここに集結した

東都名所 御殿山花見・品川全図（一立斎広重）
国立国会図書館デジタルコレクション
江戸中期以降、桜の名所として花見客で賑わった御殿山。
眼下には品川沖と東海道の街並みが広がる

土蔵相模跡からさらに商店街を進むと、⑤**聖蹟《せいせき》公園**にたどり着く。ここにはかつて宿の本陣があり、明治元年（1868）に明治天皇が京から御東行する際の宿泊地にもなった。

商店街からは離れるが、ここから第一京浜（国道15号）を越えたところには⑥**品川神社**がある。家康が戦勝祈願を行ったことで知られ、宝物殿には神輿などの家康ゆかりの品が展示されているほか、自由民権運動で知られる板垣退助の墓もある。

聖蹟公園からそのまま南に進むと、品川宿交流館が見えてくる。宿の文化と歴史を伝える展示もあり、休憩がてら立ち寄るのも良いだろう。その先にある⑦**品川寺《ほんせん》**は品川区最古の寺院。江戸六地蔵の一つがあり、樹齢600年の大銀杏も広く知られる。

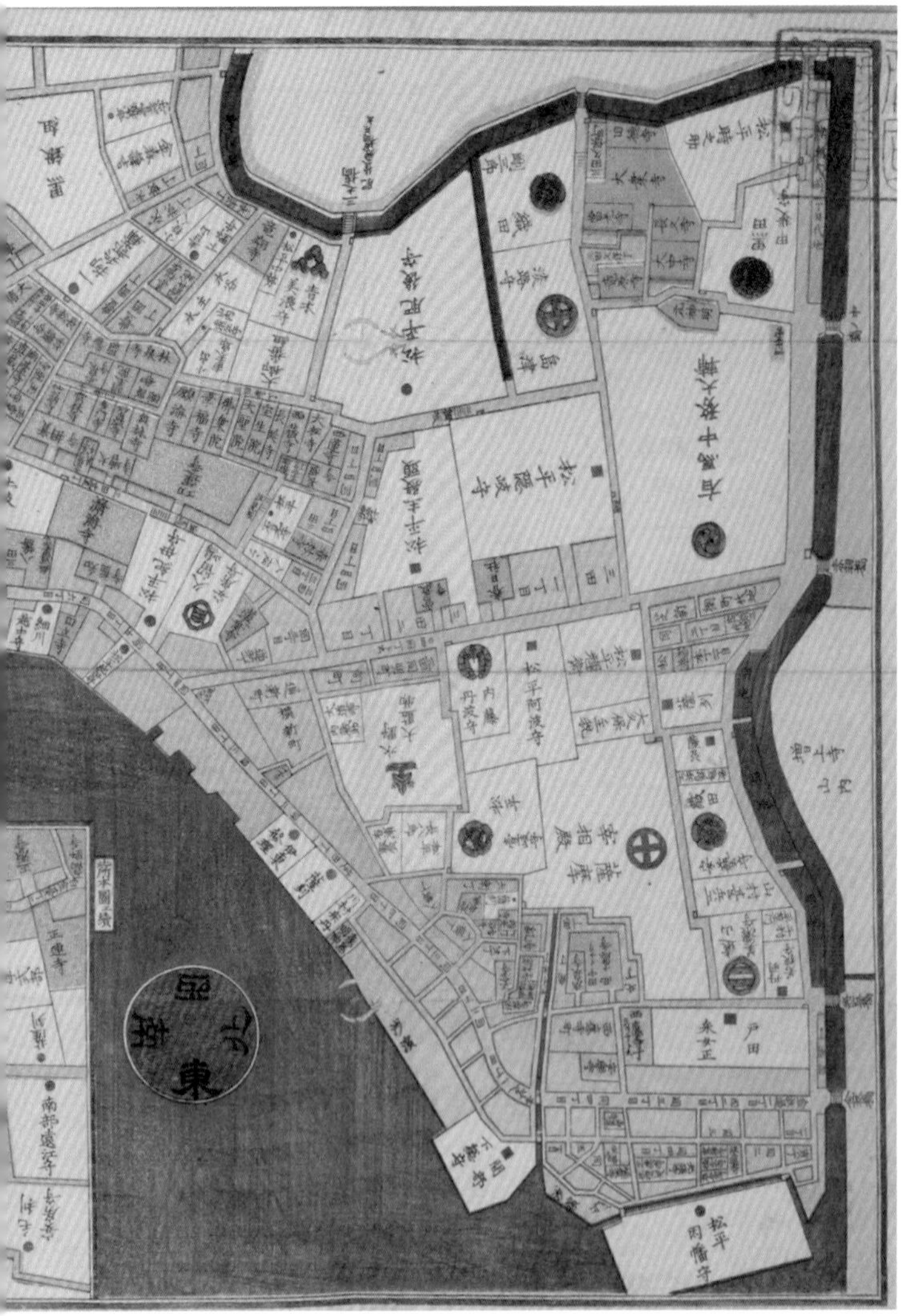

江戸切絵図 芝高輪辺絵図 国立国会図書館デジタルコレクション
嘉永2年～文久3年刊。絵図の中央上部が高輪周辺。
東海道を海沿いに南（左）へ進んでいくと「御殿山」があり品川宿へと続く

⑤聖蹟公園
かつては品川宿の本陣があり、東京遷都の際、明治天皇も宿泊した。現在は市民の憩いの場

案内所

品川宿交流館
品川宿を紹介する観光案内施設。付近には奈良時代創建の荏原神社もある

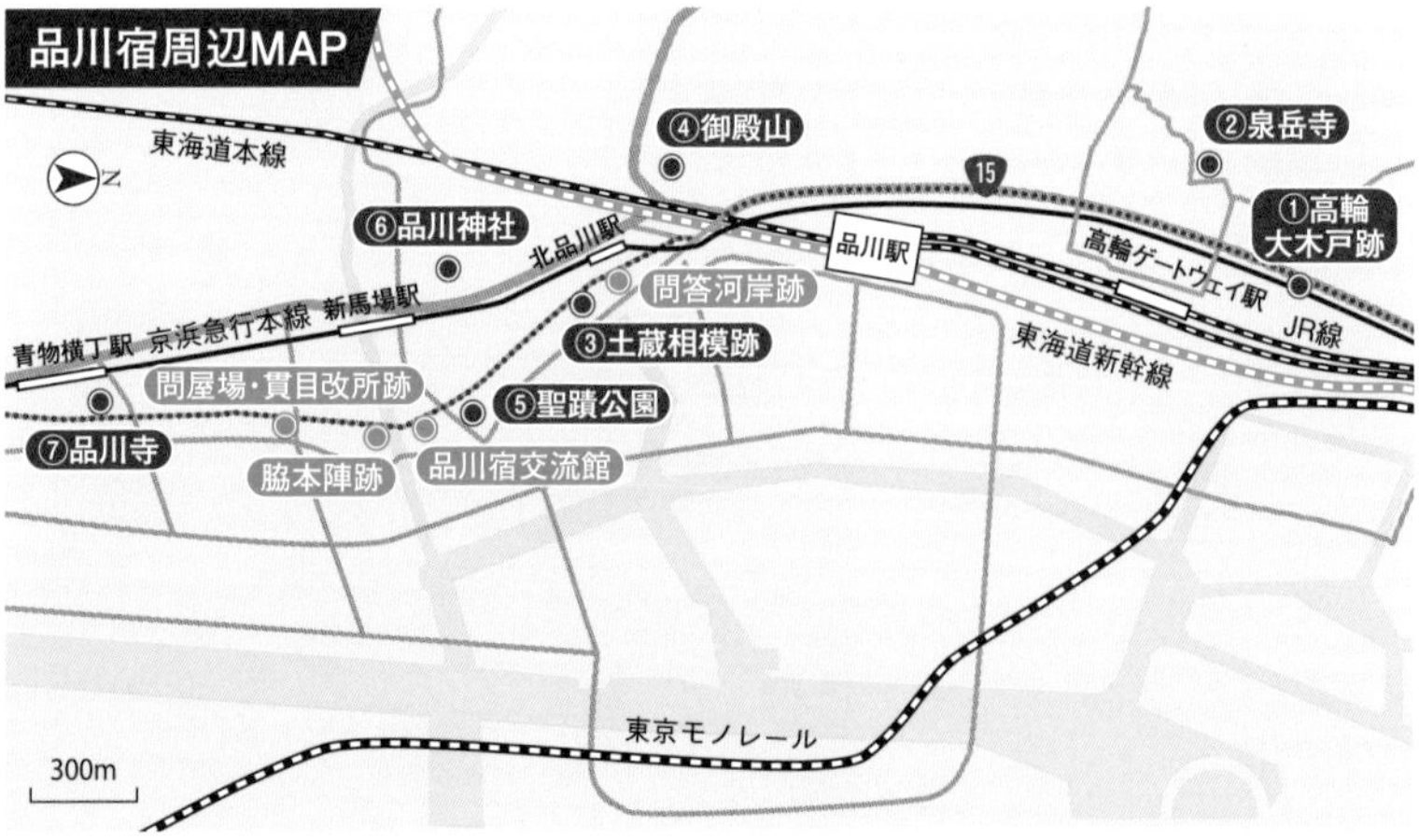

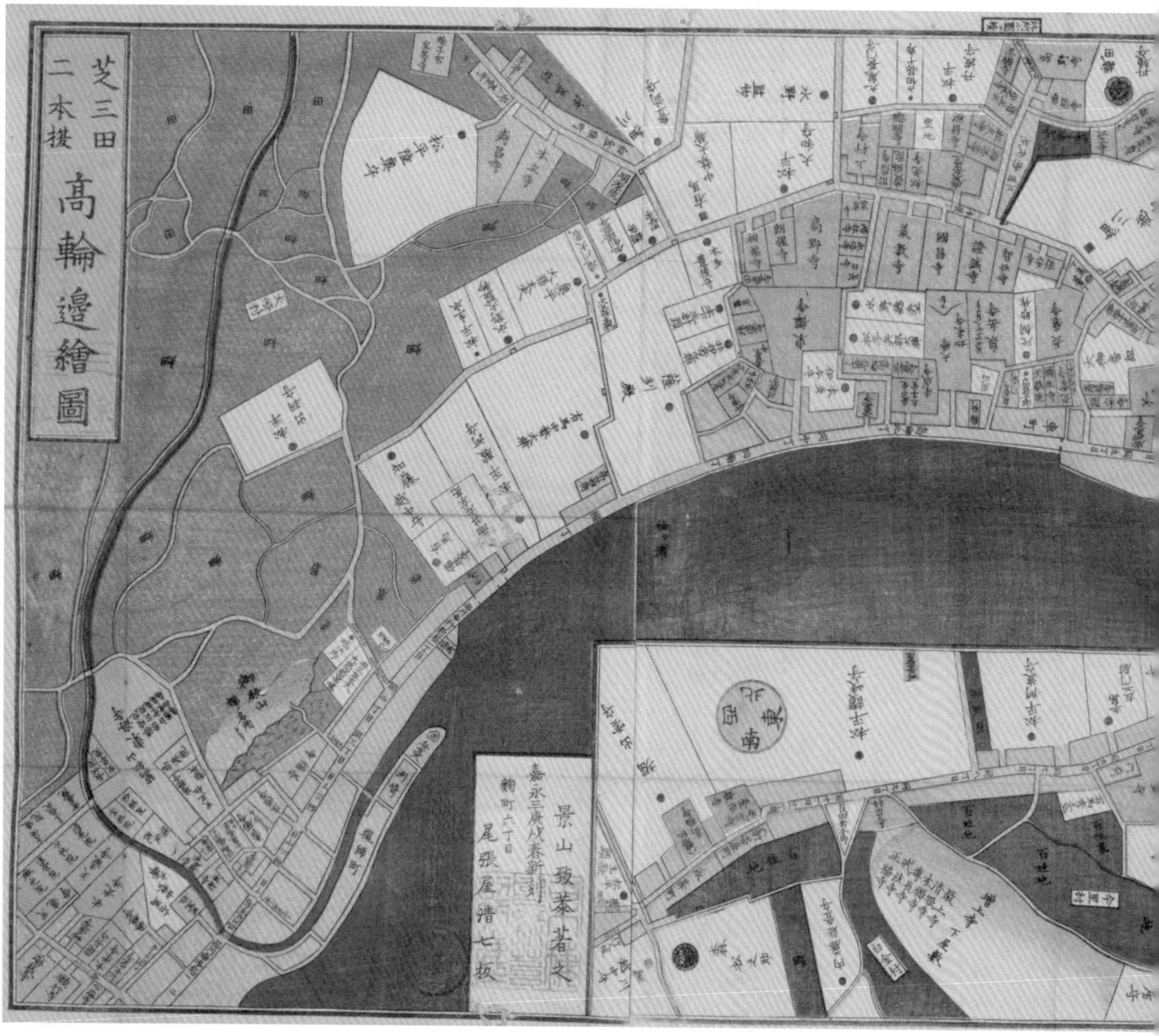

品川・川崎間の史跡

鈴ヶ森刑場跡

宿の南にある鈴ヶ森刑場は江戸二大刑場の一つといわれ、慶安の変の首謀者・丸橋忠弥や、八百屋お七らが処刑された地。手前を流れる立会川には、この地で罪人と家族が涙ながらに別れたことから涙橋（浜川橋）と呼ばれる橋が架かっている。

⑥品川神社

文治3年（1187）、源頼朝により創建された古社で、東京十社の一つに数えられる

⑦品川寺

大同年間（806～810）開創の古刹。山門は江戸期に建立され、大梵鐘は慶応3年（1867）のパリ万博に出品された

02

川崎宿

最初の関門・六郷川を越える

品川宿を越えると、東海道はやがて六郷川（多摩川）にぶつかる。対岸へと渡る船は、川崎宿を目指す旅人や厄除け祈願の参詣者で賑わった。

宿データ

場所／神奈川県川崎市川崎区
戸数／541
人口／2433
本陣／2
脇本陣／0
旅籠／72
距離／13町52間
最寄り駅／JR川崎駅・京急川崎駅

①六郷川
多摩川下流域は六郷川と呼ばれ、宝永6年（1709）以降は川崎宿が渡船業務を担当した

川崎大師に寄り道 道中には芭蕉句碑も

川崎《かわさき》宿は伝馬制が始まった当初、間の宿であったことから宿泊業務は禁じられていた。しかし、地元が熱心に願い続けた結果、元和9年（1623）に宿駅に指定された。

川崎宿の手前には**①六郷川**（多摩川）が流れる。江戸時代の六郷大橋は全長120間（約218m）で、矢作橋、瀬田の唐橋、吉田大橋と並んで東海道四大橋の一つに数えられていた。しかし、増水による橋脚流出が続き、貞享5年（1688）以降は渡舟に変更された。

橋を渡ると大師道との追分に差しかかる。ここにはかつて万年屋と呼ばれた旅籠があった。「奈良茶飯」が名物だったといわれ、幕末にはアメリカ総領事ハリスが、明治以降には皇女和宮《かずのみや》が宿泊したことでも知られている。

ここから川沿いに東へ向かう道は川崎大師（平間寺）へと続く。厄除け大師として知られ、江戸町民の信仰も集めたことから、川崎宿も大いに賑わった。十一代将軍・家斉《いえなり》も41歳の厄除け祈願に参詣している。

東海道を進むと田中本陣跡の案内板が見えてくる。江戸中期に当主を務めた田中休愚は、幕府のあり方をまとめた「民間省要」を記し、幕府の普請御用役に抜擢された人物である。荒川、多摩川下流、酒匂《さかわ》川の治水工事を行い、疲弊していた宿財政を立て直した功績で知られる。

中心街を抜けた先には、**②芭蕉句碑**が建つ。「麦の穂を　たよりにつかむ　別れかな」。元禄7年（1694）、松尾芭蕉が弟子たちと別れ、郷里・伊賀上野に帰る際に詠んだもので、この年の10月、芭蕉は51歳の生涯を終えた。

その先には京浜地区に唯一現存する「市場一里塚」があり、鶴見川を越すと総持寺に着く。総持寺は永平寺と並ぶ曹洞宗の大本山。明治31年（1898）に能登の本山が焼失したため、当地に再建された。境内は約15万坪もある巨大な寺院である。

**明和二乙酉年
川崎宿船場町絵図**
川崎市市民ミュージアム蔵

六郷川（多摩川）から川崎宿までを描いた図。徳川家康によって架けられた六郷大橋が洪水によって流出したため、貞享5年（1688）以降は渡船による川越しとなった

足を延ばして…

川崎大師
大治3年（1128）創建、真言宗智山派の大本山。江戸から日帰り可能な霊場として、多くの庶民が参拝に訪れた

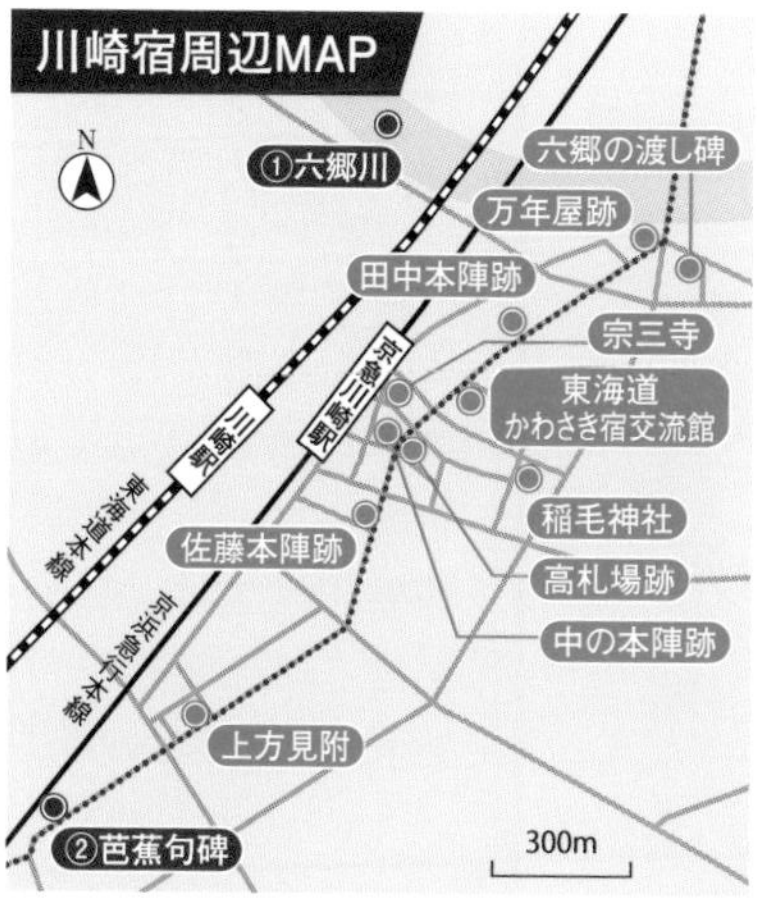

②芭蕉句碑
京急八丁畷駅近くに立つ松尾芭蕉の句碑。文政13年（1830）、俳人一種により建立された

名物 奈良茶飯風おこわ
万年屋でふるまわれていた人気食を現代風のおこわにアレンジ。交流館付近の「菓寮東照」本店で販売されている

東海道かわさき宿交流館
茶屋「万年屋」を再現した休憩スペースや、宿の歴史を学べる映像資料、宿の街並みを再現したジオラマが展示されている

川崎・神奈川間の史跡

生麦事件碑

文久2年（1862）8月に起こった生麦事件の碑。薩摩藩の島津久光一行が京へ上る途中、行列を横切った英国人を殺傷した事件で、後の薩英戦争の引き金となった。

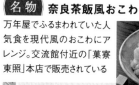

03

幕末動乱期の足跡をたどる
神奈川宿

幕末を迎え、開国と攘夷の狭間で大きく揺れた神奈川宿。ゆかりの地を訪ねれば、動乱期の日本の足跡が見えてくる。

①成仏寺
幕末にアメリカ人宣教師の宿舎として使われ、ヘボン博士も滞在した

②洲崎大神
建久2年（1191）創建と伝わる神社。神社から伸びる参道の先にかつては船着き場があったという

③本覚寺
開港当時、アメリカ領事館が置かれ、山門の一部にペンキの跡が残る

高札場
宿内には復元された高札場もある

宿場に点在する欧米ゆかりの寺院

神奈川《かながわ》宿は中世の時代から交通の要衝として栄えたため、家康が伝馬制を敷いた際にも人馬継立地として選ばれた。ただ、宿として大きく注目されるようになったのは、嘉永6年（1853）のペリー来航以降である。

江戸に接近したいアメリカと、浦賀に留めておきたい幕府。両者の思惑がぶつかり合う中、会談場所として中間地の神奈川宿と隣の横浜村が選ばれ、町の様子は一挙に変貌した。

宿内には欧米諸国と関係する寺院が今も多く残っている。**①成仏寺**はローマ字のヘボン式表記で知られるヘボン博士が滞在した寺で、日本初の和英辞典もこの地で編纂《へんさん》された。その西にある宗興寺は、ヘボン博士が施療所を開いた寺院。ヘボン博士は宣教医であり、当寺で人々に無賃で診療を行った。なお、寺の裏手にある大井戸の水は名水として知られ、二代将軍・秀忠の茶の湯に供されたほか、明治天皇の御用水にも指定された。

④田中家
広重の浮世絵にも描かれた台町周辺。料亭・田中家は今も営業を続けている

宿データ

場所	神奈川県横浜市神奈川区
戸数	1341
人口	5793
本陣	2
脇本陣	0
旅籠	58
距離	18町29間
最寄り駅	JR東神奈川駅 京急神奈川駅

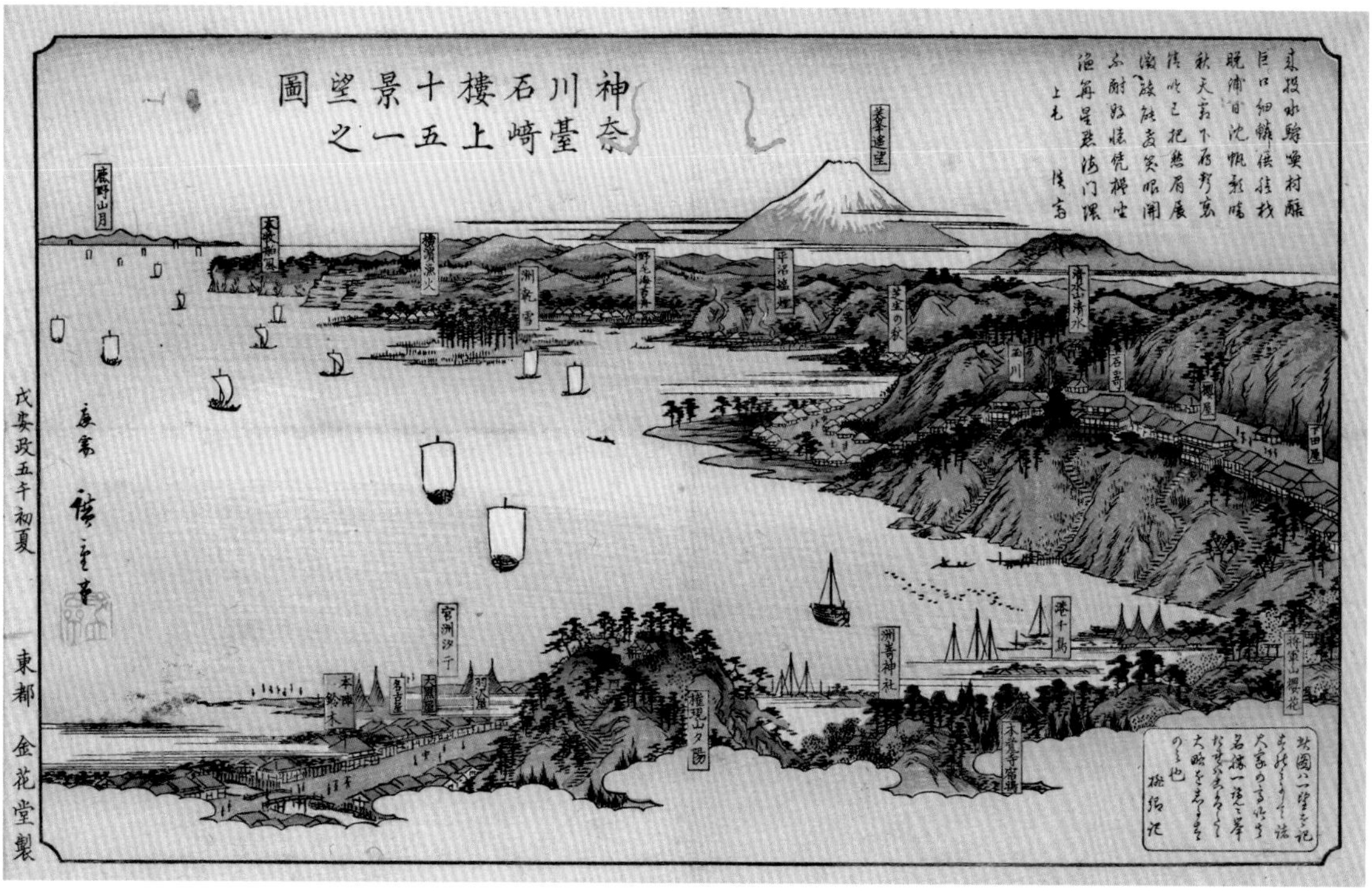

神奈川台石崎楼上十五景一望之図 横浜開港資料館蔵
安政５年(1858)初代広重

ここから源頼朝が創建した②**洲崎大神**を越え、京急神奈川駅を右手に見ながら線路を抜けるとアメリカ領事館として使われた③**本覚寺**がある。ハリス一行が同寺に星条旗を掲げた時、建物の一部にペンキを塗ったといわれ、これが日本で初めてのペンキ使用となった。

本覚寺を過ぎると緩やかな登り坂となり、台町と呼ばれる地区に入る。江戸時代は港を見下ろす眺望で知られ、広重の浮世絵の題材にもなった地で、当時は「さくらや」をはじめ、多くの茶屋がひしめいていた。今も坂本龍馬の妻・お龍《りょう》が働いていた④**田中家**が営業している。

⑤神奈川台の関門跡
横浜周辺の警備強化のため、神奈川宿の西に設けられた関門の跡地

その先には⑤**神奈川台の関門跡**の石碑が立つ。開港後、外国人の殺傷事件が相次ぎ、幕府は開国に反対する浪士たちの動きを封じようと、周辺に見張り番所10カ所、関門７カ所を設けた。この石碑はそのうちの１カ所。当時、関門には木戸や面番所が置かれ、同心や足軽を配して暴挙に備えた。

神奈川宿周辺MAP

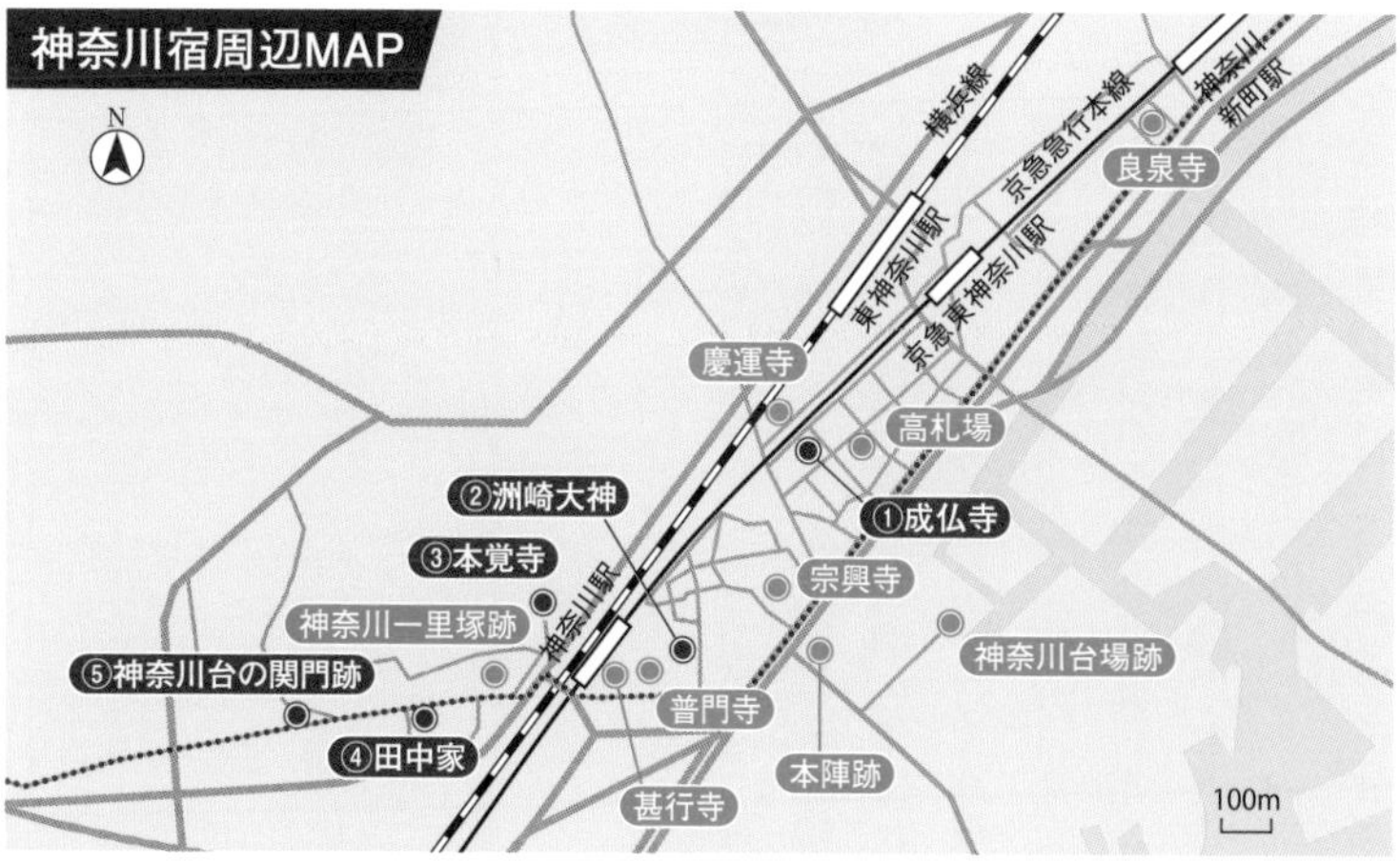

04

保土ヶ谷宿

難所を控えた"最初の宿"

江戸発の多くの旅人にとって最初の宿泊地となった保土ヶ谷。宿を越えると待ち受ける権太坂は街道の難所として名を馳せた。

宿データ

場所	神奈川県横浜市保土ヶ谷区
戸数	558
人口	2928
本陣	1
脇本陣	3
旅籠	67
距離	19町
最寄り駅	JR保土ヶ谷駅

④旅籠本金子屋跡
街道沿いに建つ、旅籠の面影を残す建築物。敷地内には本格的な日本庭園も残る（非公開）

鎌倉・江ノ島に続く金沢道との追分

江戸から8里9町（約32㎞）の距離にある保土ヶ谷《ほどがや》宿は、戸塚宿が置かれるまでは旅人が泊まる最初の宿として賑わった。しかし、慶長9年（1604）に戸塚が宿駅に指定されると客数は激減し、両宿間で客引き合戦が演じられる。

神奈川宿方面から東海道を進むと、宿の手前に見えてくるのが**①旧帷子《かたびら》橋跡**だ。往時は幅3間、長さ15間の板橋が架かっていたが、現在は公園として常夜灯などのモニュメントが建てられている。

宿中心部はJR保土ヶ谷駅前に当たり、付近には**②金沢横町道標**がある。ここは金沢道との追分に当たり、金沢八景を通って鎌倉、江ノ島に行くことが可能。最終的には藤沢宿で東海道に合流する観光的往還で、江戸中期以降は多くの人々が散策を楽しんだ。

JR東海道本線の南側には**③苅部（軽部）本陣跡**があり、往時の通用門が残る。当本陣は江戸中期、豪商・紀伊国屋文左衛門の次男が婿に入ったことで、大きく発展した。近くにある**④旅籠本金子屋跡**の建物は明治に建て替えられ

②金沢横町道標
金沢道との追分にある4基の道標。金沢・浦賀方面へ通じる追分として重視された

保土ヶ谷・戸塚間の史跡

武相国境之木

権太坂の投込塚

品濃一里塚

江戸期の旅はとても過酷なため、街道脇には行き倒れた人や処分した馬を祀る場所が多く作られた。権太坂にある投込塚もその一つで、昭和36年（1961）の宅地造成工事で発見され、近くに碑が置かれている。

権太坂を登り切ると、武蔵・相模の国境となる。ここには境木地蔵があり、付近にはかつてあった武相国境之木が再現されている。その後、焼餅坂を下り、JR東戸塚駅近くまで来ると、品濃一里塚に到着。直径6間、高さ3間に及ぶ塚で、神奈川県内では最も往時の姿を留めており、周辺では焼餅が売られていたと伝わる。

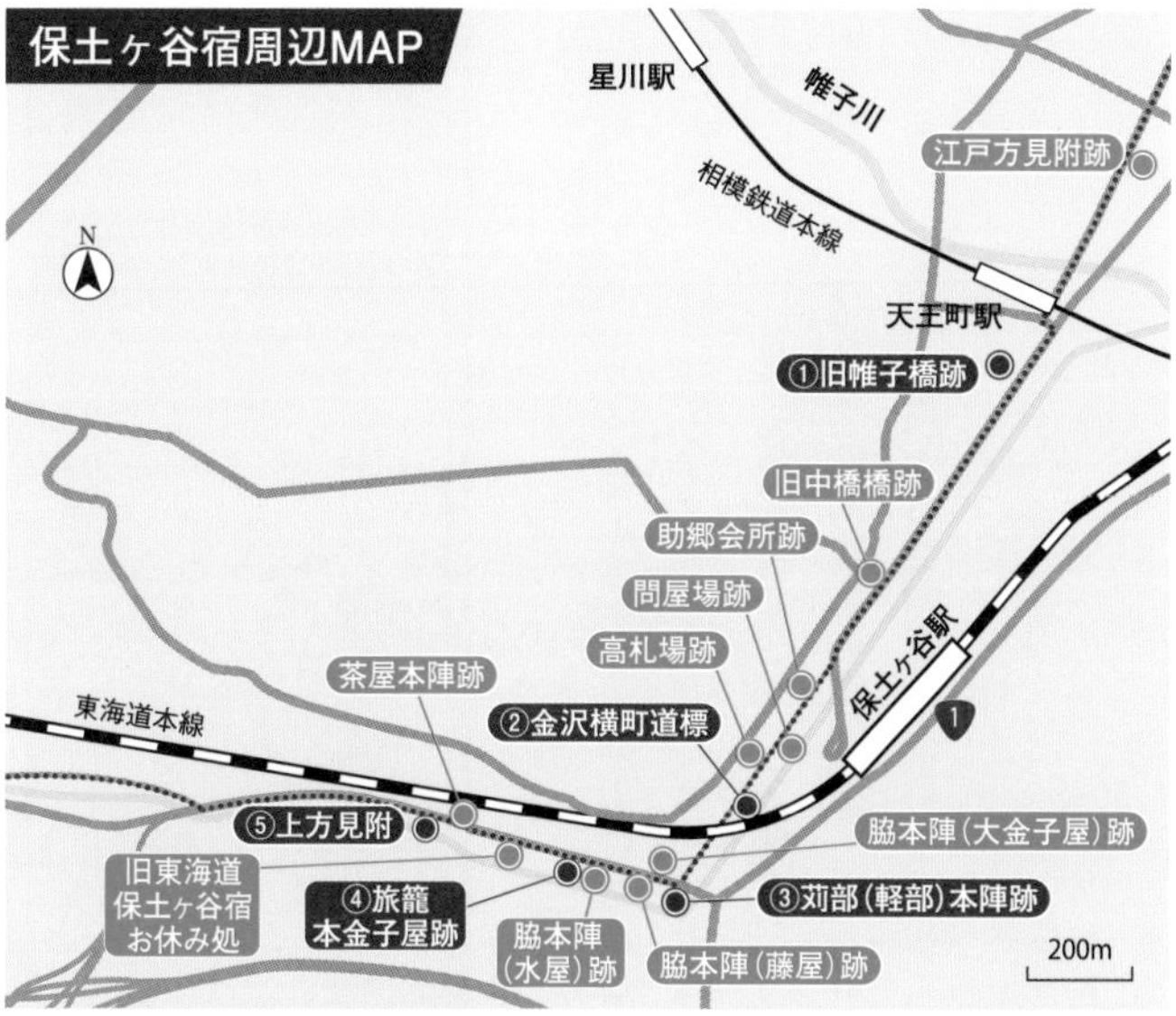

①旧帷子橋跡

広重の浮世絵にも描かれた橋の跡地。現在は公園の一部になっている

③苅部（軽部）本陣跡

保土ヶ谷の本陣は代々苅部家（現・軽部家）が務め、現在は東海道に面した通用門が残る

⑤上方見附

宿の西側には一里塚と上方見附が復元されている

たものだが、その風情ある外観から当時の宿場の雰囲気を感じとれる。

その先には復元された**⑤上方見附**と一里塚があり、ここが宿の西端であることを伝えている。この先、東海道を２㎞ほど西に進むと、道は南に折れて権太坂へと続く。権太坂という名の由来は、坂の名を尋ねられた権太老人が勘違いして自分の名を答えたことに由来するという。

05

戸塚宿

客取り合戦に思いを馳せる

難所の権太坂を越えれば戸塚宿。江戸から程よい距離にあり、保土ヶ谷宿と並んで宿泊客で賑わった。

宿データ

場所／神奈川県横浜市戸塚区
戸数／613
人口／2906
本陣／2
脇本陣／3
旅籠／75
距離／20町余
最寄り駅／JR戸塚駅

広重が描いた吉田大橋を越える

戸《と》塚《つか》宿周辺は家康が江戸に入府して以降、新たに作道させた地区である。文禄元年（1592）頃には旅人の世話をする駄賃稼ぎや旅籠が存在したものの、慶長6年（1601）の宿駅制定時には宿として認定されず、3年後に宿駅となった。江戸からの距離が10里18町と、1日の旅程に適し、最初の宿泊地として栄えた。

戸塚宿の東海道は現在、国道1号線となっており、残念ながら往時の面影はほとんど見られない。宿に入ると、柏尾川に架かる**①吉田大橋**がある。広重の浮世絵にも描かれた橋で、当時は「大橋」と呼ばれた。現在の橋には大名行列の毛槍をかたどった街灯が立っている。

JR戸塚駅付近にある清源院は、家康の側室・於万の方が家康の没後に創建した寺院。その先、京方面に進み、澤邉本陣跡を越えると、右手に戦国末期に創建されたと伝わる八坂神社が見えてくる。

さらに進んだ先にある**②冨塚八幡宮**は延久4年（1072）創建で、境内には芭蕉の句碑が立つ。「戸塚」という地名は、境内裏山の冨塚山から取られたともいわれる歴史深い神社である。

①吉田大橋
柏尾川に架かる、広重の浮世絵にも描かれた橋

②冨塚八幡宮
地名の由来にもなった由緒ある神社。境内には芭蕉句碑が建つ

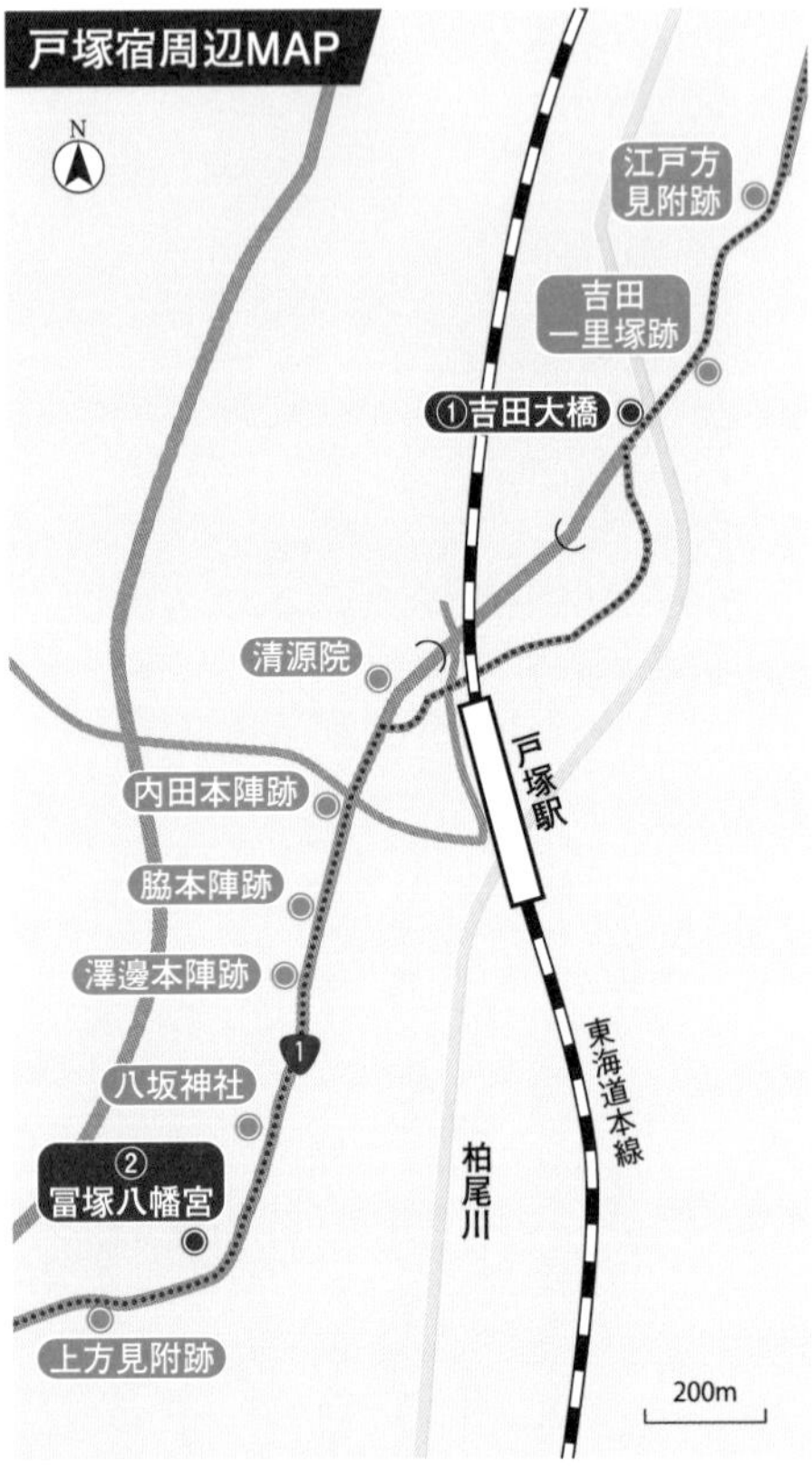

Column
— コラム —

宿駅の業務

東海道の宿駅というと、旅人のために設けられた宿泊街というイメージを抱く人も多い。しかし、宿駅の本来の役割は「管理に向かう役人を、継立方式で円滑に目的地まで送り届ける」ことにある。隣宿までの街道状況を正確に把握した人足が、リレー方式で役人を案内するシステムは「人馬継立《じんばつぎたて》」と呼ばれ、宿場・街道に与えられた最大の使命だった。これらは基本的に宿駅全体が一丸となって取り組む重要業務であり、宿駅ごとに継ぎ立てることから「宿継」ともいわれた。

人馬継立を義務づけられた宿駅の負担は大きいものの、問《と》屋《や》には給米などの形で公的支援があった。また、大名などからは公定賃銭が受け取れるほか、一般町民からも相対賃銭（交渉によって負担額が決まる）として公定賃銭の2倍ほど収受できるため、地区や時代により差異はあるものの、金銭的に潤う宿駅が多く、中には宿駅指定を願い出る街もあった。

もう一つの重要業務は、幕府公文書を継ぎ立てる「継飛脚《つぎびきゃく》」である。宿駅で健脚な者が搬送役に選ばれ、通常は二人一組で搬送した。幕府専用の業務であることから御三家といえども利用が許されず、紀州徳川家は独自の飛脚用建屋と専属人足を準備して国元と江戸屋敷間を直接繋いでいた。紀州家専属の飛脚継立場はほぼ7里毎に置かれたことから、一般に「お七里役所」と呼ばれ、幕府道中奉行所の調査記録・東海道宿村大概帳にも記載されている。

このほか、宿駅の取り組みとして休泊所の整備が挙げられるが、休泊施設そのものは古代から存在しており、伝馬制創設時の「御伝馬之定《ごてんまのさだめ》」にも触れられておらず、家康の宿駅伝馬制創設の主目的ではない。

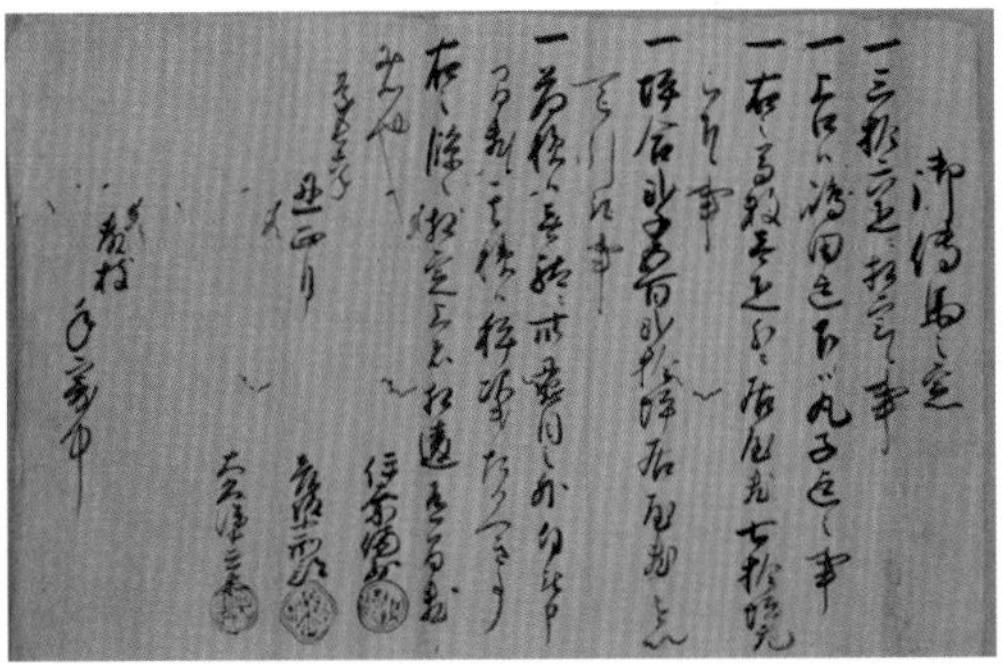

幕府から各宿に下された伝馬朱印状（藤枝市郷土博物館蔵）

06

藤沢宿

時宗総本山を訪ねる

遊行寺（清浄光寺）の門前町として発展を遂げた藤沢宿。東海道を中心にさまざまな街道が走り、流通の要として大いに賑わった。

①遊行寺
正中2年（1325）創建の時宗総本山。境内の中央には大銀杏がそびえる

義経を祀る神社や首洗いの井戸も

大山道や江の島道との分岐点である藤沢《ふじさわ》は、古くは鎌倉時代から京へ向かう街道の町として栄えた。幕末期には小田原、神奈川に次ぐ規模を誇る宿だったが、江戸との距離の関係上、宿泊地としての比重は比較的小さかった。

宿の中心にあるのは時宗総本山、①**遊行寺《ゆぎょうじ》**（清浄光寺）。冠木門を入ると緩やかな石段が続き、境内では1500人もの人数を収容する本堂が出迎える。

時宗は鎌倉仏教の一角をなし、踊り念仏を広めた一遍上人が開いた宗派として名高い。ただ、同寺が創建されたのは4代・呑海上人の時代であり、家康の時代に朱印が与えられたことで、さらに権威ある寺院となった。

なお、寺の入口近くには「ふじさわ宿交流館」があり、東海道や藤沢宿に関する資料が展示されている。

京方面へ向かうと、飯盛女の墓で有名な②**永勝寺**がある。江戸時代、飯盛旅籠を営んでいた小松屋源蔵は、売られてきた女性たちを不憫に思い、その死後、墓を設けて手厚く弔ったという。当時としては、大変な美談と思われる。

街道を挟んで向かいには、源義経の首を洗ったと伝わる③**義経首洗井戸**がある。兄・源頼朝との対立の末、自害に追い込まれた義経の首は、腰越で首実検された後、境川を経由して当地にたどり着いたという。その北にある④**白旗神社**は義経を祀る神社で、藤沢宿西部の総鎮守となっている。

宿データ

場所／神奈川県藤沢市
戸数／919
人口／4089
本陣／1
脇本陣／1
旅籠／45
距離／12町17間
最寄り駅／小田急藤沢本町駅

東海道分間延絵図（藤沢市蔵複製）
宿の東には時宗総本山・遊行寺（清浄光寺）が鎮座し、中央には境川が流れる

④白旗神社
寒川比古命と源義経を祀る神社。境内には義経と弁慶の像が建つ

③義経首洗井戸
首実検後、浜に捨てられた義経の首は、この井戸で清められたと伝わる

②永勝寺
墓地の一角に旅籠小松屋が抱えていた飯盛女の墓39基が建つ

案内所

ふじさわ宿交流館
藤沢宿や東海道の歴史資料が展示されている施設

07

平塚宿

家康の別荘と緑深い宿

平塚は徳川将軍家の宿舎、中原御殿が築かれた地。家康もたびたび訪れ、通った道は中原往還と呼ばれた。

中原御宮記 平塚市博物館蔵
徳川将軍家の宿営地として利用された中原御殿や、跡地に建つ東照宮の由来を記した資料。御殿跡と中原街道の様子が描かれている

忠実に再現された江戸見附に注目

平塚《ひらつか》の東を流れる相模川はかつて馬入川と呼ばれ、源頼朝が弟・義経らの亡霊を見て馬ごと川に落ちたという伝説が残る。江戸初期は、六郷川は架橋されており、江戸からは馬入川が最初の川越しとなった。川幅は通常40間（約73m）ほどで、舟を渡す河川として小規模な方だった。

伝馬制が始まると、平塚は次の大磯とわずか27町（約3km）の距離しかないにもかかわらず継立場として宿が置かれた。その理由の一つが、宿から2kmほど北にあった中原御殿の存在である。家康はこの御殿を気に入り、鷹狩りの際などにしばしば訪れていたという。ちなみに、家康が行き来に使った中原往還は、当地で醸造される酢が献上されたことにちなみ、お酢街道とも呼ばれた。現在は中原街道と呼ばれ、東京の虎ノ門へとつながっている。

宿の中心部はJR平塚駅の西側にあり、東海道を進むと、**①江戸見附跡**が見えてくる。宿の出入口を守る石垣と竹矢来が再現され、当時の見附の様子を伝えている。石垣の長さは3.6m、幅1.5m、高さ1.6m。幕末の写真をもとに再現しているだけあって、実物に近い出来栄えで見応えも十分だ。現在は街道の一方のみに復元されているが、実際は街道を挟むように対になって築かれていた。

宿の中央部に目立った遺構は見られないが、街道脇には本陣跡や問屋場跡などの碑が立ち、道行く人に宿の歴史を紹介している。宿の西端にある**②京**

宿データ

場所	神奈川県平塚市
戸数	443
人口	2114
本陣	1
脇本陣	1
旅籠	54
距離	14町6間
最寄り駅	JR平塚駅

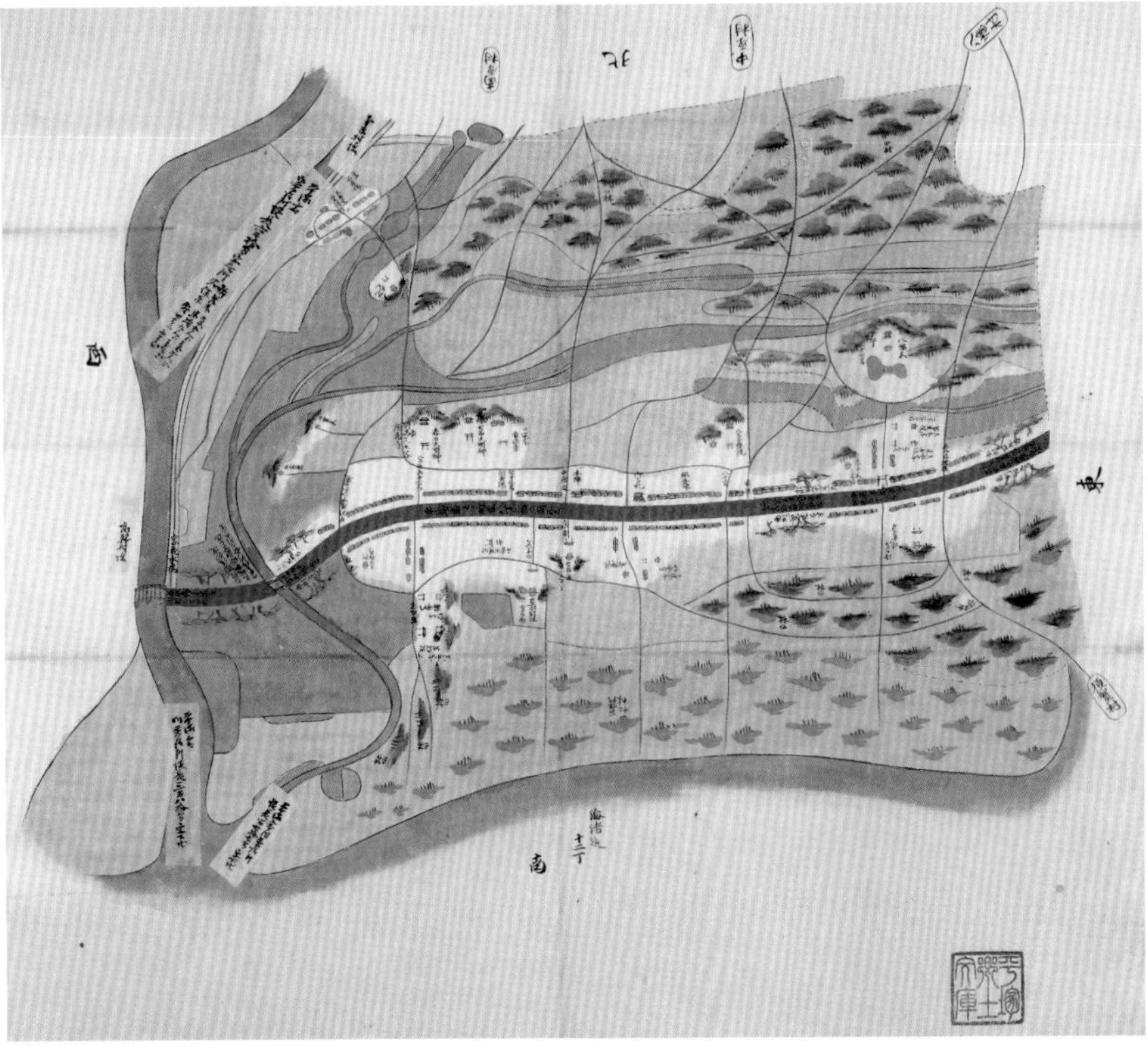

平塚宿絵図
平塚市博物館蔵

文化8年（1811）に描かれた平塚宿の絵図。平塚宿の本陣の西側には江戸・虎ノ門まで続く「中原道」の文字が見える

②京方見附の碑
宿の西側に設けられた見附跡の碑。実際の見附は現在地よりも北にあった

①江戸見附跡
石垣の上に竹矢来が組まれた往時の見附が再現されている

方見附の碑を過ぎれば花水川となり、その先には広重も浮世絵に描いた高麗《こま》山《やま》の姿を望むことができる。

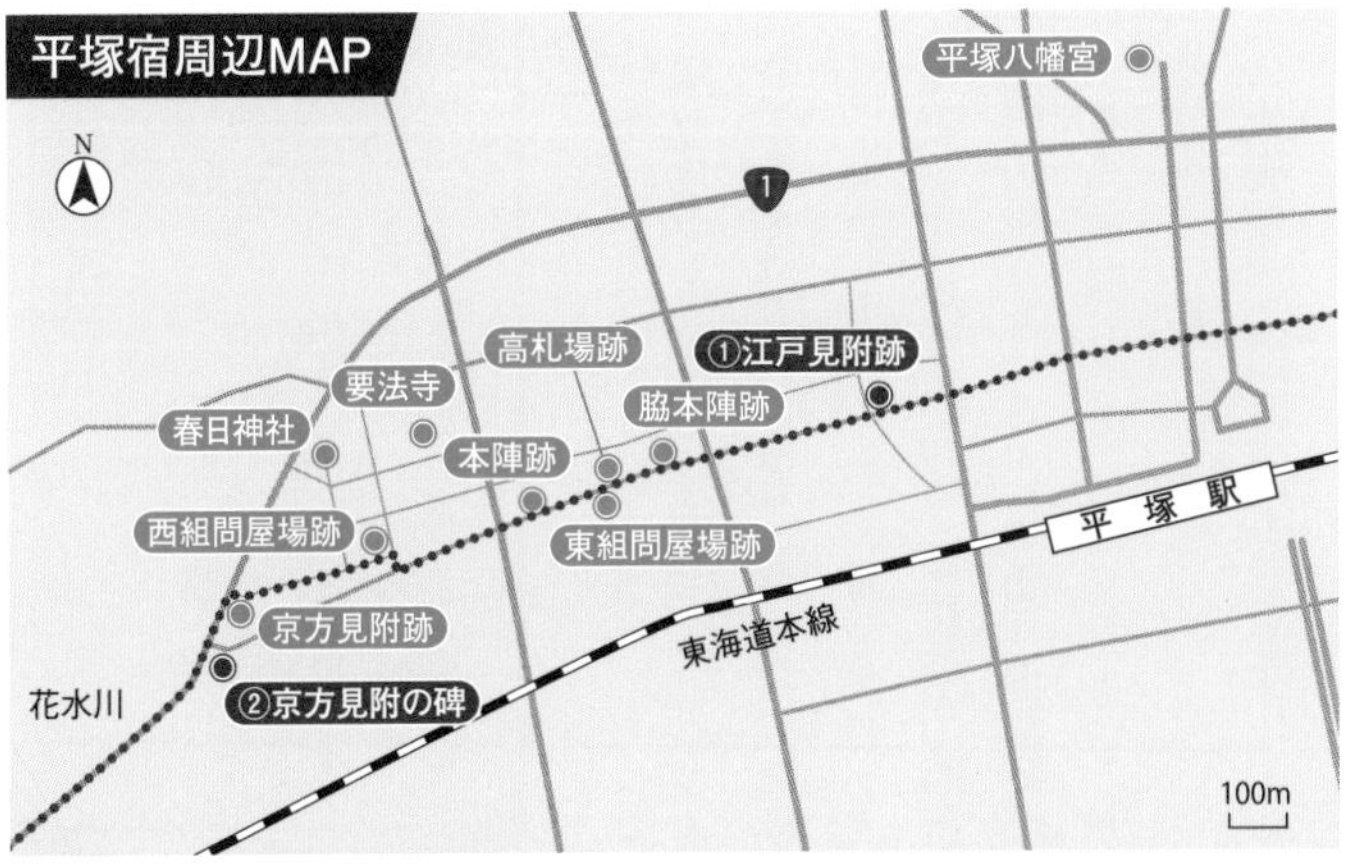

東組問屋場跡
街道脇には本陣跡や問屋場跡などの石碑が建つ。交通量の多い平塚宿には2カ所の問屋場があった

08

松並木を抜けて海辺の別荘地へ

大磯宿

海風から旅人を守った松並木が今も残る大磯宿。明治以降は避暑地として栄え、文豪や政治家らが邸宅を構えた。

①化粧坂
曽我十郎の恋人・虎御前にちなんで名づけられたという化粧坂には、見事な松並木が残る

虎御前が化粧のために水を汲んだと伝わる井戸

曽我十郎の恋人 虎御前の井戸も

平塚宿から高麗山を横手に眺めながら東海道を進むと、**①化粧坂**《けわい》にたどり着く。ここには曽我十郎の恋人・虎御前が化粧のために水を汲んだという伝説の化粧井戸がある。鎌倉時代の武人・曽我十郎祐成は、曽我兄弟の仇討ち物語で有名で、当時はこの周辺も大いに賑わったという。だが、江戸時代にはほとんど家もなくなり、物静かな地域となった。

この坂から大磯《おおいそ》宿までは、往時からの松並木が続く。太平洋の強風から旅人を守るために植えられたもので、中には風によって大きく傾いたものもあり、海沿いの旅の厳しさが感じられる。東海道の松並木といえば舞坂（静岡県）、御油（愛知県）が有名だが、それらに負けず劣らずの見事な松が立ち並ぶ。

松並木を抜けた先にある**②延台寺**は、前述した虎御前が建てた曽我堂の跡地に建つ寺院で、曽我十郎を窮地から救ったと伝わる虎御石が祀られている。さらに西へ進んだ先にあるのは、日本三大俳諧道場の一つに数えられる**③鴫立庵**《しぎたつあん》である。西行法師の歌「心なき身にもあはれは知られけり鴫立沢の秋の夕暮」にちなみ、江戸期に結ばれた庵で、歴代庵主の句碑・歌碑ほか、西行法師の坐像を祀る円位堂や、虎御前の木像を安置した法虎堂を見ることができる。

大磯は明治以降、政治家や文化人らが邸宅を構える別荘地として栄えた。街道から細い路地を北に入ったところには、島崎藤村が晩年を過ごした屋敷跡があり、現在は**④旧島崎藤村邸**として公開されている。ここから先の東海道は再び松並木となり、間の宿・二宮へと続く。ここには戦後の内閣総理大臣を務めた吉田茂の旧邸宅が復元されており、東京サミットで大平首相とカーター大統領が首脳会談を行った地としても知られる。

宿データ

場所／神奈川県中郡大磯町
戸数／676
人口／3056
本陣／3
脇本陣／0
旅籠／66
距離／11町52間
最寄り駅／JR大磯駅

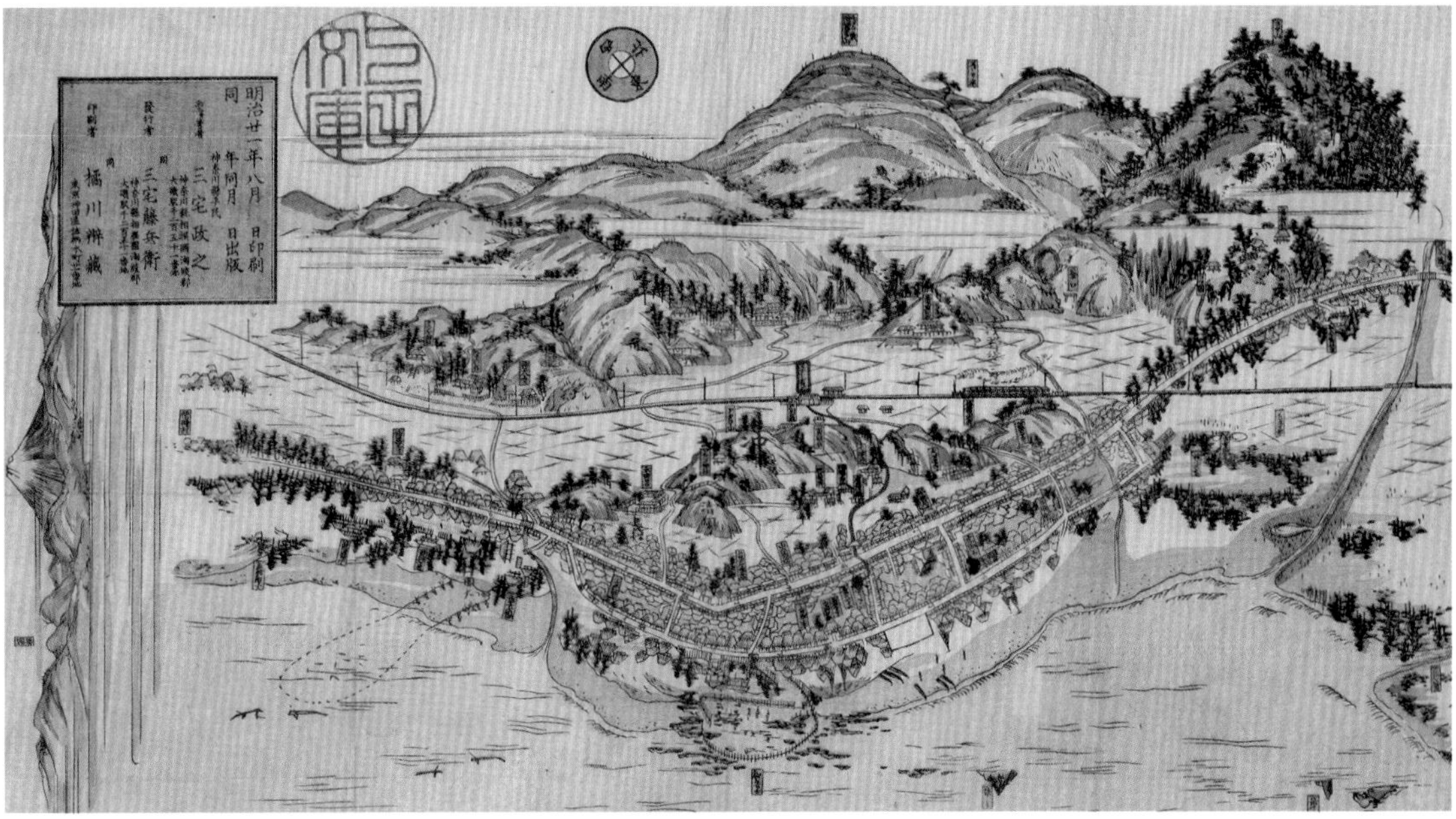

相陽大磯駅全図（部分）
大磯町立図書館蔵
明治21年（1888）発行。宿の東西には松並木が続き、周囲には政財界人の別荘も描かれている

③鴫立庵
寛文4年（1664）創設の俳諧道場。風情ある庭園や茅葺屋根の家屋も見どころの一つ

②延台寺
曽我十郎の剣難を救った身代わり石を祀る寺院

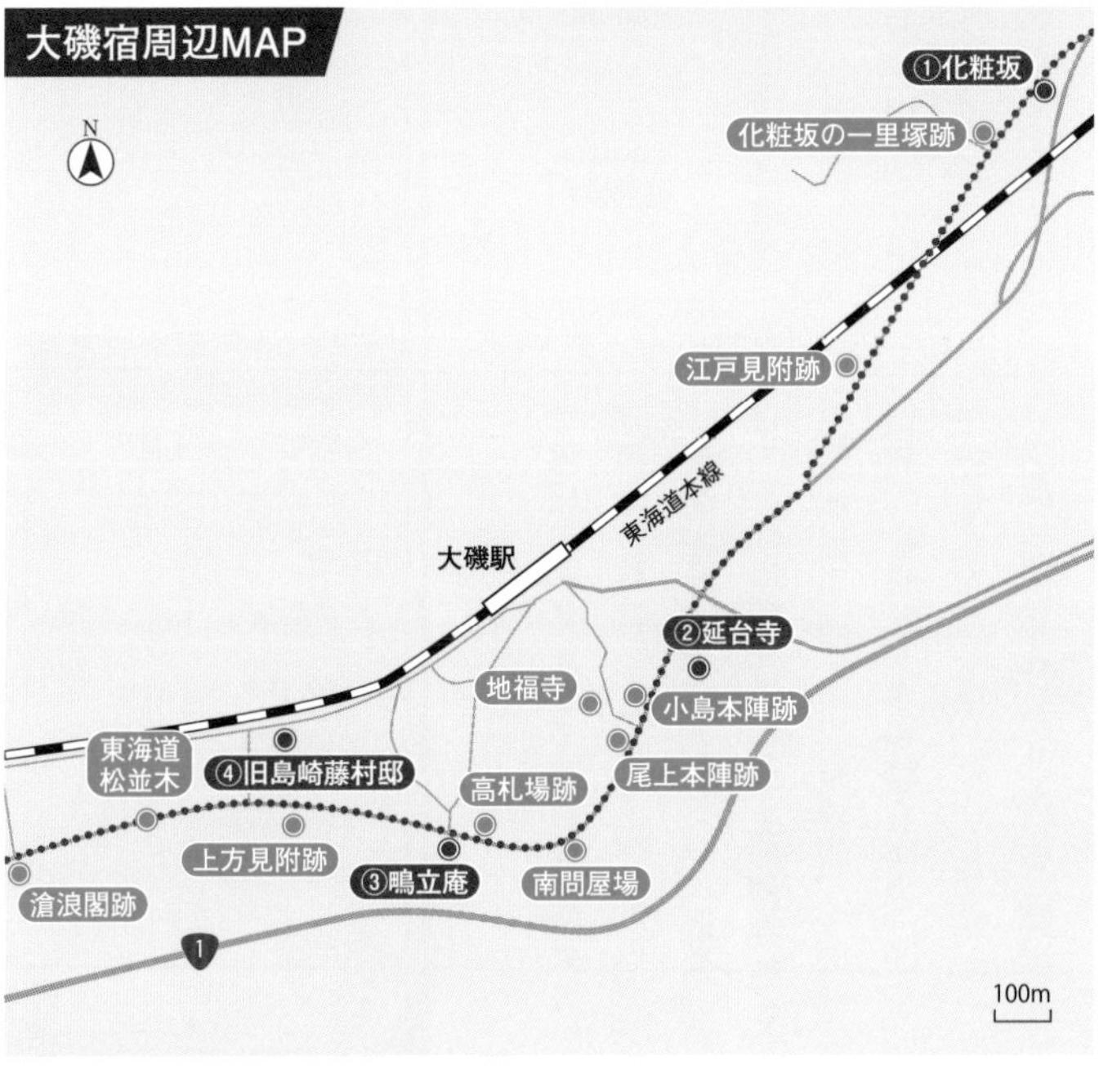

④旧島崎藤村邸
文豪・島崎藤村が晩年の約2年間を過ごした邸宅

小田原城下絵図（文久図・部分）　小田原城天守閣所蔵
小田原城と城下町を描いた絵図。東海道は城の南側を東西に走る

09

小田原宿

伝統産業が息づく城下町へ

小田原宿は江戸からの旅人にとって初めて通過する城下町。古くから栄えた地場産業が今も数多く残る。

宿データ

場所／神奈川県小田原市
戸数／1542
人口／5404
本陣／4
脇本陣／4
旅籠／95
距離／18町半余
最寄り駅／JR小田原駅

江戸防備の拠点 小田原城を歩く

宿の中心にある①**小田原《おだわら》城**は戦国時代、関東一帯を支配した北条氏が拠点とした城。豊臣秀吉の小田原攻めで北条氏が滅ぶと、徳川家家臣の大久保氏が入り、江戸防備の要となった。その後も譜代大名が配され、将軍家専用の本丸御殿が置かれるなど、徳川家とのつながりが深い。現在の天守は昭和期に再建されたものだが、重厚感あふれる三層構造で、館内では城の解説や工芸品などを展示。城内には銅門《あかがね》や障子堀などがあり、見応えのある城となっている。

城の近くには、二宮尊徳を祀る②**報徳二宮神社**も建つ。尊徳は小田原藩主・大久保忠真に見出され、勤勉精神で地域の産業を立て直し、藩内外の財政再建に貢献したことで知られる。

東海道は城の南を走り、街道沿いには大正期に復元された③**薬博物館**（済生堂薬局小西本店）が建つ。小田原は伝統的な産業が多く残る街で、商品の歴史などを伝える「街かど博物館」という取り組みが行われている。薬以外にも、かつおぶし博物館（籠常商店）、染め織り館（山田呉服店）などもあるので散策がてらぜひ立ち寄りたい。

なお、小田原の代表的な名物といえば「かまぼこ」だが、これは天明期（1781〜89）に大量に獲れた魚の利用法として考案されたのが始まりとされる。幕末から明治にかけて現在の板付蒸しかまぼこになったといわれ、宿内にはかまぼこ関係の店が建ち並ぶ「かまぼこ通り」もある。

①小田原城
戦国北条氏の居城として名高い。現在の天守は昭和35年に再建されたもの

小田原宿なりわい交流館
旧網問屋を再整備した休憩スポット

③薬博物館
大正期に復元された店舗が「街かど博物館」として公開されている

②報徳二宮神社
小田原生まれの偉人・二宮尊徳（金次郎）を祀る神社

宿内には650年の伝統を誇る④**ういろう**本店もある。医療の技術と知識を持つ外郎《ういろう》家が戦国時代、北条早雲により京都から小田原へ招かれ定住。一子相伝の家伝薬は万能薬として旅人に珍重された。室町時代に国賓をもてなすために考案された米粉の蒸し菓子もあり、いずれも家名である「ういろう」の愛称で親しまれている。

なお、宿の西にある石垣山の一夜城跡は天正18年（1590）、豊臣秀吉が北条氏を攻める際に築いた山城で、小田原城下が一望できる。時間があればぜひ立ち寄りたい。

④ういろう
薬・菓子の「ういろう」のほか、店の歴史が分かる博物館も併設

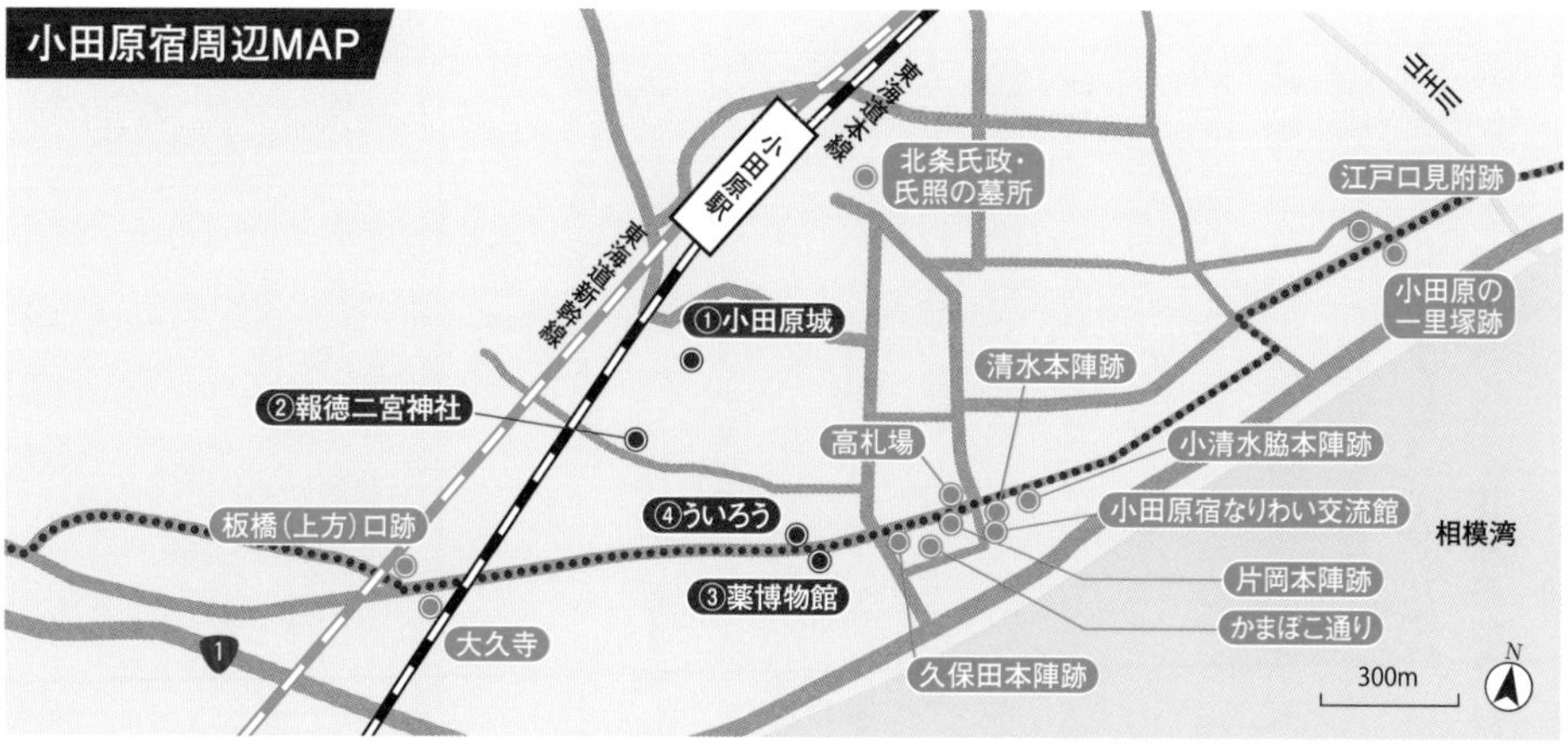

10

いざ、天下の険に挑む 箱根宿

小田原を抜ければ、いよいよ難所の箱根越え。険しい坂が続くものの、石畳、茶屋、関所など見どころも豊富な旅路だ。

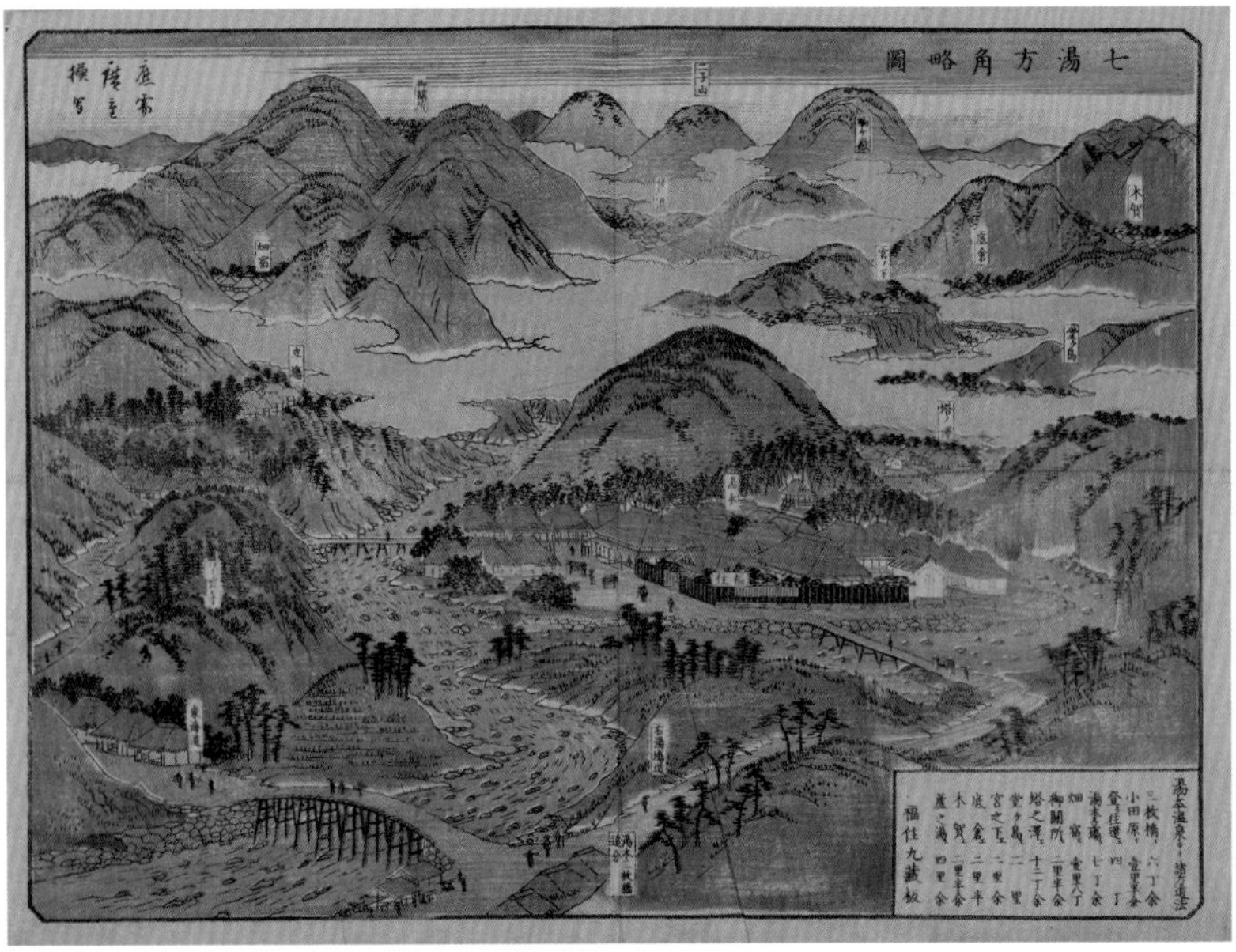

七湯方角略図 初代歌川広重 箱根町立郷土資料館蔵
湯本温泉を中心に、箱根の山や七湯が描かれた江戸期の案内図

甘酒茶屋で一服 芦ノ湖畔の関所へ

小田原宿から箱根《はこね》宿までの4里8町（16・6㎞）は、箱根東坂と呼ばれる。登り坂が続く難所だが、旧道は杉並木や石畳が続き、最も江戸時代の旅路を実感できる道中である。

箱根登山鉄道の箱根湯本駅の南には①**早雲寺**がある。小田原北条家の初代・北条早雲（伊勢新九郎）の遺言で、二代・氏綱が大永元年（1521）に創建した臨済宗の寺院である。秀吉の小田原攻めの際にはここに本陣が置かれ、石垣山の一夜城が完成すると寺を焼き払って拠点を移したという。

女転《ころ》し坂と呼ばれる急坂を越えると、②**割石坂**の旧道入り口が見えてくる。仇討ち譚で知られる曽我五郎が、道端の巨石を真っ二つに割り切ったという伝承が残る坂で、江戸期の石畳を残しつつ、街道が整備されている。

その先の大澤坂を越えると、かつて立場《たてば》として栄えた間の宿・畑にたどり着く。かつては茗荷屋《みょうがや》という茶屋があり、旅人の休憩所として賑わったという。庭先には滝が流れ、鯉が泳ぐ池も備えるなど風情ある一角だったらしく、幕末の米国公使ハリスも魅入ったと伝わる。現地には茶屋跡の解説板があり、宿の西端には復元された一里塚もある。

大きく蛇行する坂道を登り続け、猿滑坂碑を越えると、③**甘酒茶屋**がある。江戸時代、この辺りには周囲に4軒の茶屋があったといわれ、その内の1軒が営業を続けている。名物の甘酒のほか、力餅や味噌おでんなどが売られ、今もなお山道を行く旅人を元気づけてい

宿データ

場所／神奈川県足柄下郡箱根町
戸数／197
人口／844
本陣／6
脇本陣／1
旅籠／72
距離／8町5間
最寄り駅／箱根登山鉄道箱根湯本駅

②**割石坂**
間の宿・畑に向かう途中にある旧道。一部、江戸時代の石畳も残る

①**早雲寺**　北条早雲の息子・氏綱によって創建された寺院

③**甘酒茶屋**
江戸時代から営業を続ける茶屋で、旅の疲れを癒やす甘酒が名物。備長炭で焼いた力餅も人気

る茶店である。

さらに旧道の坂道を越えると、徐々に芦ノ湖が見えてくる。湖面には④**箱根神社**の「平和の鳥居」が見え、街道にも巨大な一の鳥居が建っている。箱根神社は古代から山岳信仰の霊場として知られ、平安時代以降は箱根路を旅する人々から安全を祈願された歴史ある社である。

箱根宿は元和4年（1618）、二代将軍・秀忠によって置かれた。小田原宿から三嶋宿に至る箱根八里が過酷な旅路だったため、小田原・三嶋両宿から各50戸を移住させて設置した。標高約730mという、東海道では最も高所にあり、稲作に適せず、町民が少ない特殊な宿場町。急坂が続くことから駕籠に乗る大名の苦労も多く、幕末期は浜松宿に並び、五街道で最も多い6軒の本陣があったという。

翌5年には⑤**箱根関所**が置かれた。東海道の新居、中山道の横川（碓氷）・福島と並ぶ四大関所の一つで、江戸防備という意味では最も注目された関所であった。現在の関所は平成19年（2007）、江戸時代の資料分析や発掘調査を基に、高精度に復元されたもの。旅人を取り調べる様子を人形で再現するほか、資料館では関所手形（切手）など関係資料を見ることができる。

④**箱根神社**
元箱根に建つ神社で、源頼朝や徳川家康からも厚く崇敬された

⑤**箱根関所**
旅人の監視を行った関所の様子を復元。役人が詰めた番所や出入り口の御門などが見学できる

北条攻めの激戦地 地形を生かした山中城

箱根峠を越えた西坂も旧道が多く残るが、石畳が整備されていて比較的歩きやすい。甲石坂を越えると**⑥山中新田一里塚**があるが、この地にはかつて旅人の避難所として重宝された接待茶屋があった。道沿いには秀吉が小田原攻めの際に兜を置いたといわれる「かぶと石」が残されている。

念仏石と呼ばれる巨石を過ぎ、旧道の出口まで下っていくと徳利と盃をかたどった**⑦雲助徳利の墓**がある。雲助とは当地に住みついた浪人のことで、墓の主は読み書きができない人々に代わって手紙を書くなどしたことから、彼の死後、仲間たちが感謝の思いで墓を建てたといわれる。

近くには**⑧山中城跡**も残る。小田原北条家が西の防衛拠点として築き上げた城であったが、豊臣軍の小田原攻めでは、わずか半日で陥落したという。現在は公園となり、敵の侵攻を妨げる障子堀、畝堀などが分かりやすく整備されている。

⑧山中城跡
後北条氏によって築城された山城。堀を畝で区切り、防衛力を高めた障子堀が残る

⑦雲助徳利の墓
酒を愛した故人を偲び、盃と徳利を刻んだ墓石

⑥山中新田一里塚
接待茶屋跡付近に設けられた一里塚。南側のみが残る

箱根宿周辺MAP

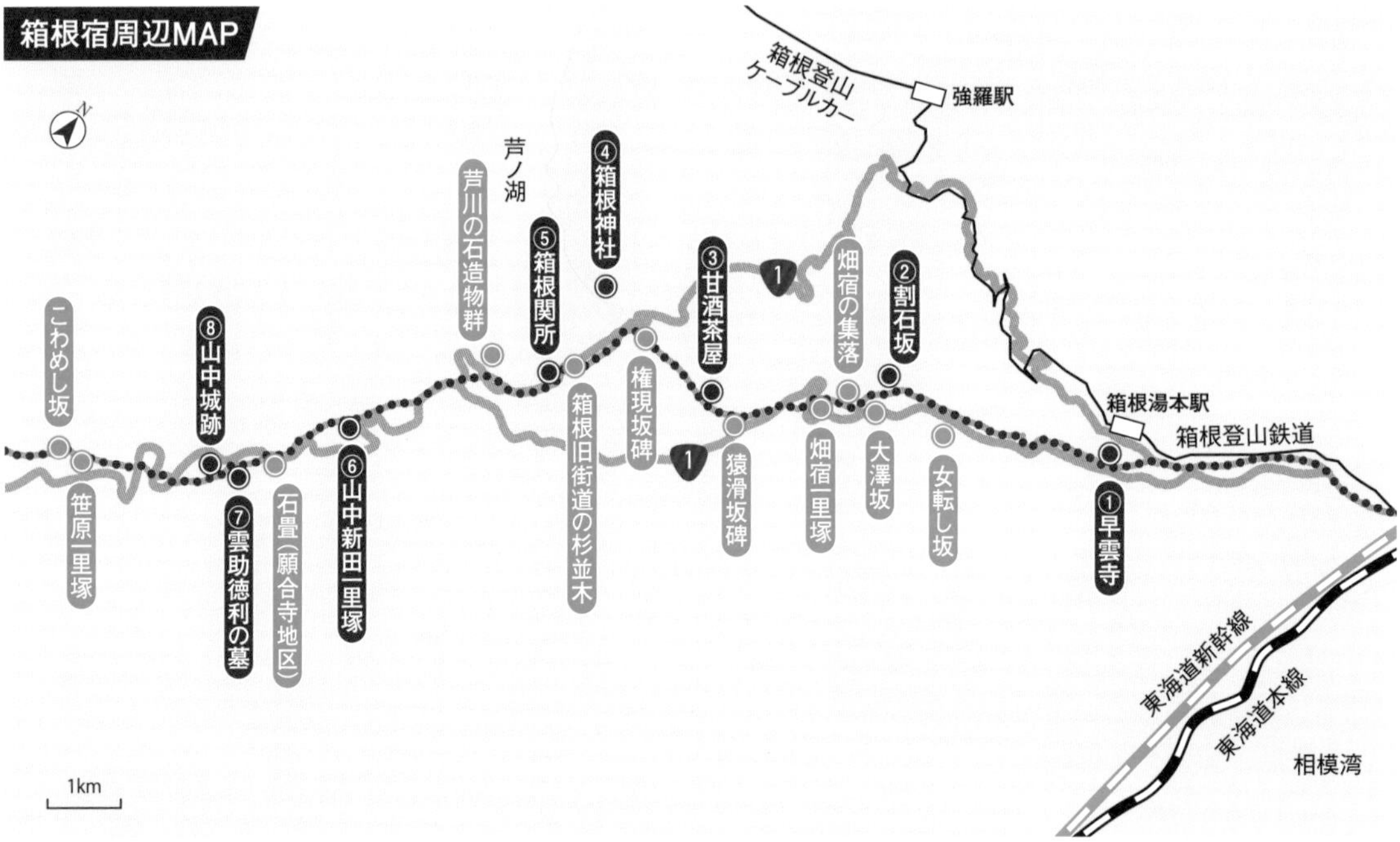

ミニ知識

三嶋宿に近づくと見えてくる錦田一里塚は、左右一対が現存する貴重な一里塚。国指定の史跡にもなっている。

PART 2

箱根峠〜大井川

道中最大の見どころは、
やはり富士山。
絶景で名高い薩埵峠の手前には、
江戸の雰囲気を残す歴史国道が続く。
難所で知られた大井川を望めば、
当時の川越しの苦労が垣間見える。

11

三嶋宿

清流のせせらぎに誘われて

富士の伏流水が流れる三嶋宿は、街道随一の名水地。心地よい水のせせらぎに、旅の疲れも癒やされる。

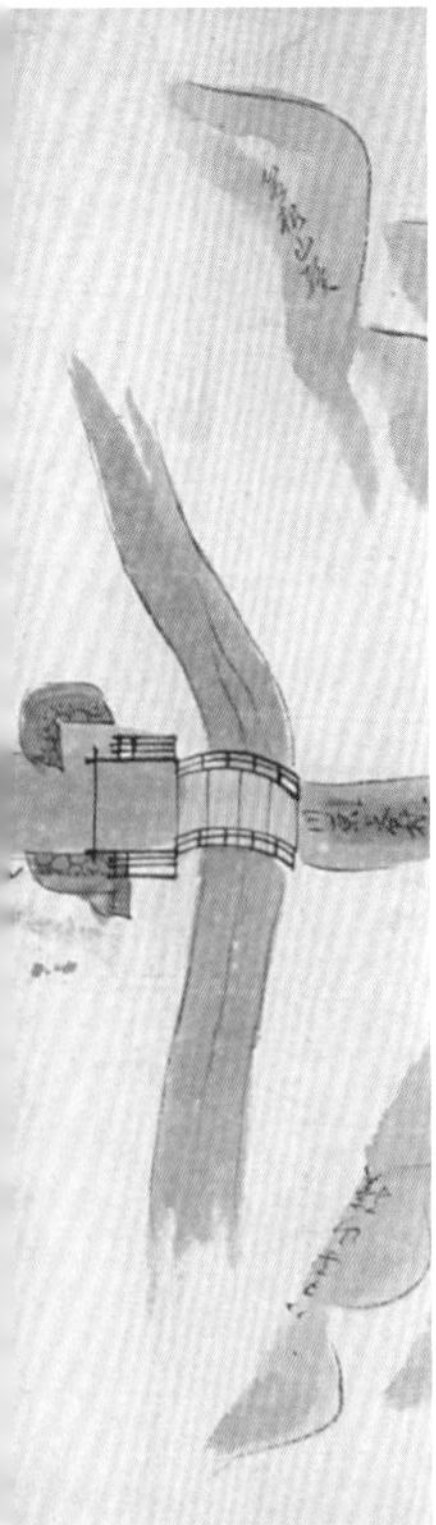

①三嶋大社
古くから伊豆国一宮として、源頼朝ら多くの武将から崇敬を集めた

伊豆国の国府 頼朝ゆかりの三嶋大社へ

三嶋《みしま》は伊豆国の国府が置かれ、長きにわたり行政の中心地として発展を遂げた地。慶長6年（1601）、幕府によって東海道に伝馬制が敷かれると宿場として選定され、より一層賑わうようになった。

宿の東には、古くから伊豆国一宮として崇敬を集める①**三嶋大社**がある。源頼朝が戦勝祈願を行ったことでも知られる大社で、境内には本殿や舞殿のほか、樹齢1200年に及ぶ金木犀の大木が立つ。北条政子が奉納した「梅蒔絵手箱」は現在国宝に指定されており、宝物館では忠実に再現された復元品が展示されている。

なお、かつての三嶋大社は現在の敷地よりも広く、付近にある②**三嶋暦師の館**も含め、周辺一帯が神領だった。「三嶋暦」とは、暦師である河合家が代々版行してきた歴史ある暦で、版行されたかな暦の中では古いものの一つといわれる。建屋は現在、資料館となっていて、旧暦・新暦など暦全般についてボランティアが解説してくれる。

東海道を西に進むと、宿の中心部に至る。道沿いにある三島中央町郵便局は、三嶋宿の問屋場跡だ。なお、この付近にあった世古本陣の門は③**長圓寺**、樋口本陣の門は④**圓明寺**の山門に移築されたと伝わる。

宿の西に流れる源兵衛川は寺尾源兵衛という人物が農業のために開削した用水路と伝わり、夏はホタルが飛び交う名水地となっている。川沿いにある三石神社には、戦後に再現された⑤**時の鐘**があり、鐘を突く回数によって宿内に時刻を知らせていた江戸期の風習を今に伝える。

さらに西へ進むと、千貫樋と呼ばれる水路橋がある。伊豆国と駿河国の国境

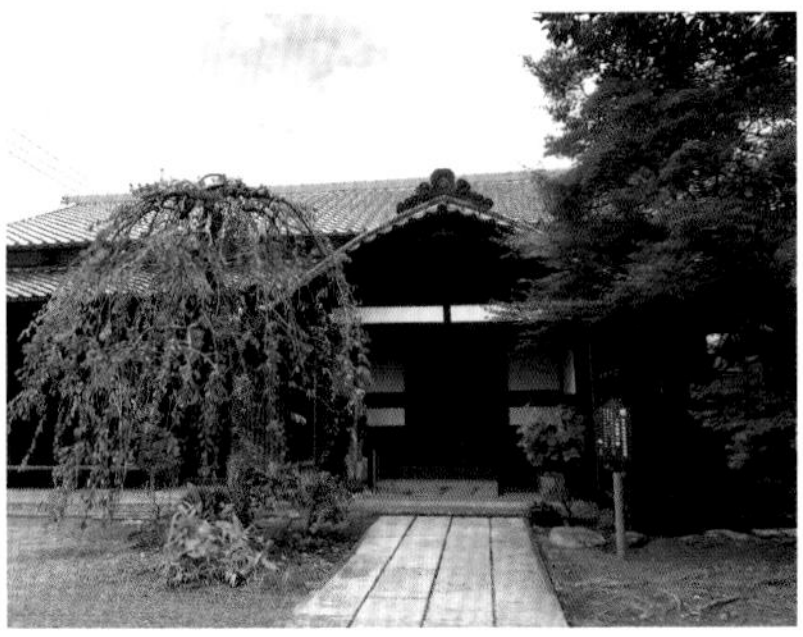

②三嶋暦師の館
三嶋暦を発行していた河合家住宅を資料館として公開している

宿データ

場所／静岡県三島市
戸数／1025
人口／4048
本陣／2
脇本陣／3
旅籠／74
距離／10町
最寄り駅／JR三島駅

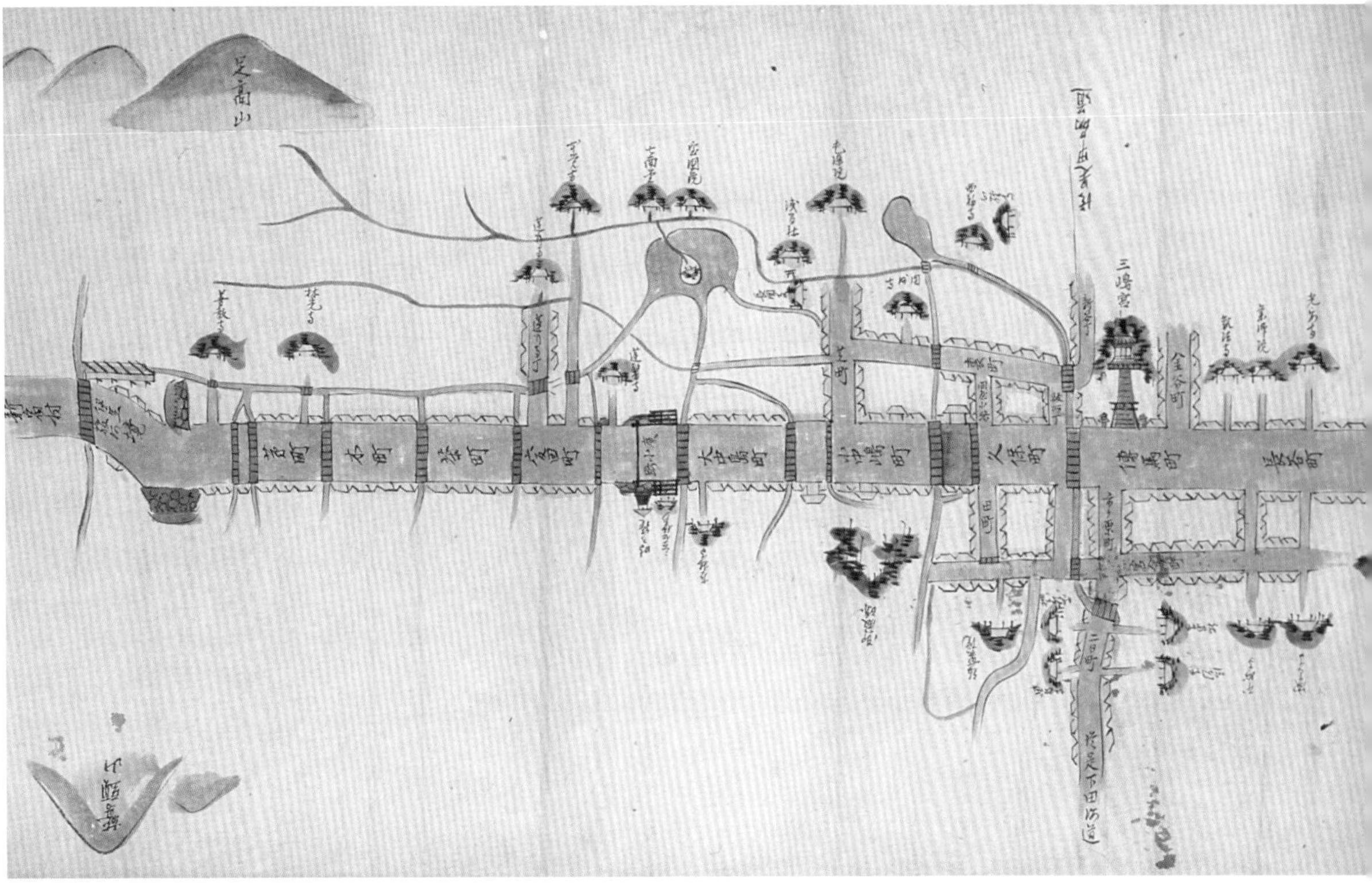

三嶋宿古地図　三島市郷土資料館蔵　　宿の東には三嶋大社（三島宮）が鎮座し、南には下田街道が伸びる

⑤時の鐘
江戸期に時を告げた三石神社の鐘。現在のものは戦後に復元されたもの

④圓明寺
山門は樋口本陣の門と伝わる

③長圓寺
山門は世古本陣の門を移築したとされる

である境川に架けられたもので、戦国時代、今川・武田・北条の3家が相互に娘を嫁がせ、三国同盟を結んだ際に、北条から今川への引き出物として小浜池の湧水を送水したことに始まるといわれる。現在の樋はコンクリート製だが、農業用水が欠かせなかった時代の生活基盤を伝える貴重な建築物。なお、この先の八幡神社には源頼朝と義経ゆかりの対面石がある。

12

千本松原の美景を越えて
沼津宿

東海道は狩野川に沿うように進み、やがて沼津宿へとたどり着く。海岸に連なる千本松原は、一見の価値ありだ。

宿データ

場所／静岡県沼津市
戸数／1234
人口／5346
本陣／3
脇本陣／1
旅籠／55
距離／14町
最寄り駅／JR沼津駅

①三枚橋城石垣
武田氏が築いた三枚橋城の外堀に当たる石垣

狩野川沿いの宿場町 御用邸に立ち寄りも

沼津《ぬまづ》宿は狩野川沿いに置かれた宿駅で、江戸期は沼津城の城下町として栄えた。現在は開発が進み、宿場の雰囲気はほとんど見受けられないものの、ＪＲ沼津駅から南に10分ほど歩いたところに、**①三枚橋城石垣**を見ることができる。

安永６年（１７７７）、沼津藩主となった水野忠友は、武田勝頼が築いた三枚橋城跡に沼津城を築いた。周囲は城下町として栄え、漁業も盛んに行われたが、明治22年（１８８９）に東海道線が開通すると、貨物駅や機関車の車両基地が併設され、鉄道の中心地としても大きく発展した。

東海道は狩野川の永代橋付近で直角に曲がり、北西方向へと伸びていく。街道の南には千本浜公園があり、海沿いに**②千本松原**が広がる。千本松原はもともと地元民が防風のため植林したものだが、武田勝頼が駿河に攻めてきた際に伐採し、増誉上人が5年の歳月を掛けて植林し直したと伝わる。この松林は狩野川河口から田子ノ浦港近くまで10㎞ほども続き、見応え十分である。

街道の先には、沼津藩の西の境界を示した**③沼津藩領榜示杭**が立っている。現在は下半分が欠損しているが、もともとは「従是《これより》東沼津領」と記されていたとされる。

なお、東海道からは少し離れるが、沼津の代表的な史跡の一つとして御用邸跡がある。明治26年（１８９３）、当時の皇太子（後の大正天皇）が静養するた

②千本松原　東端の千本浜公園には沼津ゆかりの歌碑・句碑も多く立つ

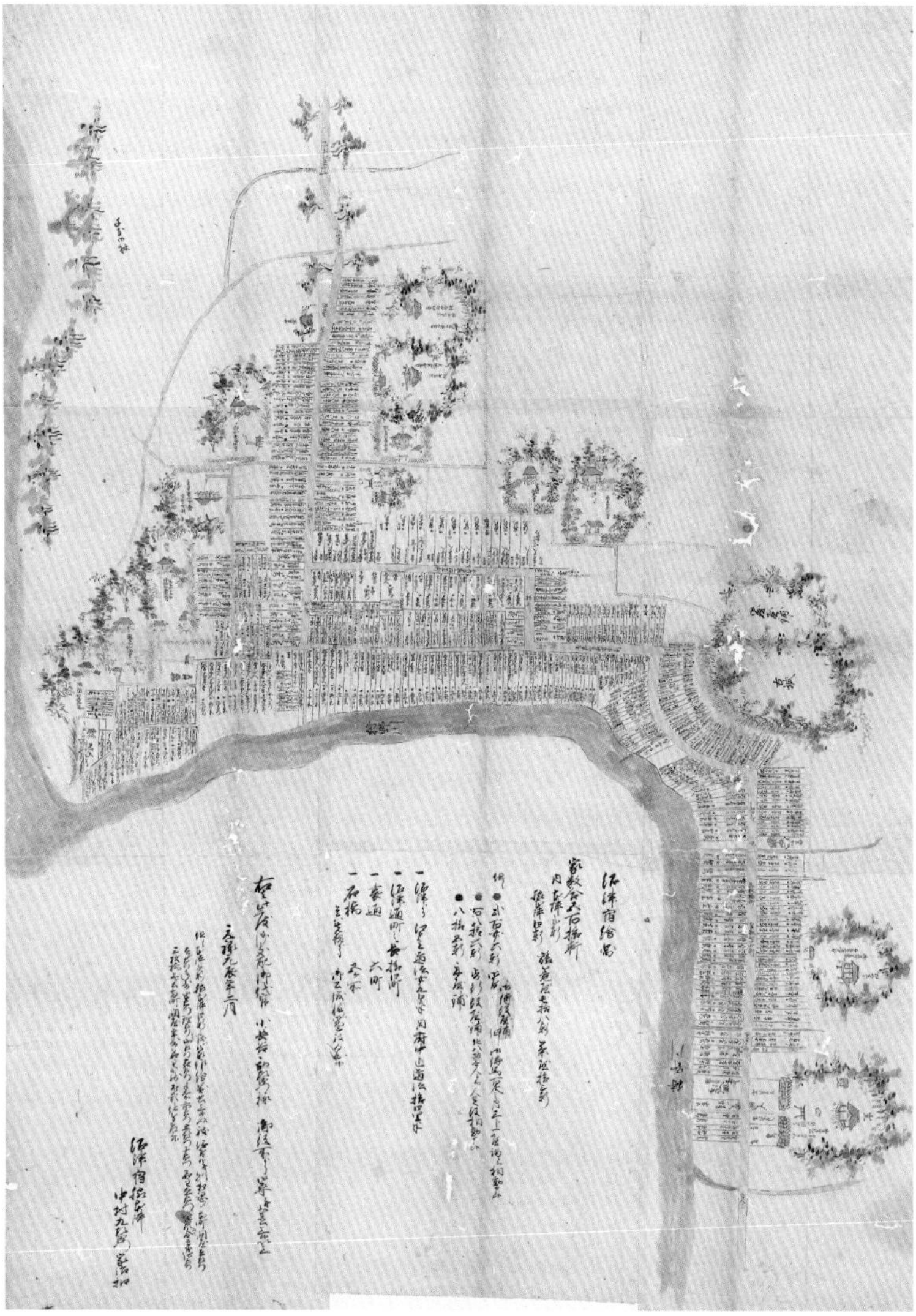

沼津宿絵図（元禄元年二月）沼津市歴史民俗資料館蔵
狩野川の岸沿いに伸びる東海道と沼津宿（上部が西）。
南には千本松原も見える

足を延ばして…

沼津御用邸
明治期に造営された皇族の別邸。邸宅跡のほか、庭園や茶室などを見学できる（沼津駅からバス15分）

めに築かれた建物で、後に皇室が公式に使用する施設となり、全国的に知られた。現在は沼津御用邸記念公園として公開され、宮廷建築を目の当たりにできる貴重な施設である。

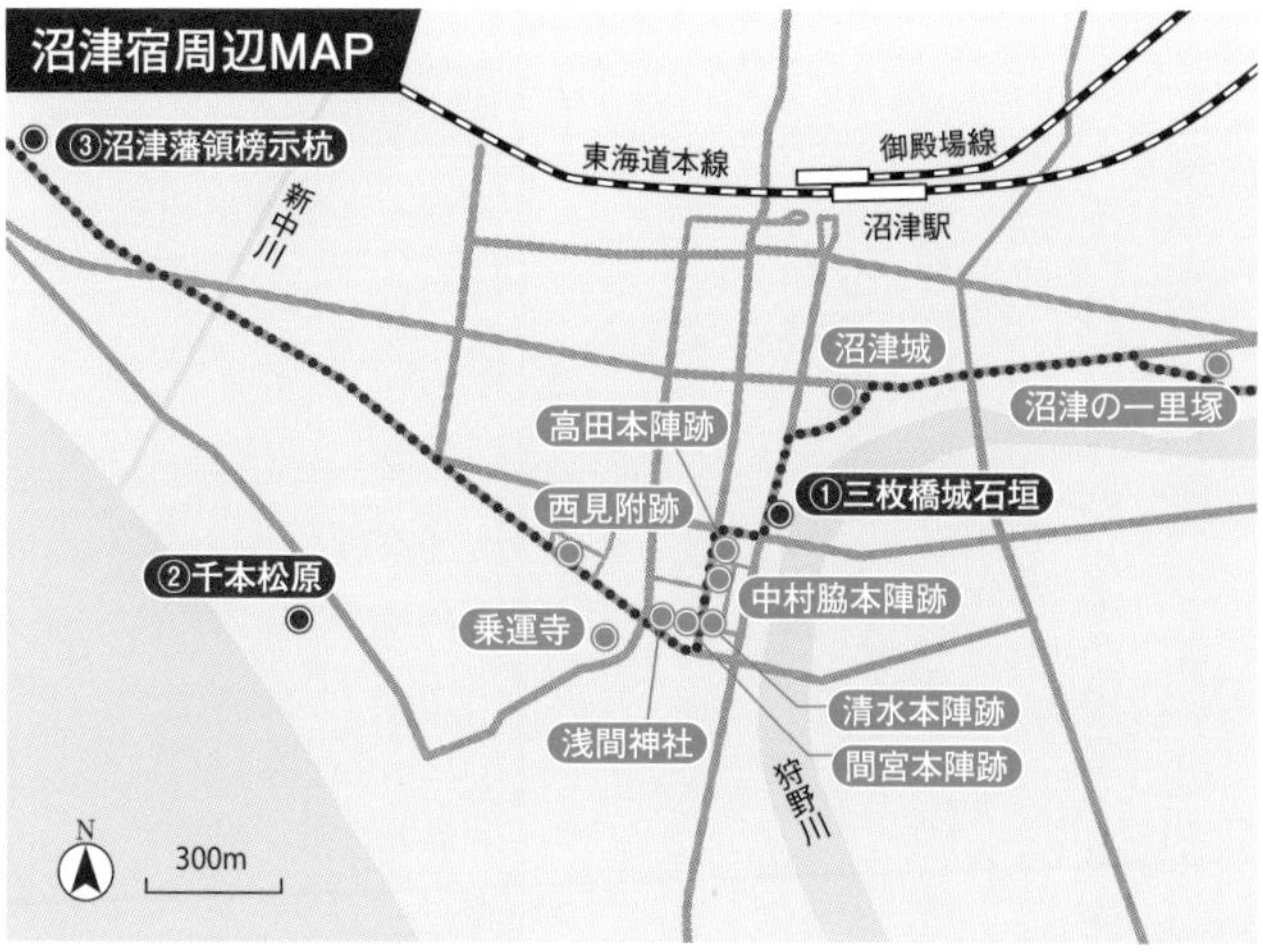

③沼津藩領榜示杭
沼津藩の西境を示す榜示杭。下半分は欠損している

13

原宿

白隠禅師ゆかりの寺へ

臨済宗中興の祖、白隠が生まれ育った原宿。道中、富士を眺めながら、間の宿・柏原までの道のりを楽しみたい。

宿データ

場所／静岡県沼津市
戸数／398
人口／1939
本陣／1
脇本陣／1
旅籠／25
距離／南19町33間
北17町16間
最寄り駅／JR原駅

①松蔭寺
原宿に生まれた白隠禅師が住職を務めた寺院

白隠禅師産湯の井戸

「駿河に過ぎたるもの」名僧の生誕地を歩く

東海道の宿駅中、富士山に最も近い原宿《はら》は、白隠《はくいん》禅師が生まれ育った地として名高い。JR原駅付近にある①**松蔭寺**は、禅師が住職を務めた寺として知られる。

臨済宗中興の祖といわれる白隠は、貞享2年（1685）に原宿で生まれ、15歳の時に松蔭寺で出家。諸国で修行を積んだ後、故郷に戻り、33歳で同寺の住職となった。禅画に秀で、多くの門弟を育てたことから、その名声は全国に及び、「駿河には過ぎたるものが二つあり、富士のお山に原の白隠」と詠われるほどであった。

境内には白隠の墓があるほか、開山堂内では坐像を見ることができる。禅師が残した多くの書画も保存され、毎年4月29日に公開される。また、寺の近くには生誕地跡もあり、白隠が生まれた際に使われた産湯の井戸が残っている。

その付近には植松家の庭園②**帯笑園**もある。江戸時代から昭和初期までの間、東海道屈指の名園として名を馳せ、ドイツ人医師・シーボルトをはじめ多くの著名人が訪れた。普段は非公開だが、保存会が定期的に開催する見学会では、美しい木々や花々を鑑賞できる。

東海道を西へと進むと、桃里改称記念碑が見えてくる。この辺りは遠州の浪人・鈴木助兵衛が開墾した地区であり、昔から助兵衛新田と呼ばれてきた。だが、近代になると地名に抵抗感を抱く人も増え、桃畑が多いことにちなんで桃里と改称されたという。

吉原湊及び東海道図　長橋家所蔵
原宿・吉原宿の間には浮島と呼ばれる湿地帯が広がっていた。写真（左）は現在の浮島ヶ原自然公園

さらに西に進むとJR東田子の浦駅に着く。この辺りは原宿と吉原宿のほぼ中間で、かつては間の宿・柏原があった。万治3年（1660）、京都・立本寺の日審上人は「東海道中で最も富士山の眺望が素晴らしい場所」として、この地に**③立圓寺**を開いた。境内にある望嶽碑は参勤交代で同寺を訪れた尾張藩の典医・柴田景浩が築いたもの。石碑には「ここから見る富士があまりにも素晴らしいため、死後、魂がこの地へ戻って来られるように髪を埋めておく」と記されており、絶景に魅了された当時の人々の思いを垣間見ることができる。

③立圓寺
背後に富士を望む寺院。
境内には望嶽碑が立つ

②帯笑園
街道屈指の名勝として知られた庭園。
現在は土・日、祝日のみ見学可能

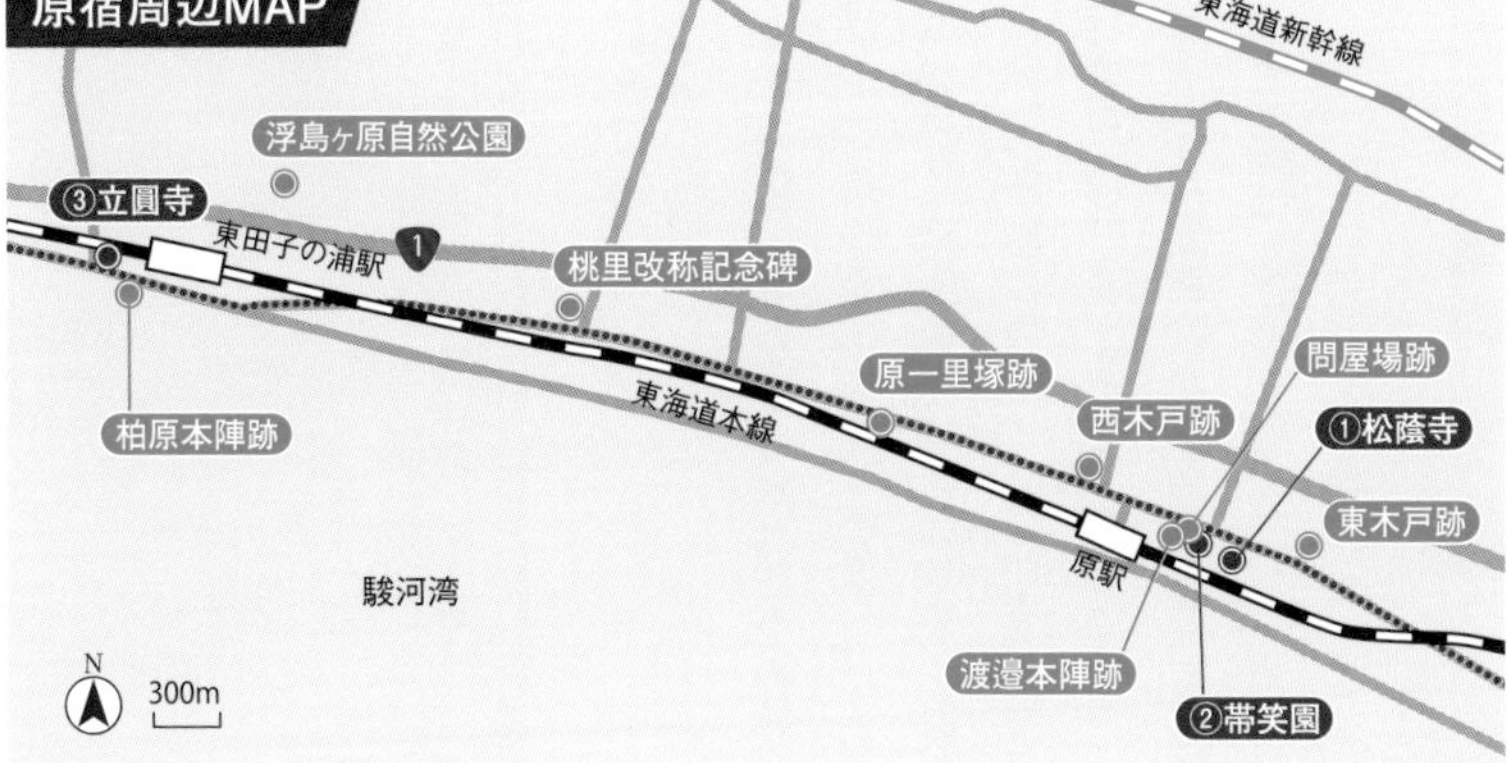

14

吉原宿

広重も描いた奇景を望む

自然災害によって、二度の移転を繰り返した吉原宿。富士の絶景を望みながら、宿場跡地を巡りたい。

①鈴川の富士塚
浜で身を清めた登拝者はこの地を起点として富士山頂を目指した

霊峰信仰の遺跡 富士塚を詣でる

JR吉原《よしわら》駅近くに、元吉原と呼ばれる地区がある。吉原宿は当初、この近辺に設けられていたが、海岸に近く、自然の脅威にさらされるため、寛永16年（1639）の高潮後、少し離れた中吉原地区へと移転した。ところが延宝8年（1680）、この地も高潮の被害に遭い、さらに北（現在の吉原本町）への再移転を余儀なくされたという経緯がある。

東海道を北進する前に、JR吉原駅南口から徒歩10分ほどの**①鈴川の富士塚**に立ち寄ってみたい。この塚は富士登山の前に海で身を清めた人々が海岸の石を積み上げたものとされ、先人たちの富士に対する思いが垣間見える。

JR東海道線を越えて東海道を北西に向かうと、中吉原宿跡近辺に差し掛かる。ここには**②左富士**と書かれた看板が立ち、向かって左手に富士山が見える。江戸からの旅人は通常、右手に富士山を望みながら東海道を進むが、この辺りは道が南北になるため、街道の奇観として珍しがられた。歌川広重も保永堂版でこの光景を描いており、道中記にも「原、吉原は富士山容を観る第一の所なり、左富士　京師より下れば右に見え、江戸よりすれば反対の方に見ゆ」と記している。現在、現地には代替わりした松が立ち、霊峰の美観を引き立てている。

吉原宿に入ると賑やかな商店街となり、中心部には元旅籠屋の**③鯛屋旅館**がある。館内には本陣に残された関札などが展示され、宿場時代の雰囲気を今に伝える。

また、東海道から少し離れるものの、宿の北にある富士山かぐや姫ミュージアムがあり、伝馬朱印状をはじめ、吉原宿周辺の解説が展示されている。屋外では江戸期のものを含め、この地にあった歴史的な建造物が移築されているので、足を延ばすことを勧めたい。

宿データ

場所／静岡県富士市
戸数／653
人口／2832
本陣／2
脇本陣／3
旅籠／60
距離／12町10間
最寄り駅／岳南鉄道 吉原本町駅

足を延ばして…

富士山かぐや姫ミュージアム
旧稲垣家住宅や樋代官長屋門など、園内には江戸期の建築物が保存・展示されている

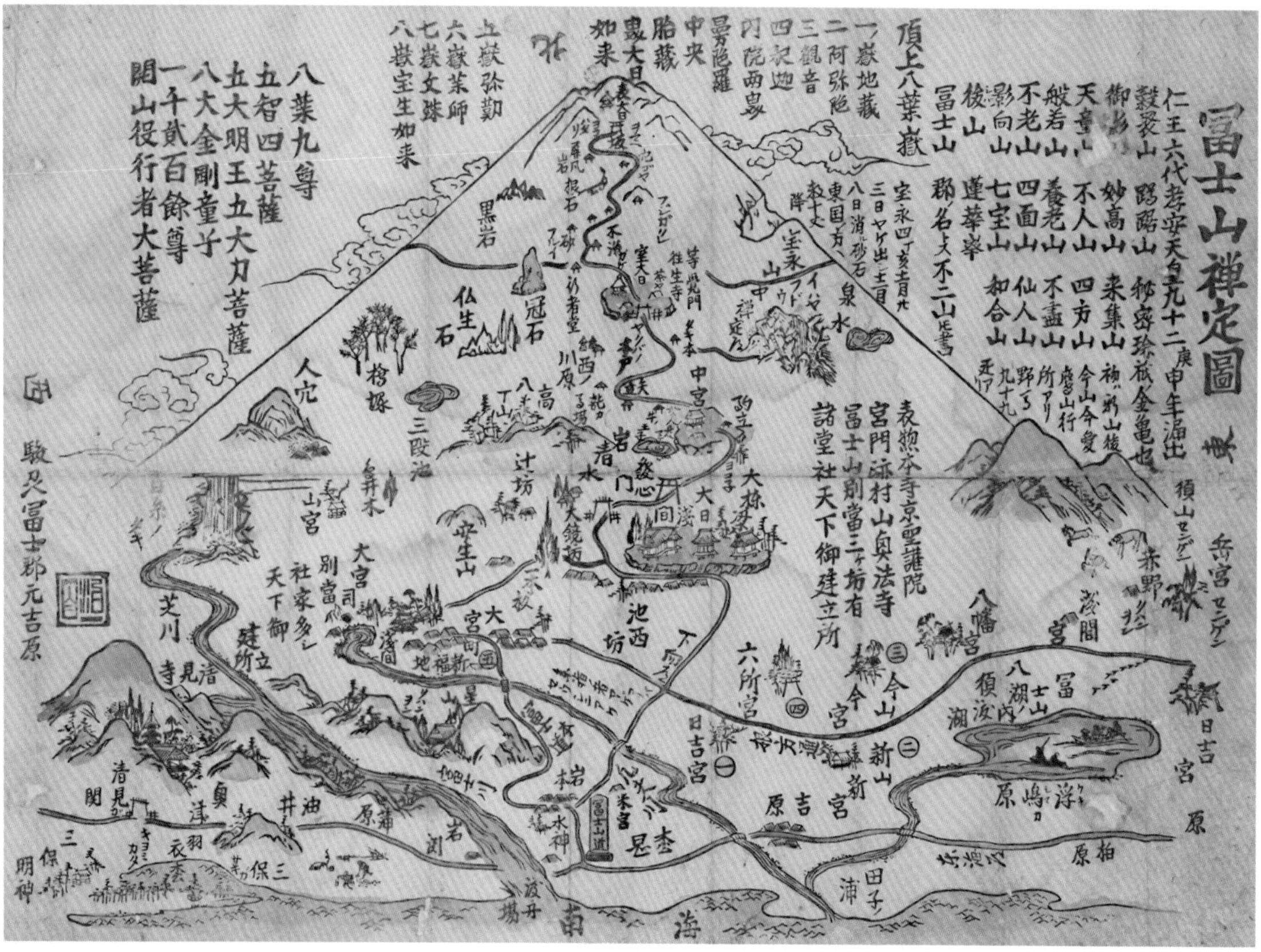

富士山禅定図　富士山かぐや姫ミュージアム蔵
江戸期に版行された案内図。東海道から富士山頂へと至る道のりが描かれている

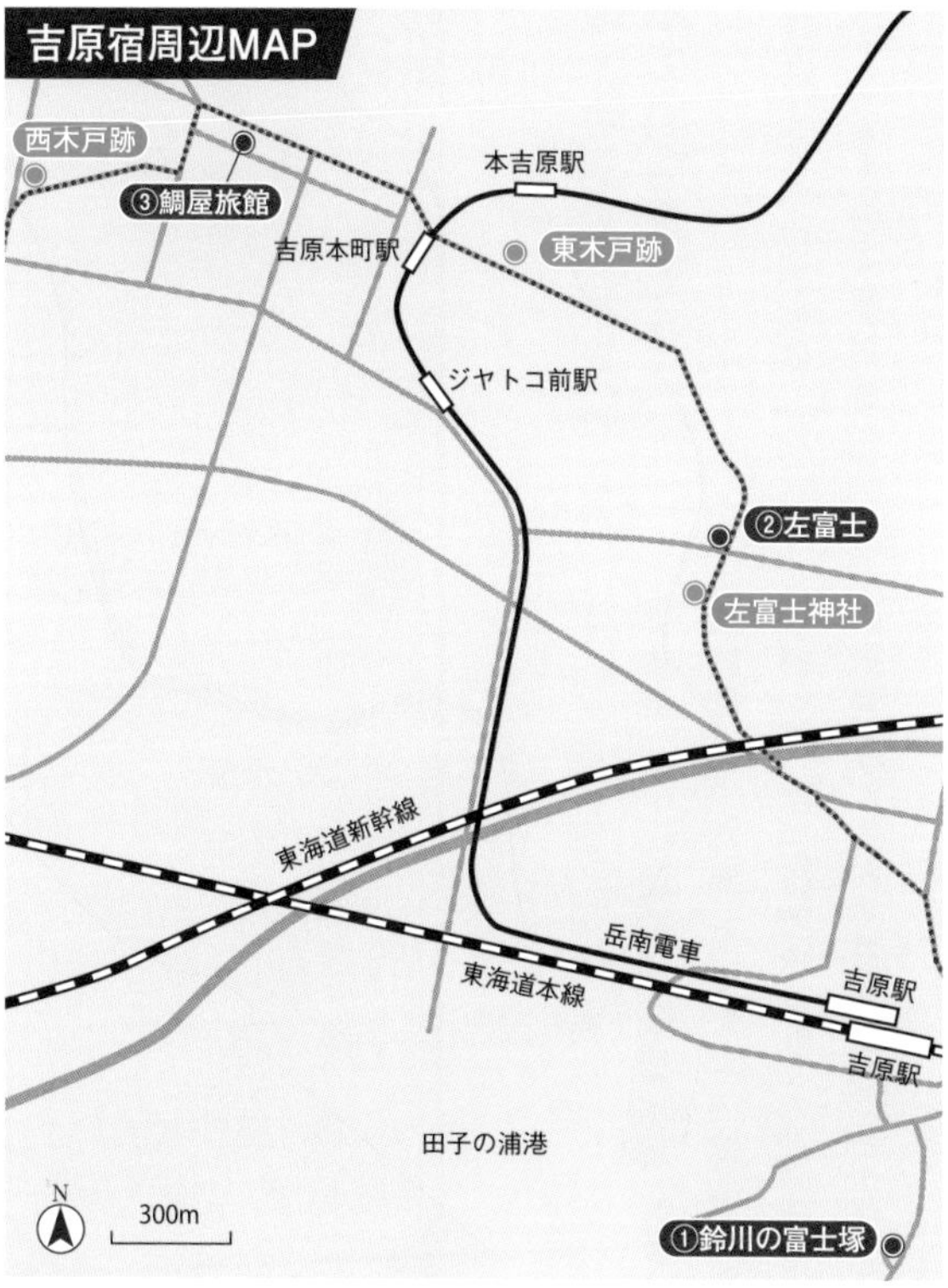

②左富士
中吉原地区には通常とは逆の方向（左手）に富士が見える区間がある

③鯛屋旅館
清水次郎長や山岡鉄舟も利用したと伝わる老舗旅館

15

風情ある宿場を巡る

蒲原宿

間の宿・岩渕を経て、蒲原宿へ。現在も貴重な建物が数多く残る、風情ある街並みを歩いてみよう。

①小休本陣・常盤家　現存する主屋には大名などの賓客が休んだ上段の間が設けられている

②岩渕の一里塚
左右一対で現存する貴重な一里塚

間の宿・岩渕で常盤家の庭を愛でる

富士川の西岸にある岩渕村は、かつて舟を待つ旅人のための茶屋が並ぶ、宿のような雰囲気だった。幕府から継立を命じられた宿駅でないため、あくまで間の宿としての利用だったが、今も①**小休本陣・常盤家**が残り、往時の雰囲気を伝えている。

常盤家は富士川の渡船役や岩渕村の名主を務めた旧家であり、高貴な身分の人が休むための高級茶屋も営んでいた。通常、大名らが利用する休泊施設は「本陣」と呼ばれたが、間の宿の場合、東海道では「小休本陣」、中山道では「茶屋本陣」と呼ばれた。いずれも、あくまで休憩所という扱いで、宿泊はできなかった。滋賀県の大角家と並んで見学可能な小休本陣であり、庭には大名たちも眺めた槙《まき》も見ることができる。

小休本陣から蒲原宿に向かうと、左手に田中光顕伯爵の別邸・古谿荘《こけいそう》がある。広大な庭園も備えた豪華な建物で、書院造りの大広間棟や八角形の八角堂など、9棟の建物で構成される国指定重要文化財である（原則非公開）。

すぐ先には朝鮮通信使の来朝に備え、急遽移転した②**岩渕の一里塚**がある。左塚が植え直されたものの、一里塚の基本である左右一対が遺る貴重な文化財。往時には周辺に4軒の栗粉餅屋

宿データ

場所／静岡県静岡市清水区
戸数／509
人口／2480
本陣／1
脇本陣／3
旅籠／42
距離／14町33間半
最寄り駅／JR新蒲原駅

⑤吉田家
和菓子を手掛けた商家の跡。海鼠壁が目を引く

④佐藤家
「佐野屋」の屋号を掲げた塗屋造の商家跡

③木屋江戸資料館
渡邊家に残る3階建ての土蔵。内部には貴重な日記や公文書類が収納されている

⑥旅籠・和泉屋
本陣前に建つ上旅籠跡。2階には櫛型の手すりが残る

栗の粉餅
江戸期に地元の茶屋で売られていた銘菓を、ツル家製菓店が現代風にアレンジして復活させた

があったといわれ、現在はツル家製菓店が蒲原寄りの街道脇で栗粉餅を再現し、街道の味を伝えている。

街道を南へと下ると、蒲原宿に至る。蒲原の歴史は古く、平安時代に編纂された延喜式にもその名が見える。当初は現在よりも海側にあったが、元禄12年（1699）に高波の被害に遭ったため現在地に移転した。狭く蛇行する江戸初期の東海道と、幅広く直線的な中期以降の道を比較できる貴重な宿場である。

東木戸跡を過ぎると、③**木屋江戸資料館**が見えてくる。江戸時代に百姓代、名主、問屋、郡中惣代などを務めた渡邊家が、代々保管してきた文書類を展示。土蔵は当主の書斎兼文書保管用に建造されたもので、四方転《しほうころび》という地震に強い工法が採用された3階建て天保建築である。

西に進むと、次第に宿場の雰囲気が漂ってくる。④**佐藤家**は周囲が黒色土壁に覆われた、いわゆる塗屋造の商家だ。江戸時代から明治・大正期までは、このような建築手法が広く採用されていた。⑤**吉田家**は元は僊菓堂と呼ばれる菓子店で、今もなお「カステーラ」と書かれた当時の看板が掛けられている。海鼠壁建築に特徴があり、国登録有形文化財である。

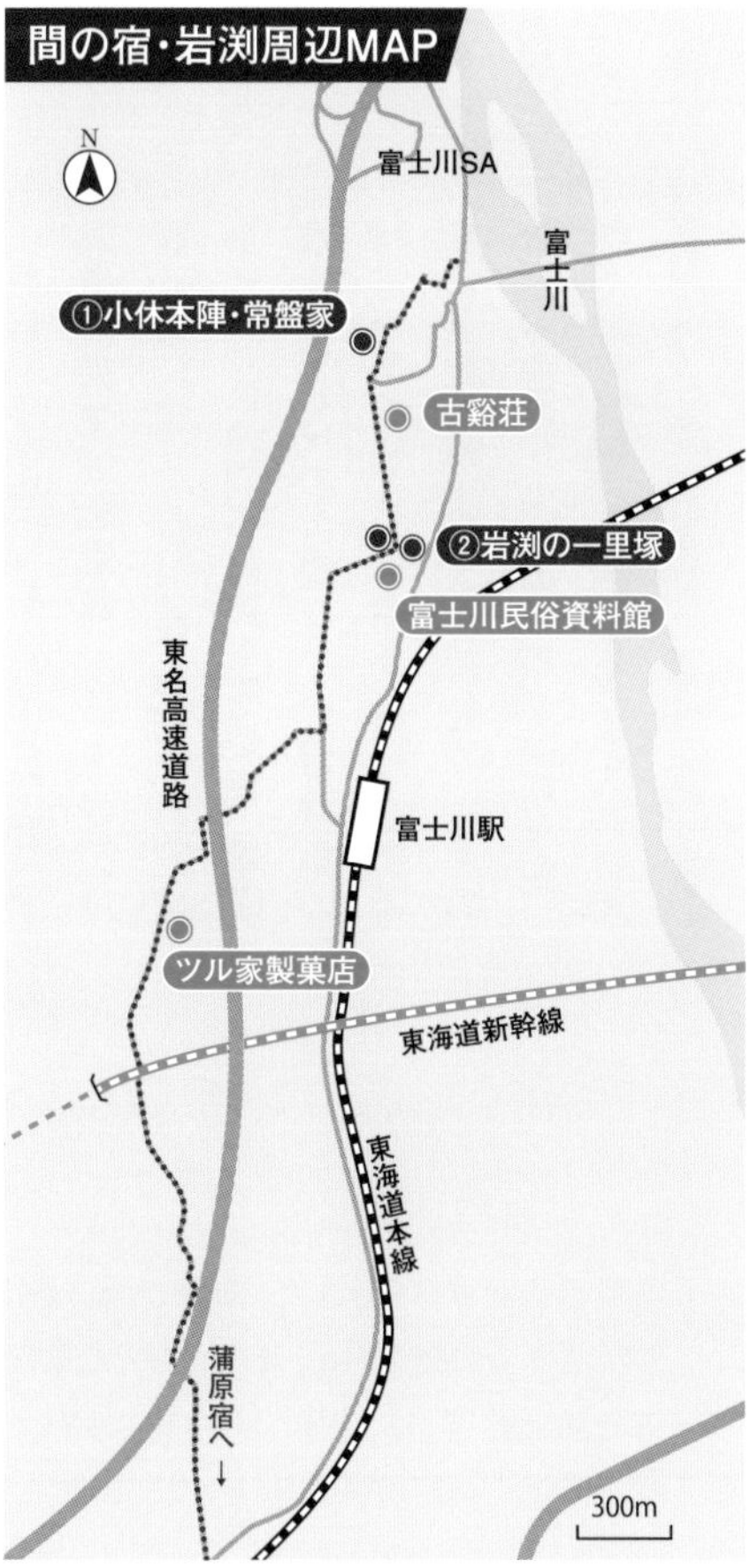

江戸情緒あふれる和泉屋や志田邸へ

佐藤家の横を入ると八坂神社があり、その背後には御殿山がそびえる。徳川家康は織田信長接待用に蒲原御殿を作り、二代・秀忠、三代・家光も上洛時に利用した。その際に使われる薪などを採取したのが御殿山であり、現在は桜の名所となっている。

宿場中央部には天保期の建築物、⑥**旅籠・和泉屋**がある。2階の手すりは櫛型アーチが入った珍しい建築で、現在は東側はお休処、西側が鈴木家となっている。鈴木家には店の間、帳場、三和土《たたき》土間がそのまま残され、旅籠屋の面影を見ることができる。

「高札場跡」の看板を見ながら西に進むと、大正期の擬洋風建築⑦**旧五十嵐邸**がある。ガラスが多用された元歯科医院で、待合室や診療室、技工室が配された当時最先端の建物。歯科医は希少な存在だったため、かつては遠方からの患者が宿泊した離れもあった。

数軒先の左手には町家⑧**志田邸（東海道町民生活歴史館）**がある。安政地震直後に修造された典型的な町家建築で、見世の間の蔀戸《しとみど》や囲炉裏《いろり》、箱階段、長さ9尺の大畳など、江戸建築の特徴が多く残されている。現在は街道文化全般を解説する資料館で、幕府の管理した五十七次の資料や関所手形、寺子屋教科書、生活具などを入れ替え展示している。江戸期の醤油工場、家具土蔵、庭なども現存する。

⑦旧五十嵐邸
大正期に町家を洋風に改装した元歯科医院

⑧志田邸
（東海道町民生活歴史館）
土間に沿って部屋を並べた典型的町屋建築が見学可能。秋～春の庭では珍しい一両、拾両、百両などが赤い実をつける

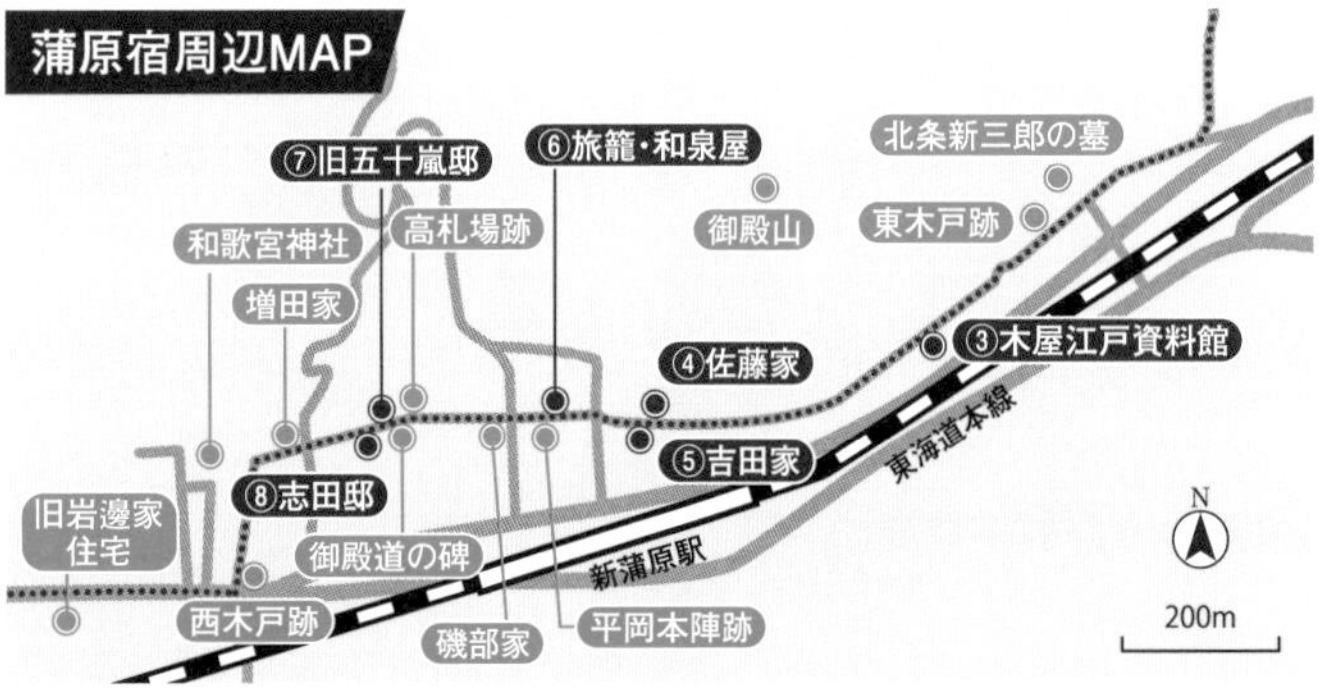

ミニ知識

山部赤人が歌にも詠んだ「田子の浦」は富士川西側の海辺を指す。幕府作成の「東海道分間延絵図」は、蒲原から由比にかけての一帯を「この辺田子ノ浦」と記している。

Column
— コラム —

休泊施設の種類

江戸期の街道には幕府の役人や旅人たちができるよう、さまざまな種類の休泊施設があった。ここでは街道沿いに設けられた各種休泊施設を解説したい。

本陣

貴人向けの特別休泊施設。対象は朝廷関係者、公務の幕府役人、大名など特別な身分の者だけであり、財力ある者でも一般町民は利用が許されなかった。幕府の朱印状や証文を持つ者は無賃。一方、たとえ大名であっても朱印状などがなければ有賃であった。上段の間や門構えなどの整備は道中奉行所が指導し、不祥事があれば廃業させられることも。高貴な人物を休泊させるため、本陣家は格式ある家系から選ばれ、名字帯刀も許された。

草津宿に現存する本陣

脇本陣

上段の間などが設けられ、本陣の代役が可能な高級旅籠。普段は誰でも利用できるが、本陣の利用希望が重なった際に本陣の代わりを務める特別な旅籠。天保14年（１８４３）の幕府調査記録「宿村大概帳」には全宿の脇本陣の建坪などが本陣同様に記載されている。

旅籠

一般の旅人が利用する休泊所。基本は１泊２食付きで、１人２００～４００文程度。東海道57次の内、旅籠数が最大の宿駅は熱田で２４８、最小は石薬師と庄野宿で各15（天保14年）。

木賃宿

調理用の薪代（木賃）だけ払えば宿泊させてもらえる簡易休泊所。江戸期には鍋釜持参で自炊しながら寺社回りするなど、僅かな資金で旅する者も少なくなかった。

小休本陣

間の宿などに設けられた高級茶屋。幕府は間の宿での宿泊を認めなかったため、旅人は茶屋で休憩するだけであった。この内、貴人用茶屋を小休本陣と呼んだ。地区によっては利用者も多く、兼業により宿駅の本陣以上に繁栄した家も存在した。東海道で建物が現存するのは、間の宿・岩渕の常盤家と間の宿・六地蔵の大角家の2軒のみ。中山道では茶屋本陣と呼ばれた。

東海道57次の休泊施設数
（天保14年）

本　陣	117
脇本陣	70
旅　籠	3139

16

由比宿

絵師が描いた絶景を望みに

由比宿を過ぎ、難所の薩埵峠へ。江戸の天才絵師が描いた絶景は、今も多くの人々を魅了する。

⑦薩埵峠展望台
駿河湾越しの富士山という、東海道随一の絶景が眼前に広がる

宿データ

場所／静岡県静岡市清水区
戸数／160
人口／713
本陣／1
脇本陣／1
旅籠／32
距離／5町半
最寄り駅／JR蒲原駅・由比駅

正雪の生家を訪ね、江戸期の染め物を学ぶ

ＪＲ蒲原駅から東海道を西に進むと、由比《ゆい》の江戸方見付跡がある。道は宿場内部が見通せないよう枡形《ますがた》構造になっていて、ここから由比川までの約６００ｍが由比宿。小規模宿場で、西に難所・薩埵《さった》峠が控えており、興津宿までの継立に時間がかかることから、天保14年には東海道57宿で最も多い11村が加宿として人馬を負担し、周辺と一体となって継立を行った。

宿内に入るとすぐ右手に**①御七里役所跡**がある。七里役所は、紀州徳川家が独自に置いた飛脚用の中継施設。紀州徳川家といえば御三家の一つであるものの、幕府管轄である宿場継飛脚の利用は許されず、ほぼ七里の間隔で独自の役所を置いていた。

①御七里役所跡
紀州徳川家が置いた独自の飛脚用の役所跡。約七里間隔で置かれたため御七里役所といわれた

さらに西へ行くと、**②由比本陣公園**が見えてくる。園内には東海道広重美術館や由比宿交流館のほか、明治天皇が休憩した離れを再現した御幸亭がある。美術館は広重をはじめとする浮世絵を約１４００枚所蔵し、公園前には牛馬用の水飲み場も整備されるなど、江戸期の姿を忍ばせる。

公園の向かいにあるのは、江戸期の

③正雪紺屋

由比正雪の生家といわれる染物屋。土間には当時使われていた藍甕が残っている

②由比本陣公園

本陣跡に設けられた公園。園内の美術館には歌川広重を中心とした浮世絵が展示されている

兵学者・由井正雪の生家といわれる③**正雪紺屋**だ。店内には藍甕《あいがめ》や染物道具が並び、往時の仕事場が残されている。西隣には脇本陣跡や明治の郵便局舎などがあり、宿場の風情が漂う地域となっている。

由比川を越えると500mほど先に、④**豊積《とよづみ》神社**の参道入口がある。延喜式神名帳にも載っている由緒ある神社で、美しい本殿は一見の価値がある。また、参道入口の袖斎垣も延享2年（1745）建造という年代物で、東海道でも屈指の出来映えといわれている。

④豊積神社

延暦10年（791）創建と伝わる神社。正月に行われる「お太鼓祭」は漁師町ならではの荒々しい祭りとして有名

名物

たまごもち

東海道中膝栗毛で由比名物として描かれている「さとうもち」を、地元の春埜製菓が受け継いで製造している

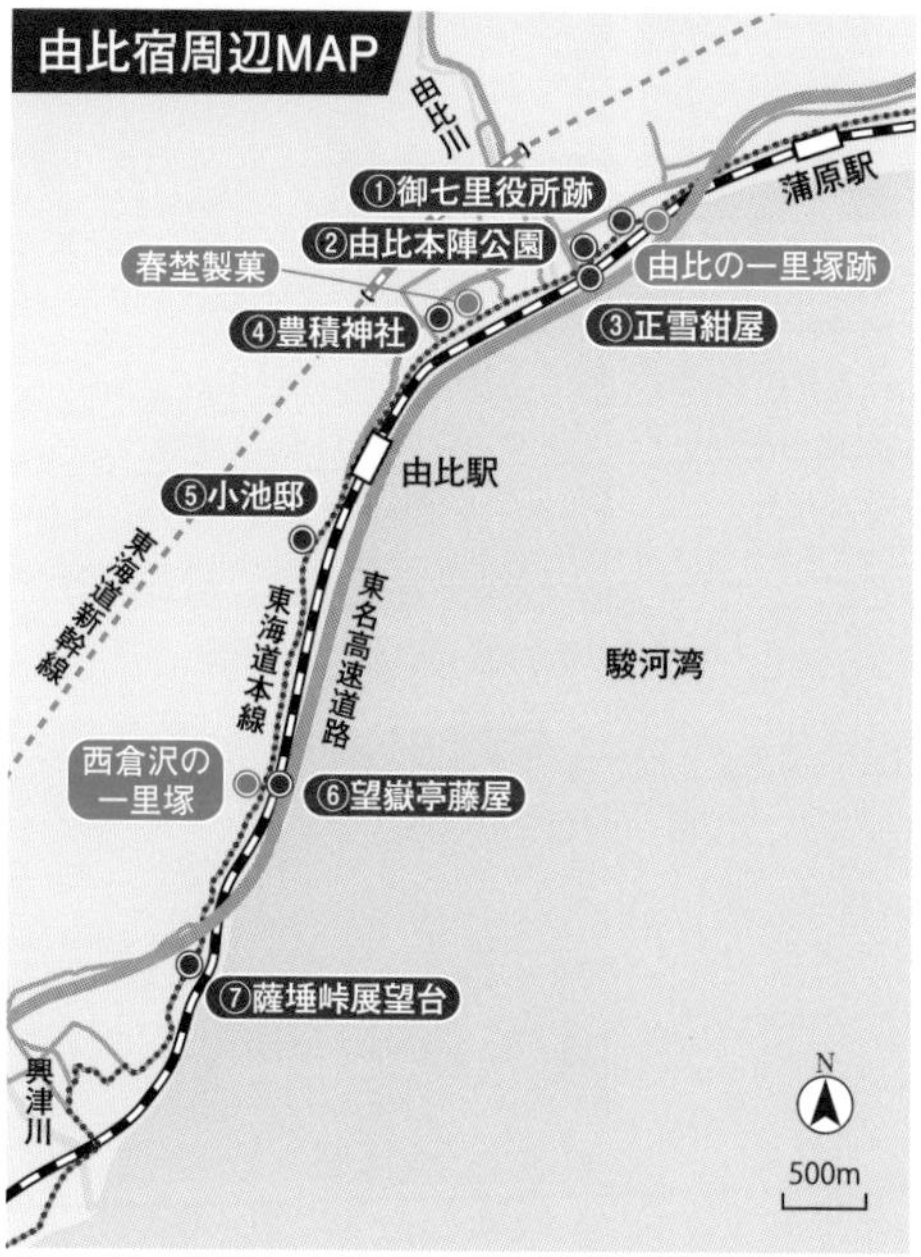

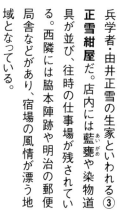

西倉沢のまちなみ
古い町並みが残る間の宿・西倉沢

富士山と駿河湾 薩埵峠から絶景を望む

JR由比駅を越えて一段高くなった東海道を西へ進むと、右手には**⑤小池邸**が見えてくる。明治初期に建造された名主・小池家の母屋で、潜《くぐ》り戸付きの大戸や石垣、なまこ壁のほか、庭の水琴窟など、伝統的な日本家屋の面影を見ることができる。

薩埵峠の手前には間の宿・西倉沢があり、古い町並みが続く。宿の西にある**⑥望嶽亭藤屋**は、室町時代から続いた茶屋。慶応4年（1868）3月7日、幕臣の山岡鉄舟は、新政府の参謀・西郷隆盛を訪ねて駿府に向かう途中、新政府軍に捕らわれそうになり、この茶屋の主人・松永氏に匿われて難を逃れたという。屋内には今も蔵座敷や階下に続く隠し階段、鉄舟が徳川慶喜から護身用に預かったピストルなどが残っている（現在は休館中）。

藤屋を越えると、道は二手に分かれる。元々の東海道は、海岸へと続く左手の道だった。しかし、海が荒れると通行が困難になるため、幕府は朝鮮通信使を迎える際、作道奉行を置き右手斜めに東海道を新設した。坂の途中には**⑦薩埵峠展望台**があり、富士山、駿河湾、伊豆半島が見渡せる東海道屈指の景観地になっている。

この展望台から興津宿に向かう道は薩埵中道と呼ばれる。途中、墓地の中を通るという、にわか仕立ての道ながら由比・蒲原の海岸と富士山がよく見える。もう一つの道は上道と呼ばれ、後年に幕府が整備した歩きやすい道である。

山岡鉄舟が隠れた隠し階段

鉄舟の残したフランス製ピストル

⑥望嶽亭藤屋
広重の隷書版東海道五十三次にも描かれた茶屋。幕末に山岡鉄舟を救った隠し階段がある（現在休館中）

⑤小池邸
寺尾地区で代々名主を務めた小池家の住宅（国登録有形文化財）

ミニ知識

興津川近くの公園には川越しの跡があり、解説板が置かれている。江戸期の興津川は基本的に冬のみ架橋され、それ以外の季節は人足による徒（かち）渡しだった。

Column
コラム

街道管理施設の種類

東海道の沿線にある施設の多くは旅人支援のものであったが、中には不審な者を監視・摘発する機能を持った施設もあった。ここでは街道沿いに設けられた街道管理施設について紹介したい。

問屋場《といやば》

人足や伝馬の継立を行う場所。宿駅のほぼ中央に置かれ、宿役人が交代で詰めて人馬を手配したほか、旅籠の紹介などを行う案内所としての役割も果たした。問屋場には責任者の「問《とい》屋《や》」以下、補佐の「年寄」、帳簿などに記帳する「帳付」、人足担当の「人足指《にんそくさし》」、伝馬担当の「馬《うま》指《さし》」らが交代で詰め、あらゆる旅問題に対応した。朝鮮通信使や大名行列のような大人数の一行が来た際は、周辺の加宿村、助郷村などを含めて対応したため、複数の問屋場を置く宿駅もあった。東海道57次の問屋場数は全部で71で、最大は戸塚宿の3カ所。

関所

不審者をチェックするための施設。徳川家康は新居宿に関所を設け、さらに脇往還である本坂道(姫街道)の気賀宿にも設置した。さらに二代秀忠は元和4年(1618)に箱根宿を置くと、翌5年に同地に関所を新設。東海道の新居・箱根、中山道の福島・横川(碓氷)は4大関所と呼ばれ、「入り鉄砲に出女」を中心に旅人を厳しく監視した。

旅人を厳しく監視した新居宿の関所

川会所

東海道には川幅が広く、本格的な架橋が難しい河川が多かったため、徒歩もしくは舟による川越しを余儀なくされた。しかし、台風などによって増水した際は川越しが禁止となり、水量や流速によって川越料金(川札値段)の変更も行われた。これらを管理する施設として幕府は川会所を置き、旅人の安全を確保した。

再元された大井川の川会所

17

興津宿

元老も過ごした古の関

薩埵峠のふもとにある興津宿は、古代に清見関が設けられた。元老・西園寺公望が晩年を過ごした地としても知られている。

宿データ

場所	静岡県静岡市清水区
戸数	316
人口	1668
本陣	2
脇本陣	2
旅籠	34
距離	10町55間
最寄り駅	JR興津駅

①宗像神社
航海安全を祈願する神社で、三女神を祀ることから「女体の森」とも呼ばれる

海路の守護神を詣で、家康ゆかりの清見寺へ

興津《おきつ》宿は古代から「息津」「奥津」「沖津」などと書かれてきた古くからの宿駅である。比較的小規模な宿場町だが、狭隘な地形であることから監視に最適で、古代には清見関が置かれた。関は大和朝廷が東国（蝦夷）対策として設けたもので、天武天皇が住まわれた浄《きよ》御原《みはら》から命名されたという。

興津川を越えてしばらく西へ進むと、甲府方面に向かう国道52号（身延線）との分岐点にぶつかる。この交差点を直進して次の右折路は、①**宗像《むなかた》神社**へと続く参道だ。三女神を祀ることから「女体の森」とも呼ばれる由緒ある神社である。古の時代から江尻湊に入る船はこの森を目印にしており、海路の守護神として崇められた。

その先には②**身延道入口**がある。この道は甲州道とも呼ばれ、興津周辺の塩を運んだことから塩の道とも称された主要道の一つである。

さらに進むと、③**水口屋《みなくちや》ギャラリー**がある。清水湊の時代から200年以上の歴史を持つ鈴与株式会社が近年、脇本陣だった水口屋を引き継ぎ、要人が揮毫した掛け軸などを展示している。

さらに行くと、宿の代表的な史跡④**清見寺《せいけんじ》**が見えてくる。約6000坪の敷地面積を誇り、指定文化財は17件に及ぶ臨済宗妙心寺派の大寺院。今川家の人質だった徳川家康がたびたび訪れたことから、境内には手習いの間が再現されているほか、家康お手植えの臥竜梅や駿府城から持ち込んだ庭石も残る。

③水口屋ギャラリー
（フェルケール博物館別館）
脇本陣と要人が利用した旅籠の跡地。現在はギャラリーとして興津の歴史資料が展示されている

④清見寺
足利氏や今川氏らが崇敬した名刹。境内には江戸期に造られた五百羅漢像や庭園など見どころが多い

②身延道入口
甲州へと続く東海道との追分。日蓮宗総本山の身延山久遠寺まで続くことから身延道と呼ばれた

なお、同寺は朝鮮通信使も訪れた地としても知られる。総門にはその際に書かれた「東海名区」の扁額が掲げられているほか、使節が遺した漢詩48点は「ユネスコ世界の記憶」に登録されている。琉球使節も宿泊しており、来朝時に不幸にして亡くなった琉球皇子の墓も境内上部に設けられるなど、江戸期の外交模様を今に伝える寺院である。

　元老・西園寺公望《さいおんじきんもち》の終の棲家跡地には⑤**興津坐漁荘《ざぎょそう》記念館**も建っている。当初の坐漁荘は明治村に移築されたため、現在の建物は二代目ではあるものの、当時の姿をそのまま復元しており、戦前の大政治家の生活環境を伺い知れる興味深い施設である。

⑤興津坐漁荘記念館
元老・西園寺公望が晩年を過ごした別荘跡。当時の住居が忠実に復元されている

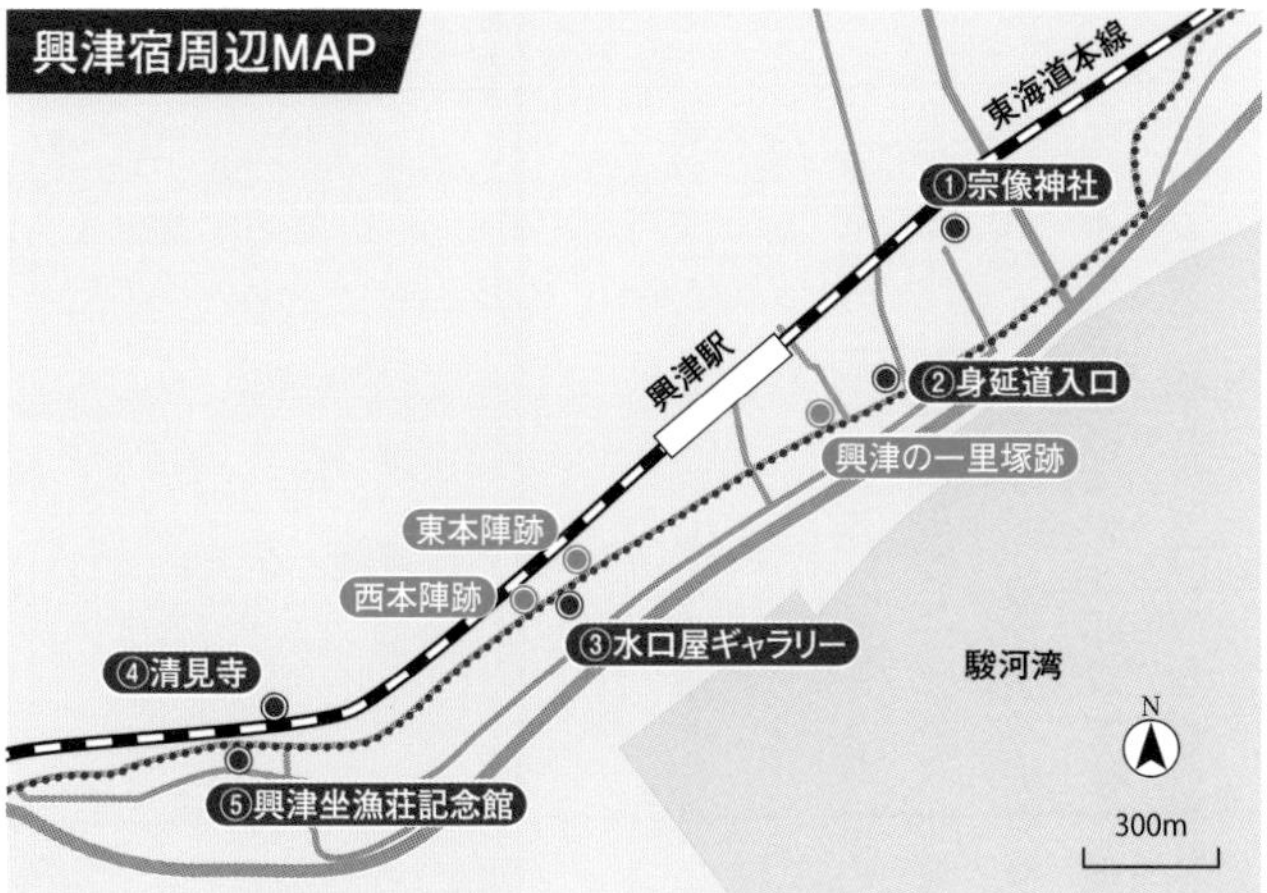

18

江尻宿

大御所の膝元で栄えた港町

江戸時代、富士川舟運の拠点として大いに栄えた江尻宿。清水次郎長ゆかりの史跡にも寄り道してみたい。

宿データ

場所／静岡県静岡市清水区
戸数／1340
人口／6498
本陣／2
脇本陣／3
旅籠／50
距離／13町
最寄り駅／JR清水駅

①江浄寺
謀反の疑いで自害させられた松平信康（家康の長男）の遺髪を祀る寺院

河童の稚児橋を渡り、名物のようかんを堪能

「江尻《えじり》」という名は巴川の河口（尻）に由来するという。古くから海上交通の要衝として栄えた町だが、家康入府後は富士川舟運が盛んになり、甲州年貢などが大量に江戸へ送られた。各地の貴重な品々も巴川経由で駿府城へ運ばれ、大坂の陣では兵器などを大坂へ運ぶ兵站地にもなっている。

宿手前の追分付近は、かつて細井の松原と呼ばれ、200本ほどの松が並ぶ東海道として知られていた。しばらく南進すると巴川手前に①**江浄寺**があり、境内には天正7年（1579）に二俣城で自害した家康の長男・信康の遺髪を祀る五輪塔が建っている。武田家との密通を疑われた信康だったが、家康は後に天下人となっても、息子の供養を欠かさなかったという。

巴川まで進むと、②**稚児橋**が架かっている。名前の由来は慶長16年（1611）の渡り初めの際、突然川から子どもが現れ、橋を渡ってどこかに去っていったことにちなむ。河童が子どもに化けたとも噂されたため、現在の橋の欄干には河童像が建てられている。

さらに西へ進むと「志ミづ道」との追分が見えてくる。江尻湊から府中宿への短絡路として使われてきた街道で、角には「是より志ミづ道」と道印が刻まれている。なお、この地で三代将軍・家光の時代から続くのが③**追分羊かん**で、宝台院での蟄居を解かれた徳川慶喜もしばしば訪れている。店先には慶喜が「静中観物化」と揮毫した掛け軸も展示され、「維新以降の日本の変化を見届ける」という達観した心境を伝えている。

東海道はこの先、西へと続くが、宿の南側には侠客で知られた清水次郎長や、その子分の大政・小政が眠る梅蔭禅寺がある。付近には④**次郎長生家**が現存し、産湯に使われた井戸なども見ることができる。

生家見学の後は⑤**船宿末廣**にも立ち寄りたい。次郎長が明治19年（1886）に清水波止場に開業した船宿を復元した施設で、次郎長ゆかりの品などが展示されている。近くにあるフェルケール博物館（清水港湾博物館）では、清水湊の歴史展示や、主要産業である缶詰に関する資料なども見学できる。

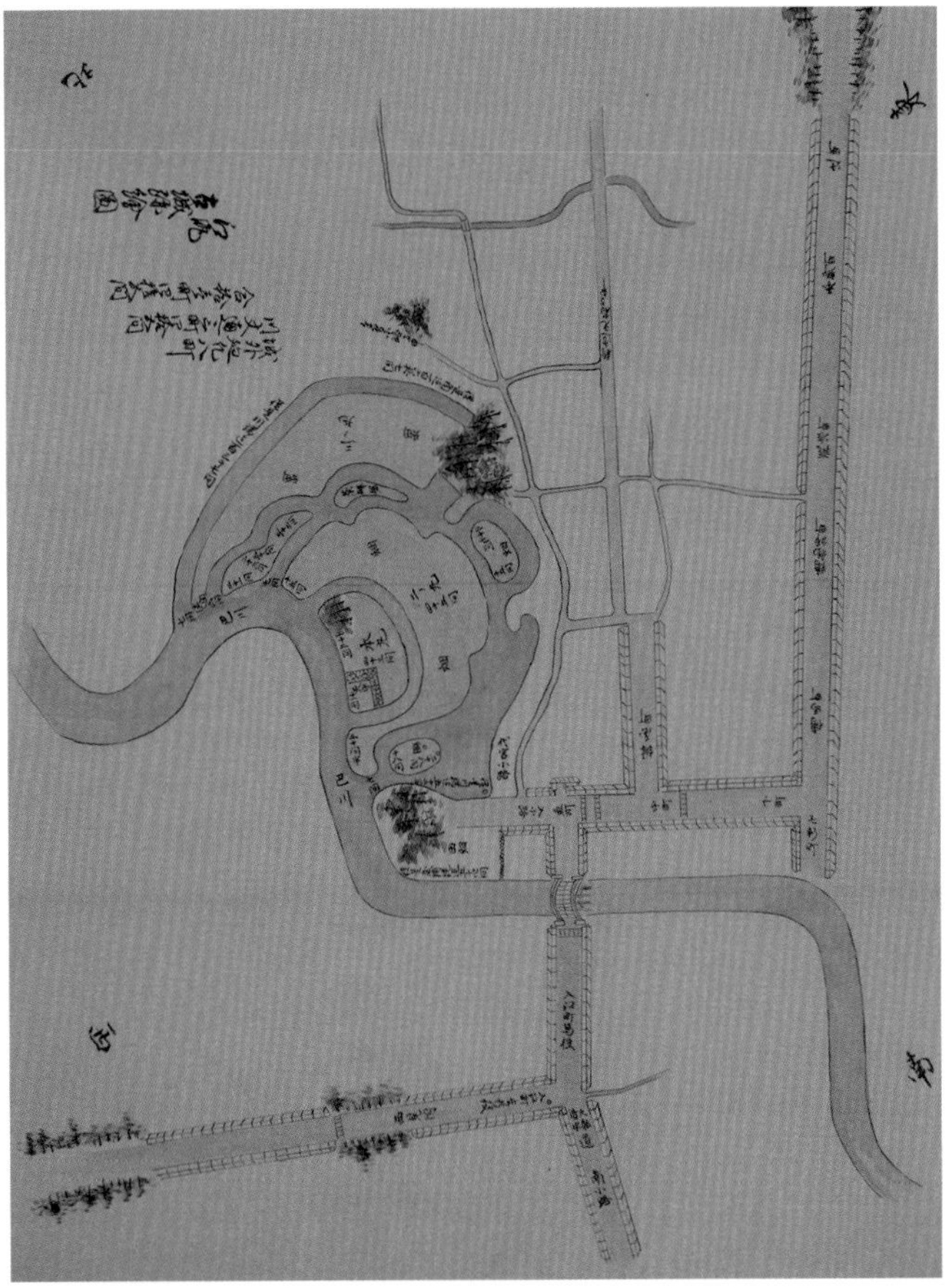

江尻城古絵図　静岡市立清水中央図書館蔵
永禄年間に武田氏によって築かれた江尻城の絵図。
現在、城の面影はなく、本丸跡地には小学校が建つ

②稚児橋
当地に残る河童伝説にちなみ、橋の隅に河童像が立つ

③追分羊かん
元禄8年創業。こしあんを竹皮で包んで作る羊かんは街道の名物として親しまれ、徳川慶喜も好んで食したという

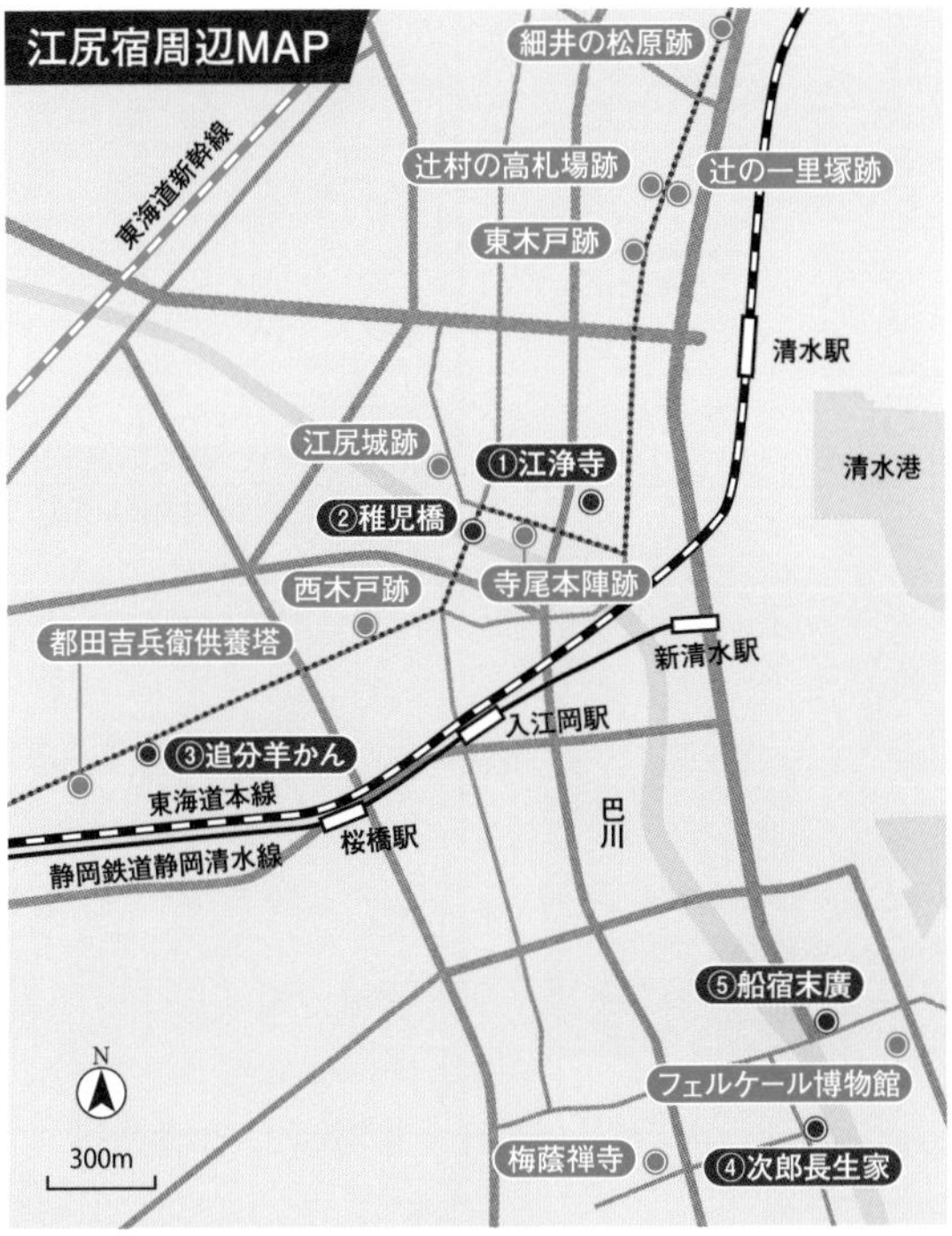

④次郎長生家
幕末の侠客・清水の次郎長が生まれた家。幕末明治期の家具や写真などが展示されている

⑤船宿末廣
明治期の船宿を復元した施設。関連資料のほか、次郎長が開いた英語塾の風景を再現した蝋人形も展示

19

府中宿

幕府盛衰の足跡をたどる

天下人となった徳川家康が晩年、大御所政治を展開した駿府城。その城下町として発展した府中宿には、最後の将軍・徳川慶喜の史跡も残る。

宿データ

場所／静岡県静岡市葵区

戸数／3673

人口／14071

本陣／2

脇本陣／2

旅籠／43

距離／28町

最寄り駅／JR静岡駅

③駿府城

徳川家康が5カ国支配の拠点として築いた城。天下人となった後はこの地で大御所政治を展開した

大御所ゆかりの寺と城を巡る

府中《ふちゅう》宿は駿府城の城下町であり、家康が隠居後に大御所政治を行った地として名高い。明治維新後は最後の将軍・徳川慶喜の謹慎地となったため、江戸幕府の始まりと終わりを語る上で欠かせない町でもある。

静岡鉄道日吉町駅近くにある①**華陽院**は、家康が外祖母・源応尼《げんのうに》のために知源院を改め建立した寺院。今川家の人質だった家康は知源院の書道を学んだといわれる。

近くには朝鮮通信使の正使らが休憩した②**宝泰寺**もある。永徳元年（1381）に創建された古刹で、かつては広大な境内が広がる大寺院であった。朝鮮通信使の来朝は、現在の国賓

②宝泰寺

朝鮮通信使や琉球使節の休泊所となった寺院

①華陽院

人質時代の家康に付き添った外祖母・源応尼や家康の五女・市姫が祀られている

東海道図屏風
静岡市蔵
江戸時代前期に狩野派の絵師が描いたものとされる屏風絵。駿府城の天守が描かれているが、制作当時はすでに天守は焼失していたとされる

待遇と言っても過言でなく、駿府における休泊場所に指定されたことからも格式が高かったことが分かる。

両寺の間を走る東海道を西に進むと、交差点の手前に松崎邸跡がある。ここは慶応4年（1868）に新政府側の西郷隆盛と、幕府側の山岡鉄舟が、江戸城開城などについて会談を行った場所として知られる。

この先、東海道は西へと続くが、北に伸びる御幸通りを進むと、③**駿府城**の石垣が姿を現す。徳川家康が天正17年（1589）に築城し、さらに慶長12年（1607）に大御所として再び拠点とした天下人の城。天守はないものの、石垣や水堀が現存し、復元された巽・坤の両櫓や東御門、家康公お手植えの蜜柑《みかん》などを見ることができる。さらに北には静岡浅間神社や臨済寺など家康ゆかりの寺院が続く。

足を延ばして…

静岡浅間神社
今川家の歴代当主から庇護を受けた駿河国総社。人質時代の徳川家康もこの地で元服式を行ったと伝わる

④札の辻　かつて高札場が建っていた跡地

江戸期の町割りを歩き 名物・安倍川餅に舌鼓

東海道は繁華街をつづら折りに、西へと伸びていく。「駿府96ヶ町」と呼ばれる町割りは家康の時代に整備されたといわれ、街道沿いには紺屋町（染物職人）、両替町、人宿町、金座町、大鋸町（木挽職人）など生業に関する町名が多く残っている。呉服町通りと七間町通りの交差点は高札場跡であり、現在は④**札の辻**の石碑が建つ。近くには「東海道中膝栗毛」の作者・十返舎一九《じっぺんしゃいっく》の生家跡伝承地の碑もあり、江戸のベストセラー作家の功績を今に伝えている。

また、紺屋町には維新後、徳川慶喜が20年近くを過ごした⑤**徳川慶喜屋敷跡**がある。現在は浮月楼という高級料亭となっており、池・庭園を備えた代官屋敷の雰囲気を残している。付近には家康の側室で二代秀忠の生母・西郷局を祀る⑥**宝台院**があり、慶喜も幕府代官所に居を構える前は、この地で謹慎生活を送っていた。

宿を抜けて安倍川橋までくると、安倍川もちの老舗⑦**石部屋**《せきべや》が見えてくる。この辺りは当時、川越しをする旅人を目当てに茶店が多く並んでおり、弥《み》勒《ろく》という地名にちなんで「弥勒茶屋」と呼ばれた。尾張藩士・高力猿猴庵《こうりきえんこうあん》は旅行記・東街便覧図略の中で、亀屋という茶屋があり「小さな豆粉餅を竹細工の皿に十個載せ、五文で売っている」と記している。

⑤徳川慶喜屋敷跡
徳川慶喜が明治2年から20年近く居を構えた地。現在は料亭・浮月楼の敷地となっている

⑥宝台院
徳川秀忠の実母を祀る寺院。明治元年から1年間、徳川慶喜が同寺で謹慎した

府中宿周辺MAP

名物
⑦石部屋
創業200年以上の歴史を持つ老舗。白砂糖をかけたきな粉とこしあん「安倍川もち」は今も街道歩きの旅人に人気

ミニ知識

平安期にまとめられた延喜式には、東海道の宿場として「横田驛」の名が記されている。現在の横田町は東見附跡付近にあり、当地が古代から東西の要衝だったことを示している。

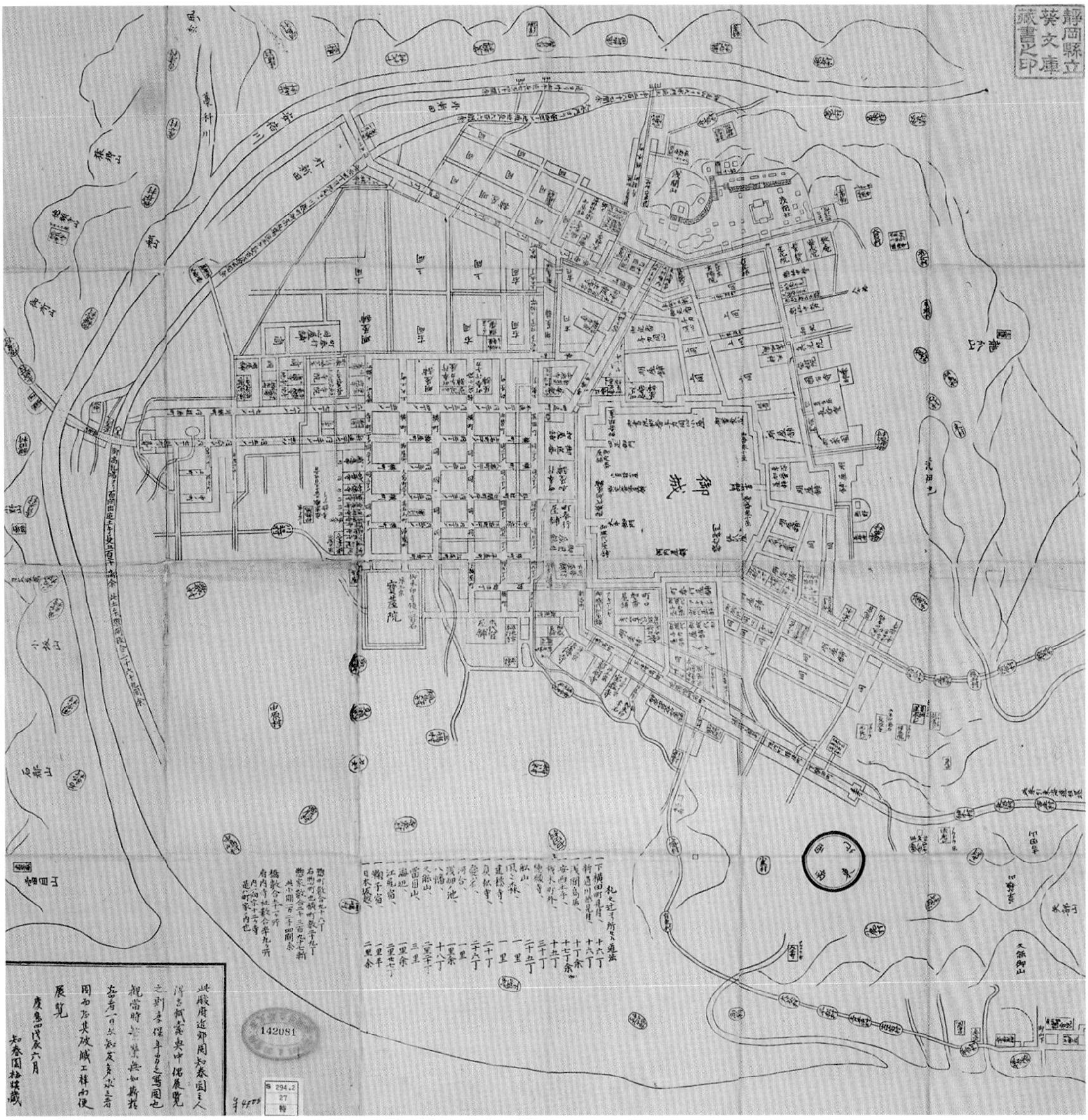

駿府并近郊図　静岡県立中央図書館蔵　駿府の城下町を描いた慶応4年（1868）の地図

足を延ばして…

久能山東照宮

江尻・府中の両宿からほぼ等距離にある久能山には、天下人・徳川家康公を祀る東照宮が鎮座する。元和2年（1616）4月17日に家康公が他界すると、遺言通り遺体は当地に葬られ、翌年日光に観請、日光東照宮が創建された。神廟は今もなお本殿裏にあり、生誕地である三河方面を見つめるように建てられている。

20

丸子宿

古歌に詠まれた峠を越えて

丸子宿の西にある宇津ノ谷峠は、多くの歌や物語に登場する名所であり難所。古代から現代まで、各時代の街道を歩けることでも知られている。

①丁子屋
慶長元年創業、広重の浮世絵にも描かれた名物茶屋。現在もとろろ汁専門店として営業している

風情ある蔦《つた》の細道 明治期のトンネルも

丸子《まりこ》宿は難所・宇津ノ谷《うつのや》峠に近い山中にあり、小ぢんまりとした宿場である。街の歴史は鎌倉時代、奥州の藤原泰衡征伐に尽くした手越平太家綱の軍功を讃え、源頼朝が丸子一帯を与えたことから始まったとされる。

宿場は丸子川沿いにあり、道沿いには往時の生業などについての解説板が掲げられている。付近には御七里役所跡もあり、紀州徳川家専用の飛脚施設があったことが分かる。その先に見えてくるのは代々とろろ汁を商ってきた①**丁子屋《ちょうじや》**だ。丸子のとろろは昔から知られている名物だが、当初は自然薯を粉末にし、漢方薬として売られていた。その後、山芋をすりおろし、味噌汁で伸ばしたとろろ汁が主流になったといわれる。

高札場手前で東海道を離れ、右手に進むと②**吐月峰《とげっぽう》柴屋寺《さいおくじ》**へ至る。戦国期の連歌師・宗長《そうちょう》が庵を結んだ寺院で、古くから月の名所として知られる。良質な竹の産出地でもあり、当地で造られた竹製の灰吹き（煙草の灰を落とし入れる筒）が評判を呼んだことから、

宿データ

場所／静岡県静岡市駿河区
戸数／211
人口／795
本陣／1
脇本陣／2
旅籠／24
距離／7町
最寄り駅／JR静岡駅→静鉄バス「新丸子」

④慶龍寺
8月の縁日に販売する「十団子」は
宇津ノ谷名物として有名

②吐月峰柴屋寺
今川家に仕えた連歌師・宗長
ゆかりの寺。銀閣寺を模した
庭園も見どころの一つ

⑤明治のトンネル
明治初期に開通し、日本初の有料トンネルとして活用された

③誓願寺
豊臣家の武将・片桐且元の墓が
あることで知られる

「吐月峰」といえば灰吹きを指すほどであった。

東海道に戻り、西に進む途中で右折すると**③誓願寺**がある。ここには豊臣家の重臣・片桐且元《かつもと》の墓が建てられている。且元は慶長19年（1614）、方広寺鐘銘事件（国家安康の文字が家康の名を引き裂いているとして家康が激怒した出来事）の弁明のため駿府へ向かい、この地に長期にわたって滞在した。

宇津ノ谷峠に差し掛かると、蔦の細道との追分にたどり着く。この道は、在原《ありわらの》業平《なりひら》が伊勢物語の中で「駿河なる宇津の山辺の現にも夢にも人に逢はぬなりけり」と詠ったことで広く知られる。峠の道の中で最も古くでこぼこ細道のため、足元の注意は欠かせない。一方、東海道は天正18年（1590）、豊臣秀吉が小田原北条氏を攻める際に整備させたもので、幅はあるものの、山中を蛇行する登山道に近く、峠越えには時間を要す難所である。

東海道を進むと、江戸時代の名物・十団子《とおだんご》で知られる**④慶龍寺**がある。この地には十粒の日干しした小さな団子に糸を通し、家の入口などに下げると魔除けになるという伝説があり、慶龍寺では8月の縁日に厄除け団子として販売する。

峠には明治、大正、昭和、平成と時代ごとに掘られた4本のトンネルがあり、古い2隧道は歩いて通ることができる。最も古い**⑤明治のトンネル**は明治9年（1876）に開通し、国の登録有形文化財に指定されている。

丸子宿周辺MAP

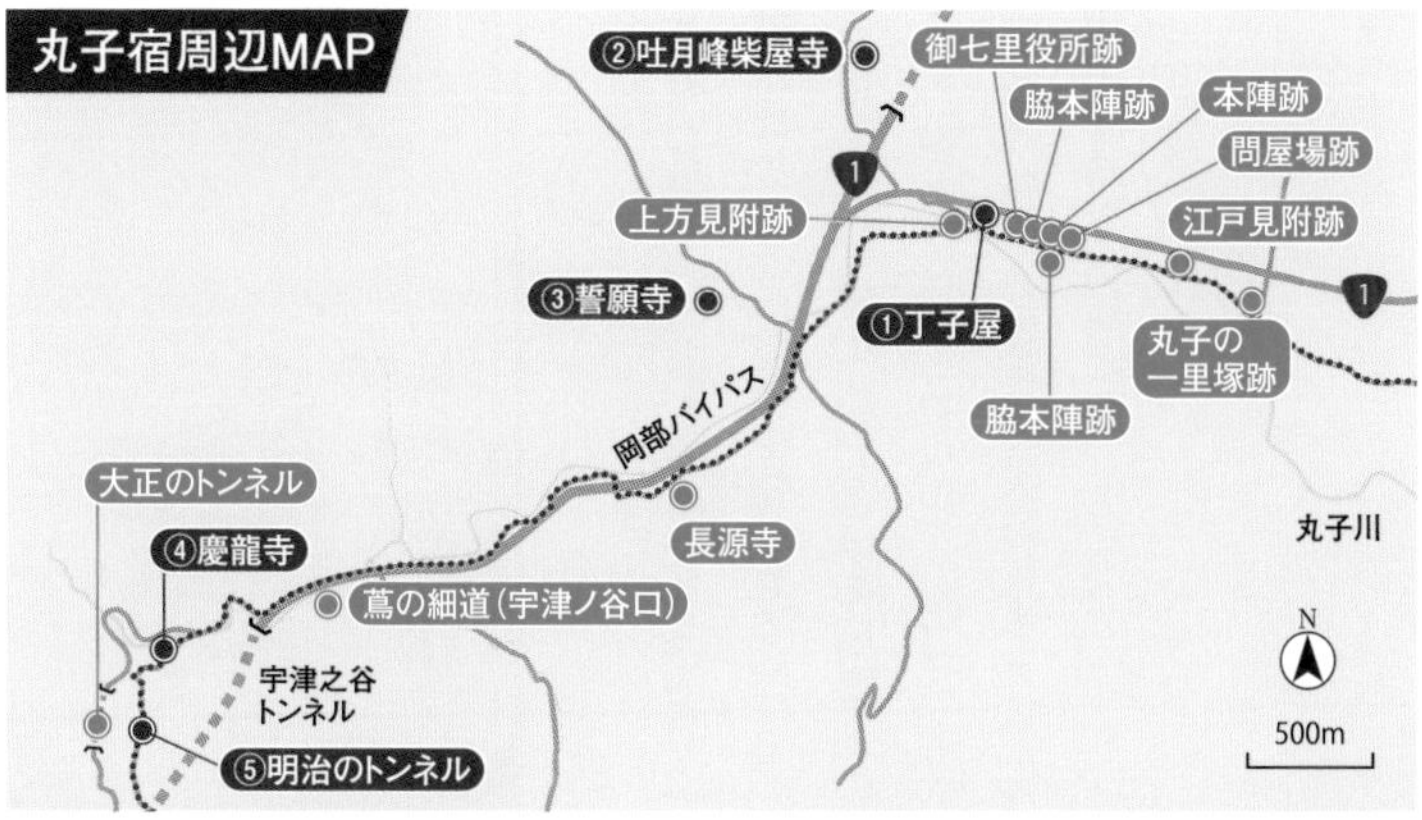

21

江戸期の大旅籠を見学

岡部宿

宇津ノ谷峠を越えると、見えてくるのは岡部宿の大旅籠・柏屋。「東海道中膝栗毛」の主人公、弥次喜多が入口で出迎えてくれる。

宿データ

場所／静岡県藤枝市
戸数／487
人口／2322
本陣／2
脇本陣／2
旅籠／27
距離／13町50間余
最寄り駅／JR藤枝駅→静鉄バス「岡部宿柏屋前」

①大旅籠柏屋
江戸期の母屋を資料館として公開。客間や台所など当時の旅籠の様子がよく分かる

再現された本陣門 風情ある松並木も残る

岡部《おかべ》宿は東の宇津ノ谷峠と、西の大井川という2つの難所に挟まれた宿で、比較的小規模ではあるものの街道の雰囲気が感じられる。

最大の見どころは①**大旅籠柏屋《かしばや》**だ。現在の建物は江戸時代後期に建てられたもので、館内には帳場や台所などが再現されている。「東海道中膝栗毛」の主人公・弥次さん喜多さんの人形も展示され、往時の旅籠の様子を分かりやすく伝えている。

館の隣には内野本陣跡があり、入口には本陣門が再現されている。建物は現存しないものの、地面には間取りが平面表示されており、建物の規模感がよく分かる。

ここから東海道を南に進むと、②**五智如来公園**が見えてくる。園内には仏の備える5種の智を成就した阿弥陀如来、釈迦如来、大日如来、阿閦《あしゅく》如来、宝《ほう》生《しょう》如来の石像が安置され、冠木門や常夜灯も再現されている。

その先には数百mに渡って松並木が残されており、木陰を求めながら藤枝へと急いだ旅人の姿を想像させる。旧岡部町は「ゴン」の愛称で知られるサッカー元日本代表・中山雅史選手の出身地のため、街道にはサッカーボールのオブジェもあり、江戸と現代の両時代をアピールする独特な宿場となっている。

②五智如来公園
五つの如来像が鎮座する公園。園内には観光案内所もある

Column
— コラム —

江戸建築の特徴

街道沿いに残る江戸期建築物には、今の住宅には見られない設備が備わっているものも多い。江戸建築の特徴を知れば、散策はより面白くなる。

通し土間（通り土間）

宿駅に課せられた年貢を宿駅内で割り振る際、多くの宿では家の間口幅を基準に割り当て量を決定した。その結果、街道に面する間口を狭くし、奥行きを長くするという「ウナギの寝床」のような構造が好まれ、建材節減のため長屋形式（連棟式）で建造するのが一般的となった。また、多数の長屋が続くと街道から裏庭・菜園に行きにくくなるため、家の中に「通り土間（通し土間）」と呼ぶ通路を設け、これに沿って3～4室を縦に並べるのが宿場町の典型的な町家建築であった。

各部屋は襖《ふすま》、障子、板戸などで仕切られており、これらを取り外せば大広間となるので婚儀、葬式、法事も自宅で行うことができた。ただ、長屋建築では外光が街道側、もしくは裏庭側しか入らないので、内部の部屋は地下室のような暗闇生活を余儀なくされた。

蔀戸《しとみど》

前述の通り、江戸期の町家建築は採光に難があり、戸袋（引き戸を収納する場所）によって光が遮られるのを嫌ったため、平安時代に考案された蔀戸（戸板を上から吊るす方式の雨戸）が好んで採用された。現在では蔀戸が現存する町家は東海道でもわずかで、主に神社仏閣建築に残る程度である。

卯建《うだつ》

木造建築が密集する江戸時代の街では火防が最大の関心事で、隣家との間や屋根の上に火除けの土壁を設けることが考案された。これを卯建といい、設置場所により本卯建、袖卯建などの形式があった。卯建を設けられるのは金銭的に余裕がある者に限られたため、なかなか出世できない人、生活が向上しない人に対して「卯建が上がらない」というようになった。

幕板

三重県などの年間降雨量の多い地区では木造建築を長持ちさせるため、雨除け、霧除けの板を屋根の下に垂らすことが推奨された。この板を幕板という。東海道の関宿周辺には現在もこの幕板を下げた建築が多く存在する。

板戸を上下に開閉させる蔀戸（蒲原宿・志田邸）

隣家との間に設けられた卯建（間の宿・有松）

庇（ひさし）の下に取り付けられた幕板（関宿）

22

円形の城・田中城下を歩く

藤枝宿

田中城の城下町だった藤枝宿は、徳川家康とのゆかりも深い。古刹の大松を愛でながら、古代の街道の名残を訪ねよう。

①田中城下屋敷
藩主の下屋敷跡を活用し、田中城の櫓や天保期の郷蔵などを展示している

下屋敷で櫓を見学 江戸期の治水跡も

藤枝《ふじえだ》宿は田中城の城下町も兼ねる宿駅。城は戦国期に今川家家臣・一色氏が自らの屋敷を拡張したことに始まったとされる。城の周りは湿地帯であったため、城の関係者も宿周辺に暮らしていたという。

東海道の大手木戸跡を南に進むと田中城跡がある。田中城は四重に巡らせた堀がすべて円形という、珍しい構造の城。跡地は現在、学校用地になっているが、近くにある**①田中城下屋敷**に行けば城の櫓や茶室、厠、長楽寺村の郷蔵などを見ることができる。

宿場の中心地には問屋場跡があり、その西には家康の恩人・小川孫三の住居跡（白子由来碑）がある。本能寺の変が起こった際、伊勢・白子の住人だった孫三は船を出して国元へと逃げ帰る家康を支援した。家康はその恩を忘れず孫三を諸役御免（宿駅業務の免除）として藤枝宿に呼び寄せたため、この地が白子と呼ばれるゆえんとなった。

さらに先に進むと、左手に日蓮上人お手植えの松で知られる**②大慶寺**がある。久遠の松と呼ばれるこの松は樹齢770年、高さ25m、根回り7mに及ぶ大木で県指定天然記念物。さらに西に進むと**③正定寺《しょうじょうじ》**があり、境内には本願の松として知られる黒松が生えている。田中藩主が享保15年（1730）に大坂城代となった際に寄進したもので、傘のような枝張りは見事である。

この先の青島地区で、東海道は古東海道跡（律令時代の東海道）と交差する。古東海道は、江戸期東海道と各地

宿データ

場所／静岡県藤枝市
戸数／1061
人口／4425
本陣／2
脇本陣／0
旅籠／37
距離／9町
最寄り駅／JR藤枝駅

②大慶寺
日蓮上人が植えたという久遠の松は樹齢770年で高さ25mに及ぶ

③正定寺
境内にある本願の松は南北14m、東西11.5mに及ぶ見事な枝張りで知られる

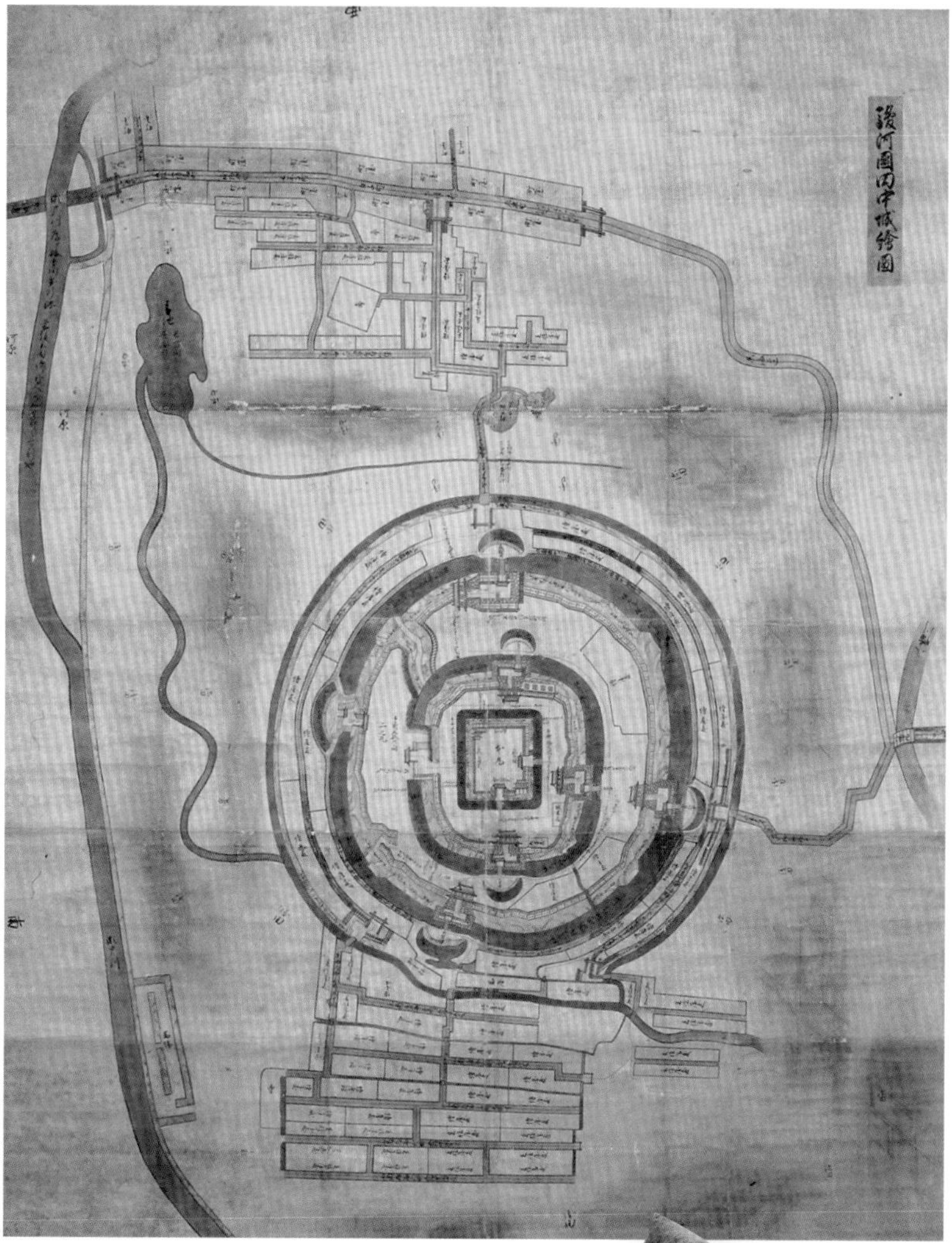

駿河国田中城絵図
藤枝市郷土博物館蔵
東海道付近に築かれた田中城。本丸を中心に円状の堀を巡らせた全国的にも珍しい城

で交差しながら畿内から常陸までを結んでいた街道で、現在はその大半が廃道になっているため貴重な地区である。

JR東海道線に近づくと④千貫堤《せんがんづつみ》・**瀬戸染飯《そめいい》伝承館**がある。千貫堤は大井川氾濫に備えて田中藩が築いた江戸初期の堤防で、多額の費用を要したことから名付けられた。染飯はクチナシで黄色く染めた強飯《こわいい》で、当地区の名物である。館内では両者の歴史を中心にした展示が行われており、染飯は今も藤枝駅付近で購入でき、往時の味を楽しめる。

名物

染飯
強飯をクチナシの実で染め、乾燥させた茶店の名物。クチナシの実には消炎作用があり、旅人の足腰の疲れを癒やすといわれた。現在はJR藤枝駅前の喜久屋で販売されている

藤枝市提供

④千貫堤・瀬戸染飯伝承館
江戸初期に築かれた千貫堤や当地の名物「染飯」に関する解説を展示している施設

23

嶋田宿

海道一の難所・大井川を渡る

東海道を行く旅人にとって、最大の難所は箱根峠ではなく大井川だった。増水時は川留めとなり、嶋田宿に人があふれかえったという。

宿データ

場所／静岡県島田市
戸数／1461
人口／6727
本陣／3
脇本陣／0
旅籠／48
距離／9町40間
最寄り駅／JR島田駅

架橋が許されなかった大井川では、人足たちが旅人たちを向こう岸まで運んだ

川越遺跡を巡り、先人の苦労を偲ぶ

「箱根八里は馬でも越すが、越すに越されぬ大井川」と詠われたように、大井川は川幅が広く、流れも早いことから東海道一の難所として知られた。江戸期は幕府によって大井川の架橋・渡船が禁じられていたため、旅人は人足の手を借りなければ川越しができず、増水などで川留めの際は嶋田《しまだ》宿も大いに賑わったという。

宿の西見附付近には、川越し安全と氾濫防御の祈願で知られた①**大井神社**がある。神社入口付近の土手は「土手石垣」と呼ばれ、川越人足が河原から運んだ石を積んだものだ。なお、神社で3年に一度開かれる島田大祭は「帯まつり」の名で知られ、日本三奇祭の一つに数

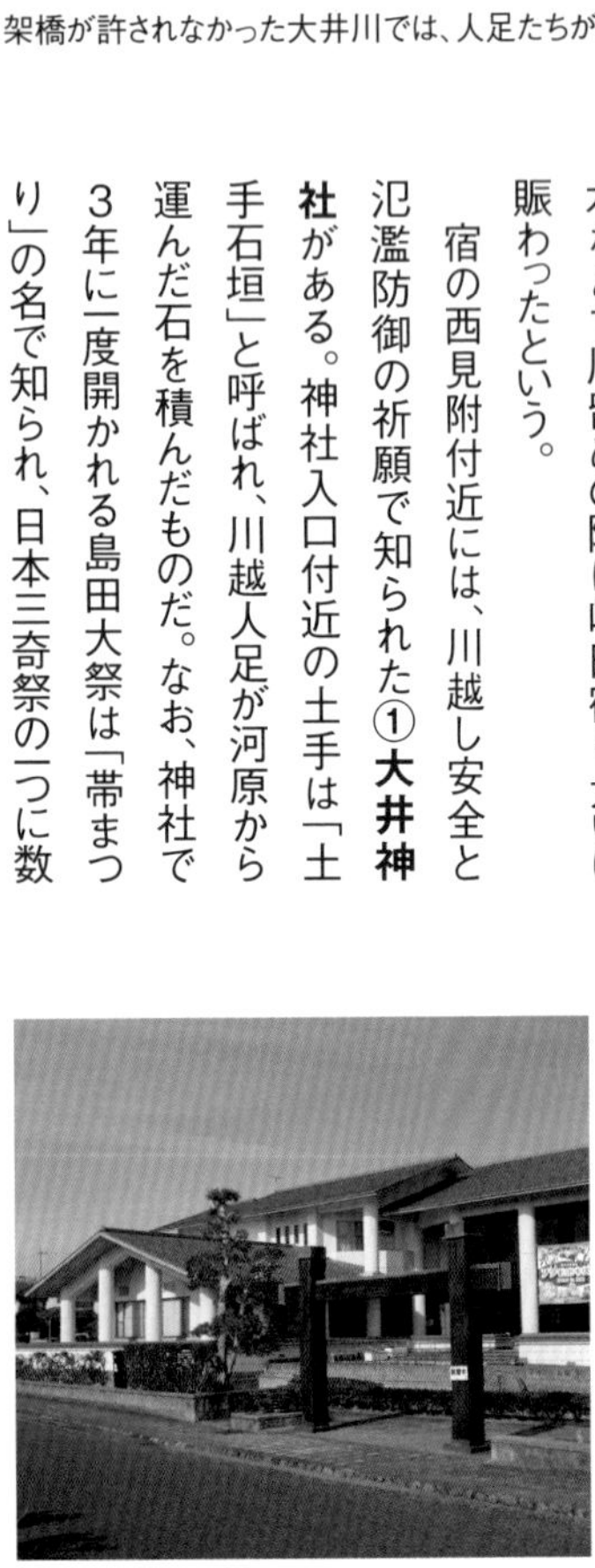

③島田市博物館
嶋田宿や川越しの歴史に関する資料が見学できる

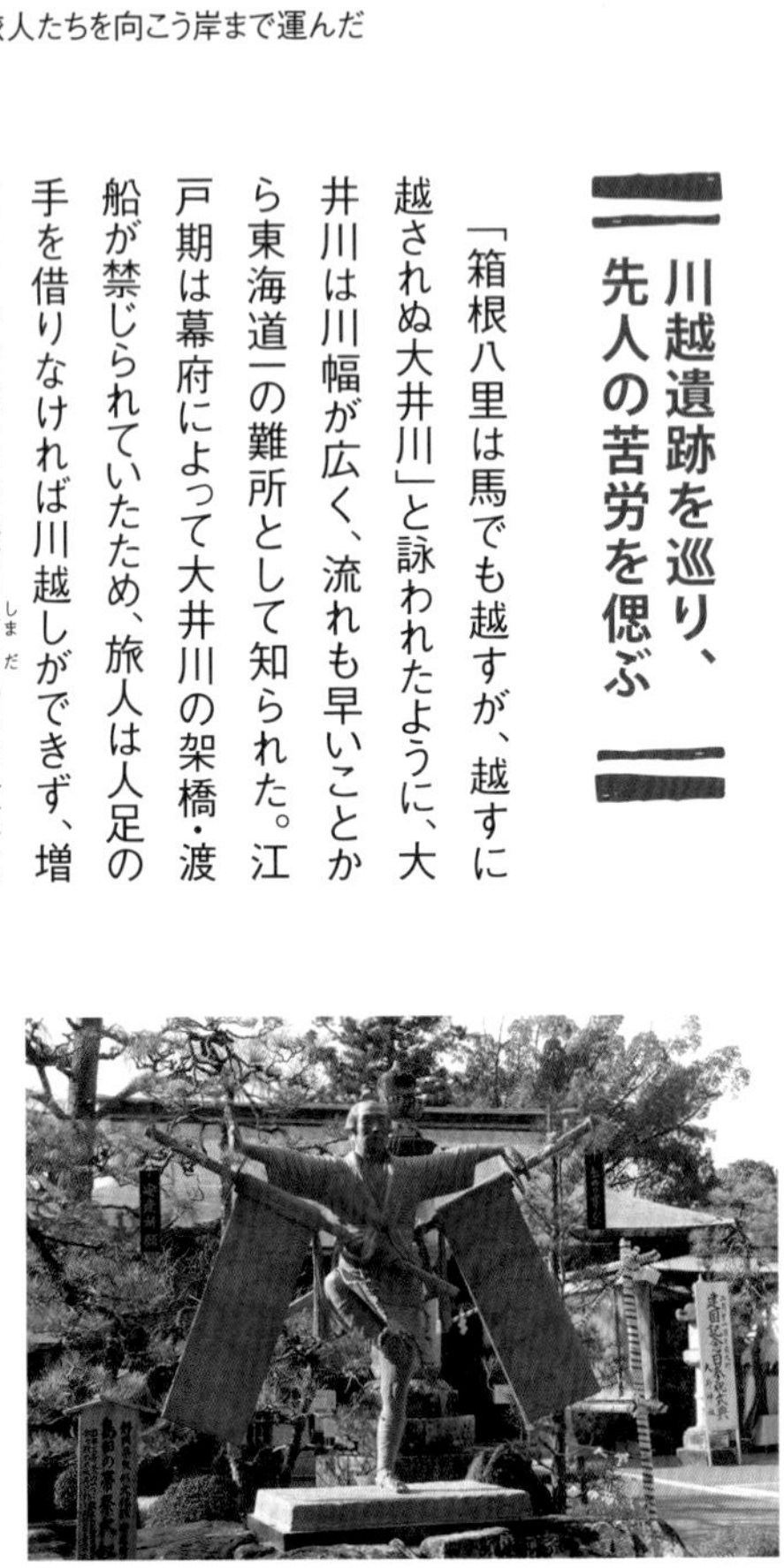

①大井神社
江戸時代の旅人が川越しの安全と道中無事を祈願した神社。境内には奇祭・帯祭り（島田大祭）の大奴像が立つ

②大井川川越遺跡

川札を販売した「川会所」や人足の詰め所である「番宿」、荷造りのための「荷縄屋」など、川越しの拠点となった当時の街並みが再現されている

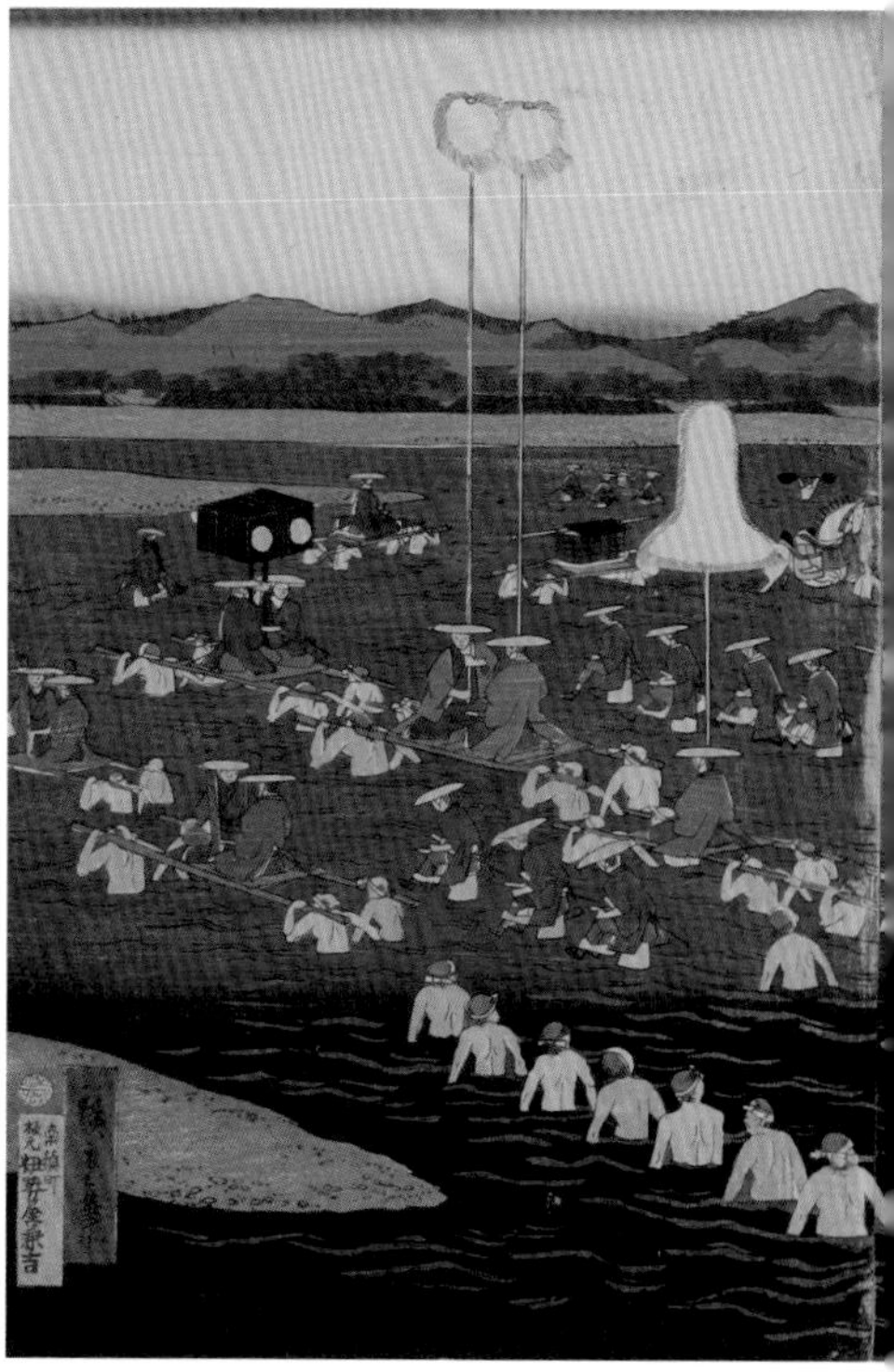

大井川連臺渡之図　歌川広重　島田市博物館蔵

えられている。

ここから西に向かうと大井川にぶつかるが、川沿いには国指定史跡の**②大井川川越《かわごし》遺跡**や**③島田市博物館**があり、江戸期の川越しなどを伝えている。

元禄9年（1696）、幕府は東国に向かう旅人増加に対応するため、この地に川会所を設置した。川会所では、川庄屋などの役人衆が川札の値段を決めたり、増水時に川留め・川明けの指示を行ったりした。増水時には川を渡れなくなることも多く、慶応期には連続28日も川留めを余儀なくされた記録が残っている。また川明けとなっても、渡る順番を巡って混乱することも少なくなかったという。

現地には川会所のほか、旅人から受け取った川札を現金に替える札場や、旅人の荷が崩れないよう縄を売って縛り直す荷縄屋などが並んでいる。また、人足たちの待機場所だった番宿が一番から十番まであり、10組が交代で任に当たっていたことを今に伝えている。

川越し費用の一例（寛政年間）

川越しには「川札」を購入する必要があり、料金は当日の水位によって変動した。川越しの方法も、旅人を人足の肩に乗せて渡る「肩車越し」や、台に乗せる「輦台（れんだい）越し」などの形態があり、それぞれに必要な川札の枚数が決められていた。

川札料金

股通し（最低料金）	48文
脇通し（最高料金）	94文

肩　車	1枚 ※流量が常水=2尺5寸（約76cm）以上の時は手張（補助者）が付くため2枚
平輦台	6枚（担ぎ手分4枚+台札分2枚）
大高欄輦台	52枚（担ぎ手分16枚+手張分4枚+台札分32枚）

橋を渡って金谷宿へ ギネス認定の蓬莱橋も

大井川の川越し制度は明治3年（1870）に廃止となり、現在は大井川橋を渡って金谷宿へと向かうことが可能。大井川西岸に広がる牧之原台地は茶の産地として知られるが、この開墾に当たったのは明治期に静岡へ移住してきた旧幕臣や、仕事を失った川越し人足たちである。記録によると明治2年（1869）から始まった開墾作業は当初300人を超える士族が従事したが、10年後には215人、16年には120人にまで減っており、当時の幕臣の不慣れな作業への苦労が垣間見える。

この事業に対しては、幕臣だった勝海舟も物心両面で支援を行っており、大井川の下流にかかる**④蓬莱橋**のたもとには勝のブロンズ像が建てられている。明治12年（1879）に架けられた蓬莱橋は、牧之原開墾のために架けられたもので、現在も農道として活用されている。全長897・4mある橋は「世界一長い木造歩道橋」としてギネス認定も受け、観光名所としても知られる。架橋以来、増水により度々流失したものの、その度に再建され、現在はコンクリート橋脚の木造歩道橋となっている。

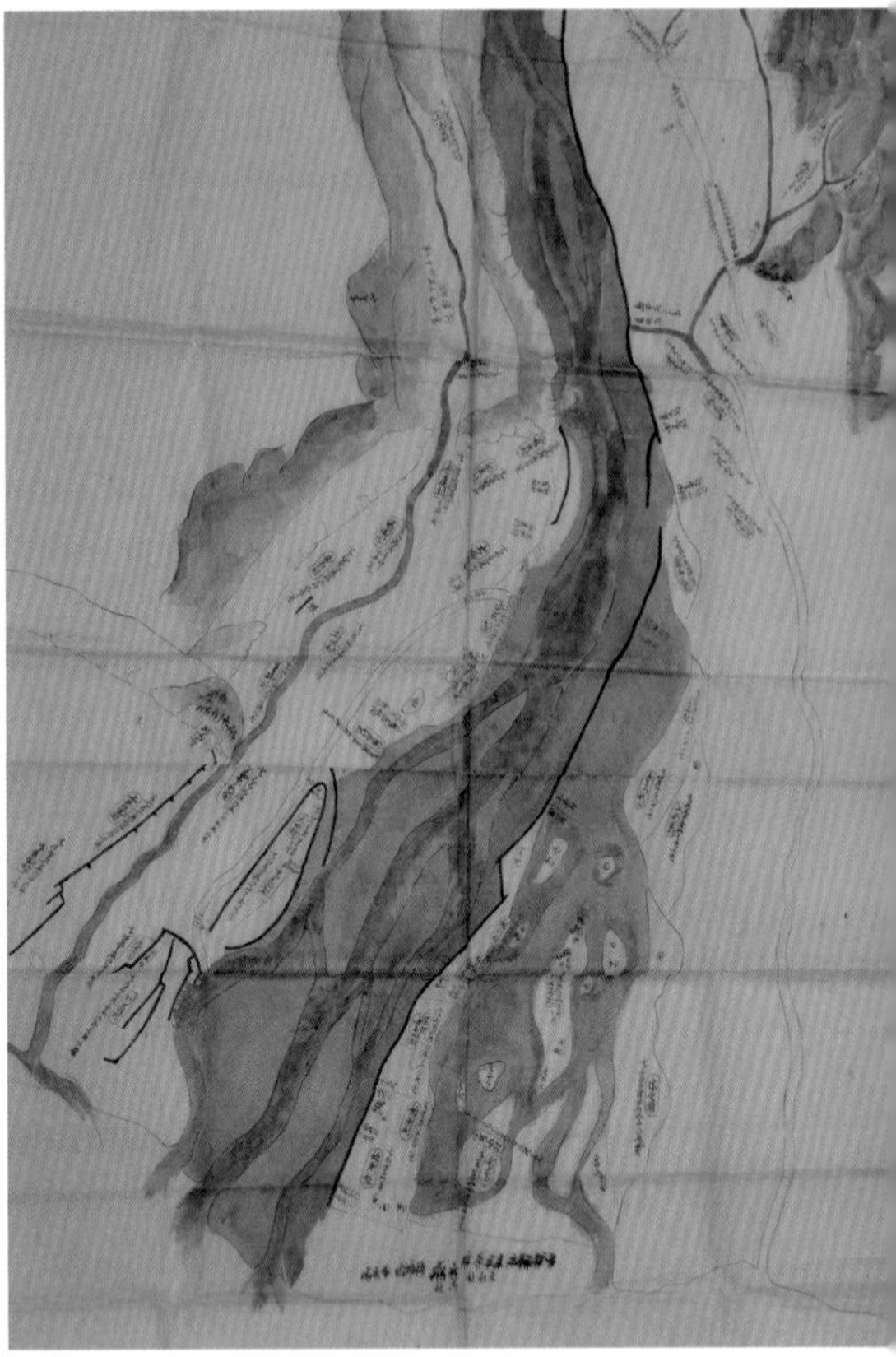

大井川絵図 個人蔵
江戸時代の大井川下流域の様子

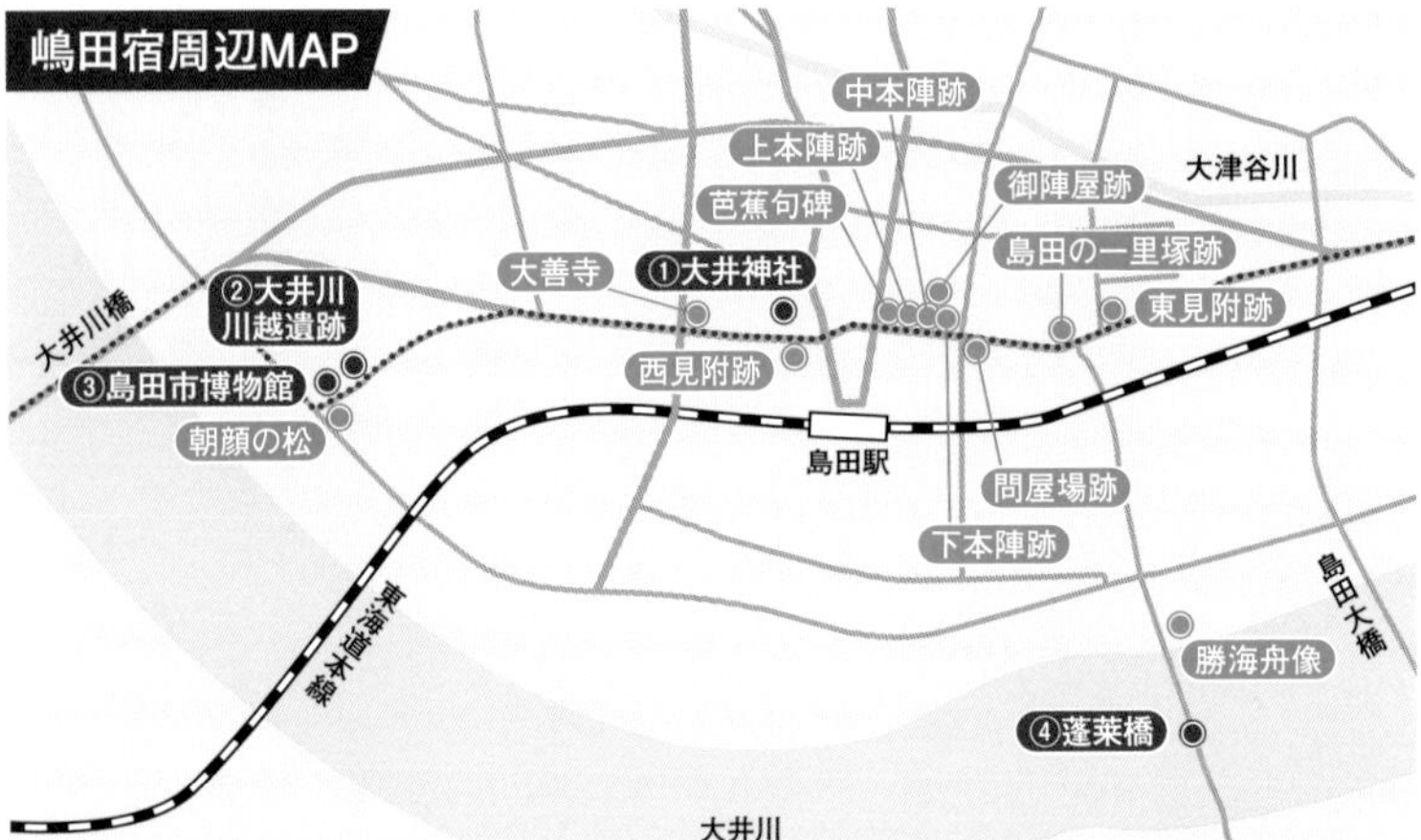

④蓬莱橋
世界一の長大木造橋梁としてギネス認定されている橋。天気のいい日は富士山が望める

ミニ知識

江戸後期の京までの東海道においては、大井川をはじめ11の川に架橋されず、旅人は船か徒歩での渡りを余儀なくされた。
そのほか2カ所の海上渡船があり、合わせて「東海道13渡」と呼ばれていた。

PART 3

大井川〜七里の渡し

遠江から三河にかけては、
徳川家康ゆかりの地が続く。
建屋が現存する新居関所や二川宿本陣、
御油の松並木、間の宿・有松の町並みなど、
街道文化に触れられる史跡も目白押しだ。

24

風情ある石畳の坂道を上る

金谷宿

川越しで賑わった金谷宿を抜け、牧之原台地の登り坂へ。道中、敷き詰められた石畳に、思わず旅情をくすぐられる。

宿データ

場所／静岡県島田市
戸数／1004
人口／4271
本陣／3
脇本陣／1
旅籠／51
距離／16町24間
最寄り駅／JR金谷駅

①金谷坂石畳
文政年間に造られた石畳を平成期に復元。周辺には芭蕉句碑なども建つ

戦国期の城跡を訪ね 間の宿・菊川へ

大井川の西岸に置かれた金谷《かなや》宿は、対岸の嶋田宿とともに大井川の川越しを担った重要宿場である。

中世においては菊川が東海道の宿場として知られていたが、家康が伝馬制を導入した際、金谷が宿駅に指定された。理由については諸説あるが、幕府は大井川の川越しの難しさを見通して、より川に近い金谷を宿駅としたのかもしれない。

東海道をＪＲ金谷駅方面に進むと、宿の中心部に至る。金谷は比較的小さな宿場だが、山田屋・佐塚屋・柏屋と三本陣があった。大井川は川留めも多く、大名など高貴な人が支障なく休泊できるように備えたためと思われる。

現在の宿場に往時の遺構は見られないものの、駅裏から続く①**金谷坂石畳**の上り坂が旅の気分を盛り上げてくれる。粘土質の急坂を登りやすくする目的で文政年間（１８１８〜１８３０）に築かれたものだが、その後、徐々に崩落し、平成になって約４３０ｍが復元された。

坂を登り切ると、茶畑が広がる牧之原台地の上に出る。ここからすぐ北に進むと、武田氏が遠江へ侵攻する際に築いた②**諏訪原城跡**にたどり着く。後に徳川家康との激しい争奪戦が繰り広げられた城で、現在も巨大な堀や曲輪の入口に設けられた馬出《うまだし》など、戦国期の築城術が随所に見られる貴重な史跡である。

この先、東海道は間の宿・菊川へと続くが、その間に③**菊川坂石畳**が１６０ｍほど続いている。平成12年（２０００）

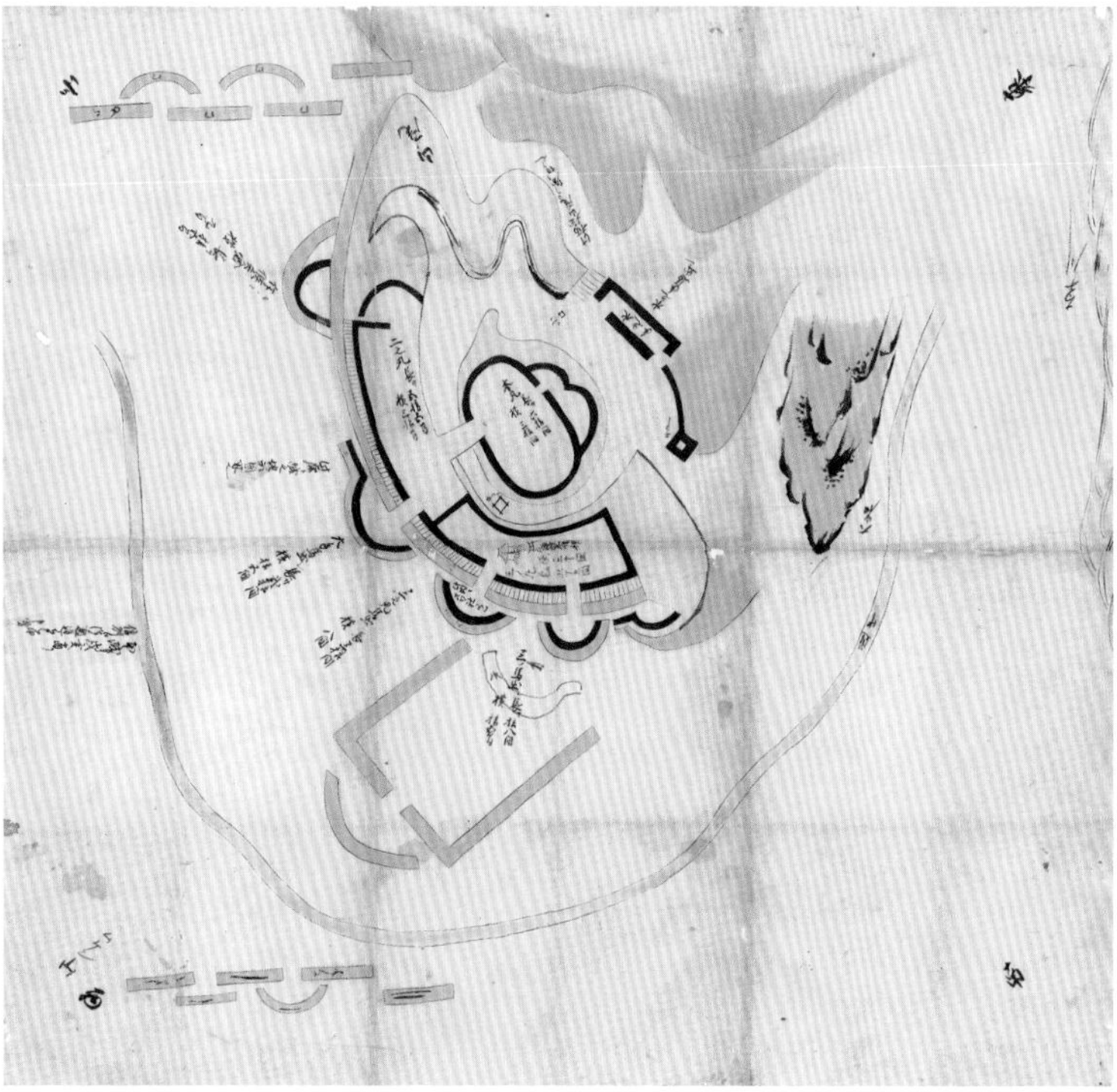

諏訪原城絵図（個人蔵）
金谷宿で本陣を務めた佐塚家に伝わる絵図。城の南に街道が描かれている

②諏訪原城跡
遠江侵攻の拠点として武田氏が築城。ビジターセンターでは城のジオラマも展示されている

③菊川坂石畳
江戸後期の石畳を復元。長さ161m、最大幅4.3mが往時を伝える

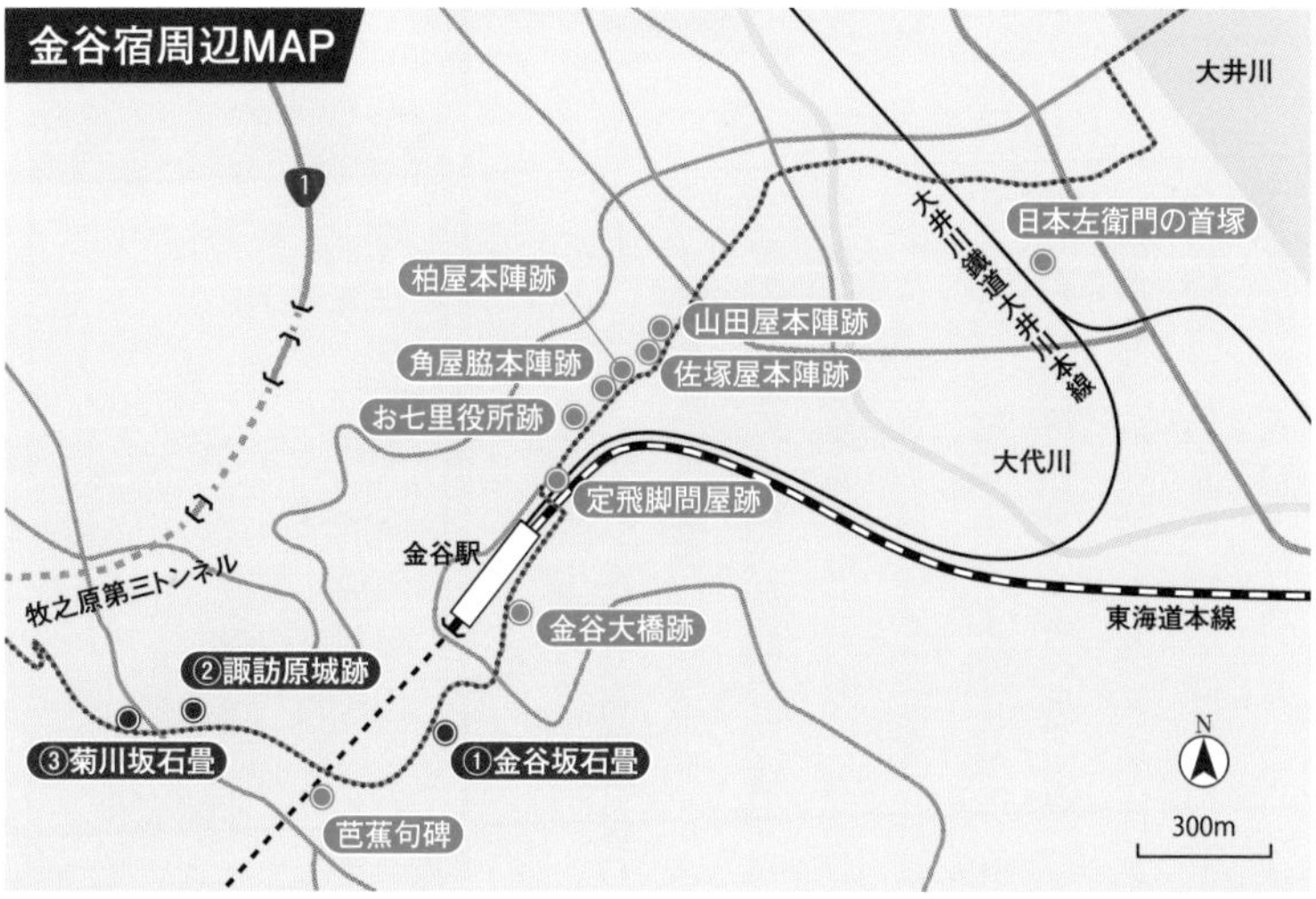

の発掘調査で発見された江戸時代の石畳を整備したもので、金谷坂とともに風情ある散策が楽しめるエリアだ。

間の宿・菊川は、大井川が川留めになり、金谷宿が満員になった場合の宿泊地としても利用された。その際、菊川の住民は金谷宿に対して、旅人を宿泊させる旨を報告し、食事の質も金谷より一段落としたといわれている。このような逸話からも、幕府公認の宿駅と、補助的な間の宿との微妙な関係を見ることができる。

25

難所・小夜の中山を行く

日坂宿

牧之原台地を越えると、急坂が続く難所・小夜の中山峠。夜泣き石の伝説が残るひっそりとした山道を進む。

④川坂屋
上段の間が設けられた格式高い旅籠。現在の建屋は嘉永5年以降に再建されたもの

急坂で知られる道には西行法師の歌碑が

間の宿・菊川を過ぎると東海道３大難所の一つ、小夜《さよ》（佐夜）の中山峠に差し掛かる。

道中には夜泣き石伝説で知られた①**久延寺**《きゅうえんじ》がある。夜泣き石とは、かつてこの地を通りがかった妊婦が山賊に殺された際、傷口から生まれた赤ん坊を助けようと妊婦の霊が石に乗り移り、夜ごとに泣いたという伝説に由来する。

赤ん坊はその後、泣き声を聞いた久延寺の住職に助けられ、水飴で育てられた。成長すると親の敵《かたき》を探し出し、見事仇討ちを果たしたと伝えられる。この逸話にちなみ、寺院近くの扇屋では、麦芽で作った子育飴を販売している。広重も浮世絵の中でこの夜泣き石を描いており、そのモデルとなった石は日坂バイパス近くの小泉屋裏に現存する。

寺の近くには西行法師の歌碑がある。新古今和歌集に収められた「年たけてまた越ゆべしと思ひきや命なりけり小夜の中山」という有名な歌はこの地で詠まれ、西行の胸中を今に伝える。

日坂《にっさか》宿手前には、二の曲りと呼ばれる連続曲がりがあるが、ここは旅人泣かせの急坂として知られる。

宿に入ると、大きな秋葉常夜灯が出迎えてくれる。右手には②**藤文**《ふじぶん》という幕末の問屋役・伊藤文七の住居があり、明治４年（１８７１）の郵便創業の際は、郵便取扱所（後の郵便局）として使用された。その横には間口４間半の中規模旅籠③**萬屋**《よろずや》も残る。

斜向いの④**川坂屋**も江戸期の面影を残す旅籠で、掛川城にあった茶室が

宿データ

場所／静岡県掛川市
戸数／168
人口／750
本陣／1
脇本陣／1
旅籠／33
距離／6町半
最寄り駅／JR掛川駅→掛川バスサービス「日坂停留所」

②藤文
幕末に問屋役を務めた伊藤家の屋敷。大正時代の蔵も残る

①久延寺
夜泣き石伝説が残る寺で、境内には石を模した供養塔がある

③萬屋
1階に帳場、2階に座敷を配し、当時の庶民的な旅籠の様子が伺い知れる

子育て飴
街道沿いの茶屋「扇屋」で名物となっている、夜泣き石伝説にちなんだ飴。店は土日祝のみ営業

移築されるなど、脇本陣格といってもよく、武士や公家なども宿泊した。現在の建屋は嘉永年間の大火後に再建されたもので、精巧な木組みと格子が見どころになっている。なお、これらの建築物は基本的に土日祝に公開されている。

坂を下ると右手に高札場が再現されている。高さ・幅が2間、奥行7尺の大きな高札場で、8枚の高札が当時の掟などを今に伝えている。その先、宿を離れると、街道沿いに**⑤事任《ことのまま》八幡宮**がある。枕草子にも紹介された由緒ある神社で、「参詣すれば願いが叶う」と広く信仰されてきた。境内には掛川市天然記念物に指定されたご神木の杉があり、坂上田村麻呂が植えたものといわれる。

⑤事任八幡宮
「言葉のままに願いが叶う」と広く信仰を集める神社

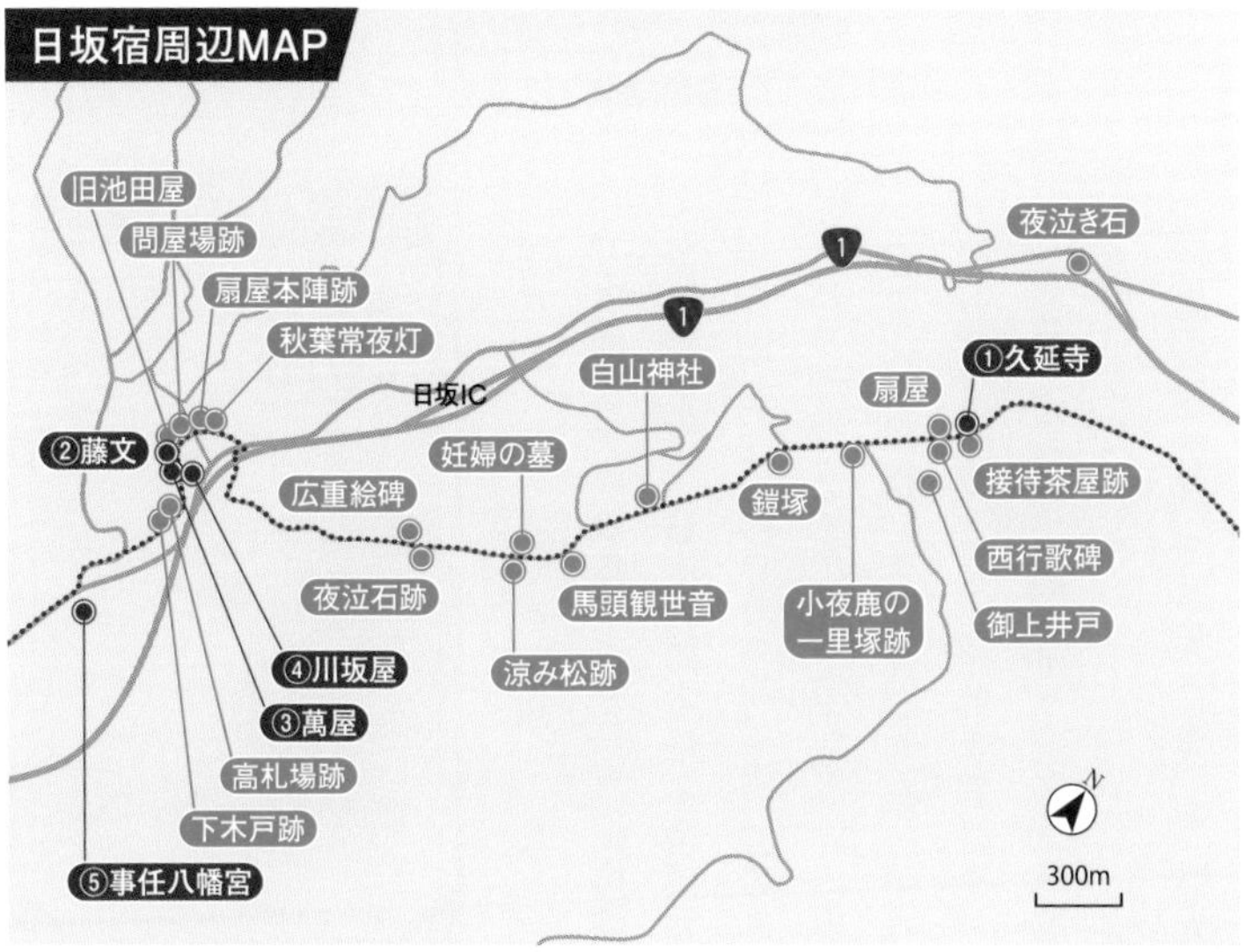

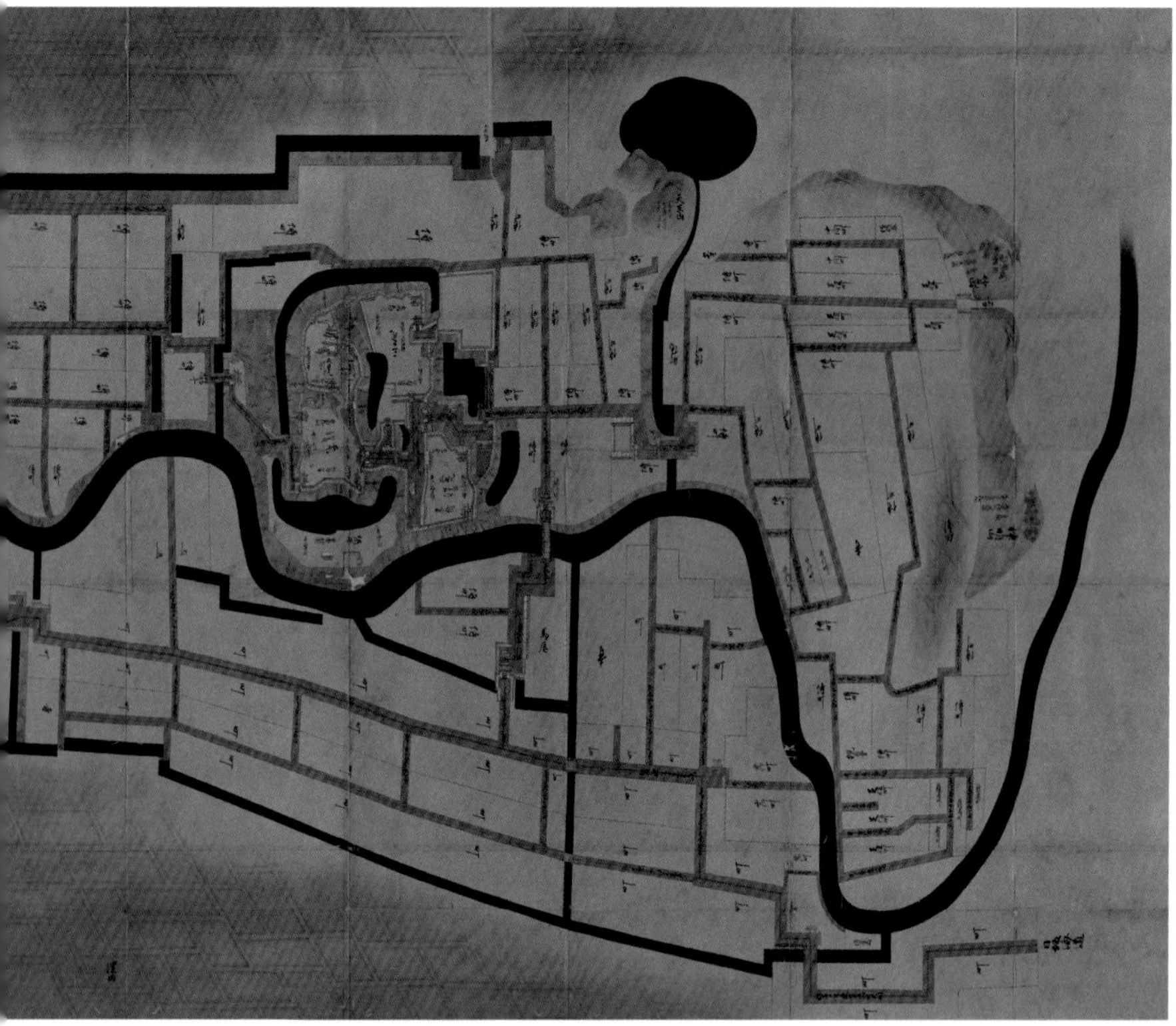

26

掛川宿

幕末の現存御殿を訪ねる

重要文化財の江戸期御殿と、復元した木造天守が魅力の掛川宿。観光地の雰囲気を楽しみつつ、城下の旧跡を訪ねたい。

宿データ

場所	静岡県掛川市
戸数	960
人口	3443
本陣	2
脇本陣	0
旅籠	30
距離	8町
最寄り駅	JR掛川駅

見どころ十分の掛川城 秋葉神社の遥拝所も

掛《かけ》川《がわ》宿はわずか8町（約900m）と規模が小さく、飯盛旅籠のない珍しい宿だったといわれる。宿場らしい遺構はそれほど残っていないものの、中心部にある①**掛川城**にはさまざまな建物が保存・復元されていて見応えがある。

掛川城は戦国時代の明応年間はじめ（1492頃）、駿河の今川義忠が家臣・朝比奈泰《やす》凞《ひろ》に築城させたことに始まる。当初の城（掛川古城）は現在の城郭から東に500mほど離れた場所にあったが、16世紀始めに現在の位置に移っている。今川家が衰退すると、城は徳川の手に渡り、豊臣秀吉の天下統一後は山内一豊《かずとよ》が城主として天守や城下の整備を行った。

天守は平成6年（1994）に再建されたもので、日本初の本格木造復元天守閣として注目された。一方、二の丸に建つ御殿は江戸期のもので、国の重要文化財に指定されている。幅広い板張り廊下を備えた本格的な書院造り建築で、広間には時を知らせる大太鼓も展示されている。

城の出入り口である大手門も、復元された木造瓦葺き入母屋造りで、棟上には鯱が載る。その背後に置かれた大手門番所は、城への出入りを監視する役人の詰所で、安政期に再建された。

掛川城から東海道を西に進むと、城内にあった四脚門が山門として使われている②**円満寺**の前を通る。門は市指定文化財で瓦の桔梗紋は最後の城主・太田家の家紋で、現在の掛川市の市章や市花となっている。

①掛川城
二ノ丸御殿は江戸時代後期の建築物で貴重。復元された木造天守閣や大手門も見応えがある

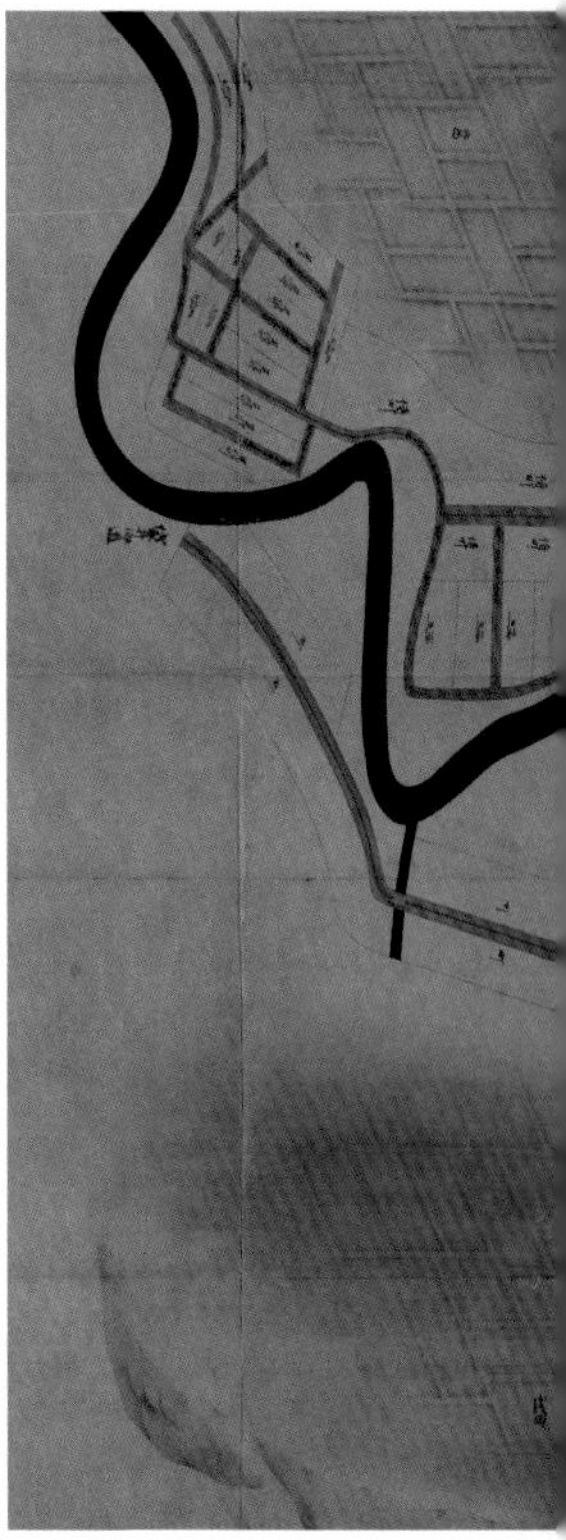

遠州掛川城絵図
国立公文書館蔵
正保元年（1644年）に幕府が諸藩に命じて作成させた城絵図。宿場は城下を流れる逆川の南岸に設けられた

④秋葉神社遥拝所
東海道と秋葉街道の追分に置かれた遥拝所。かつては広重も描いた青銅製の鳥居が建っていた

②円満寺
山門は掛川城内の四脚門を移築したもの

③十九首塚
藤原秀郷が平将門とその家臣を討伐し、首を葬ったと伝わる塚

その先にあるのは③**十九首塚**。平将《まさ》門《かど》とその一門を討った藤原秀郷《ひでさと》は、十九名の首を持って上洛する途中、この地で京からの勅使と出会い、首実検を行ったという。その後、首は手厚く葬られ、現在は整備された供養地となっている。

大池橋を越えると秋葉道との追分に差し掛かる。火伏せの神社として知られた秋葉神社はここから30㎞ほど北にあり、かつてはここに青銅製の鳥居と常夜灯が建てられていた。現在は付近に④**秋葉神社遥拝所**が整備され、信仰の歴史を今に伝えている。

東海道はこの後、国道1号線と交差しながら西に伸びていく。途中には赤鳥居や松並木が残り、江戸期の街道の雰囲気が感じられる区間である。

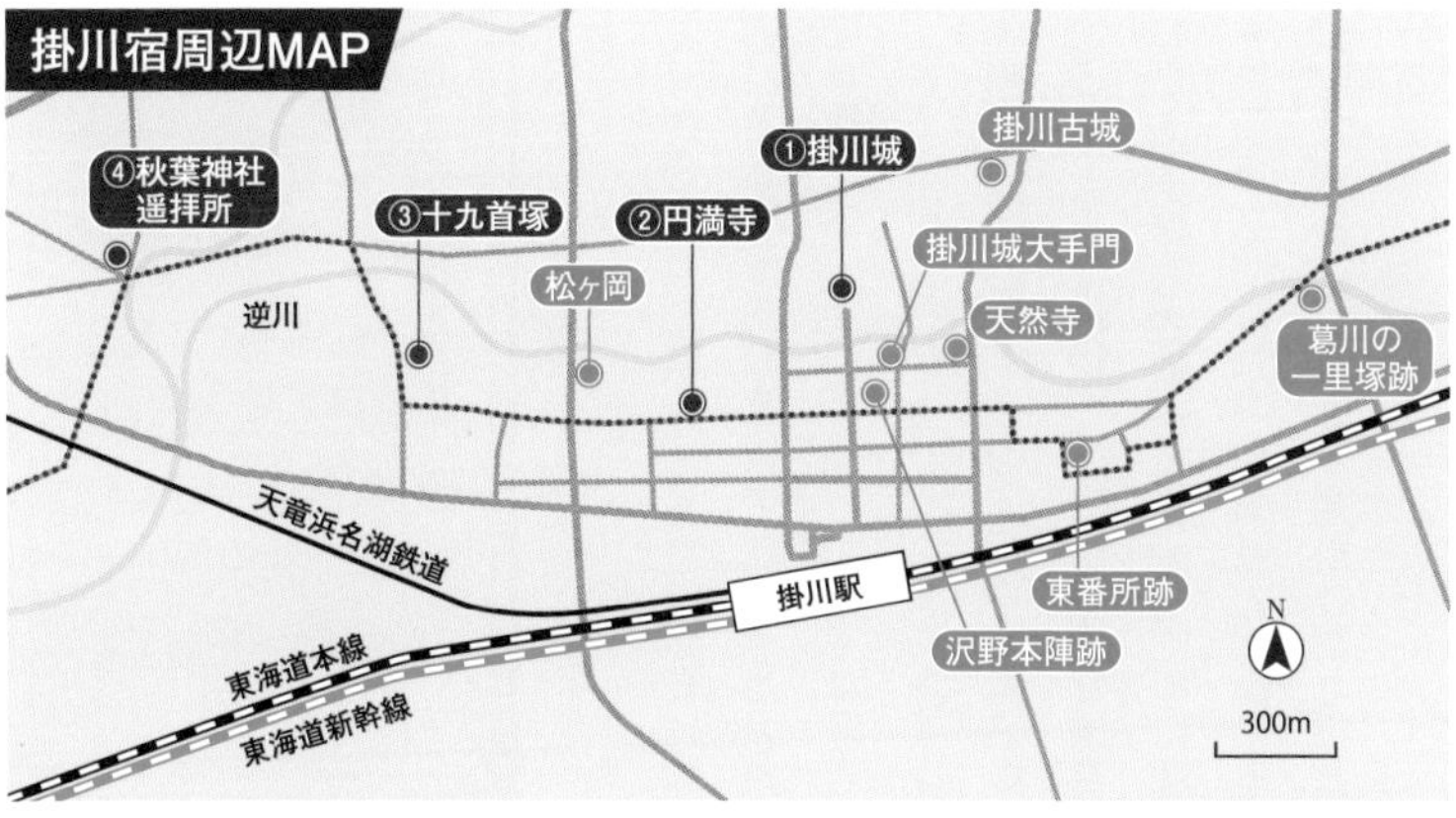

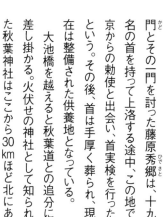

27

秋葉信仰の足跡を探して

袋井宿

**街道沿いに多くの
秋葉常夜灯が立つ袋井宿。
周辺には遠州三山をはじめ、
多くの古刹が点在している。**

宿データ

場所／静岡県袋井市
戸数／195
人口／843
本陣／3
脇本陣／0
旅籠／50
距離／5町15間
最寄り駅／JR袋井駅

①東海道どまん中茶屋
広重の浮世絵をモチーフに建てられた茶屋。街道散策の休憩所として人気

どまん中茶屋で一休み 家康ゆかりの古戦場へ

伝馬制が始まった当初、掛川宿の次は磐田の見付宿であった。しかし、両宿は4里（約16㎞）近く離れていたことから、幕府は旅人の苦労も考慮し、元和2年（1616）に袋井《ふくろい》宿を置いたという。

東海道を京への53次に限定すると、袋井は江戸からも京からも27番目でちょうど真ん中の宿となる。これにちなみ、現在の宿場には①**東海道どまん中茶屋**という無料休憩所が設けられている。建物は広重が描いた袋井宿の出茶屋を再現したもので、散策の合間に一息つくにはちょうど良い施設だ。

茶屋の西には東本陣公園、袋井宿場公園、本町宿場公園があり、それぞれ本陣間取り、冠木門、高札場などの解説板が建つ。その先にある②**観福寺**は「袋井山」という山号を持つ寺院で、宿の中心にあることから「へそ寺」とも呼ばれる。

このほか、袋井市内には伝統ある古刹が多く点在するが、中でも厄除観音・法多山《はったさん》、目の霊山・油山寺《ゆさんじ》、秋葉総本殿・可睡斎《かすいさい》は遠州三山と呼ばれ、いずれも重要な文化財を有する寺院。特に可睡斎は火防《ひぶせ》の霊山としても知られ、12月の火祭りは多くの人出で賑わっている。周辺の街道にも秋葉常夜灯が多く建ち、中には江戸後期に建立された檜格子の屋形燈籠も見られる。

また、袋井宿を語る上で欠かせないのが「たまごふわふわ」。江戸時代、大田脇本陣の朝食で出されていた「玉子と出し汁で泡のようにした食物」を地元の人々が再現した料理であり、現在は周辺にある複数の飲食店で味わうことができる。

さて、宿を離れて西へ進むと、左手に木原一里塚があり、その先には元亀3年（1572）に徳川・武田の両軍が衝突した③**木原畷《きはらなわて》古戦場**がある。同年に起きた三方ヶ原合戦の前哨戦ともいえる戦いで、現地には家康が腰掛けたと伝わる石が残っている。

この先、太田川を過ぎると松並木があり、その西端に大日堂が見える。ここも徳川軍と武田軍が激しく戦った場所であり、交通の要衝でもあった。現在も鎌倉古道、江戸期東海道、明治・大正・昭和・平成の道など七つの道が残っている。

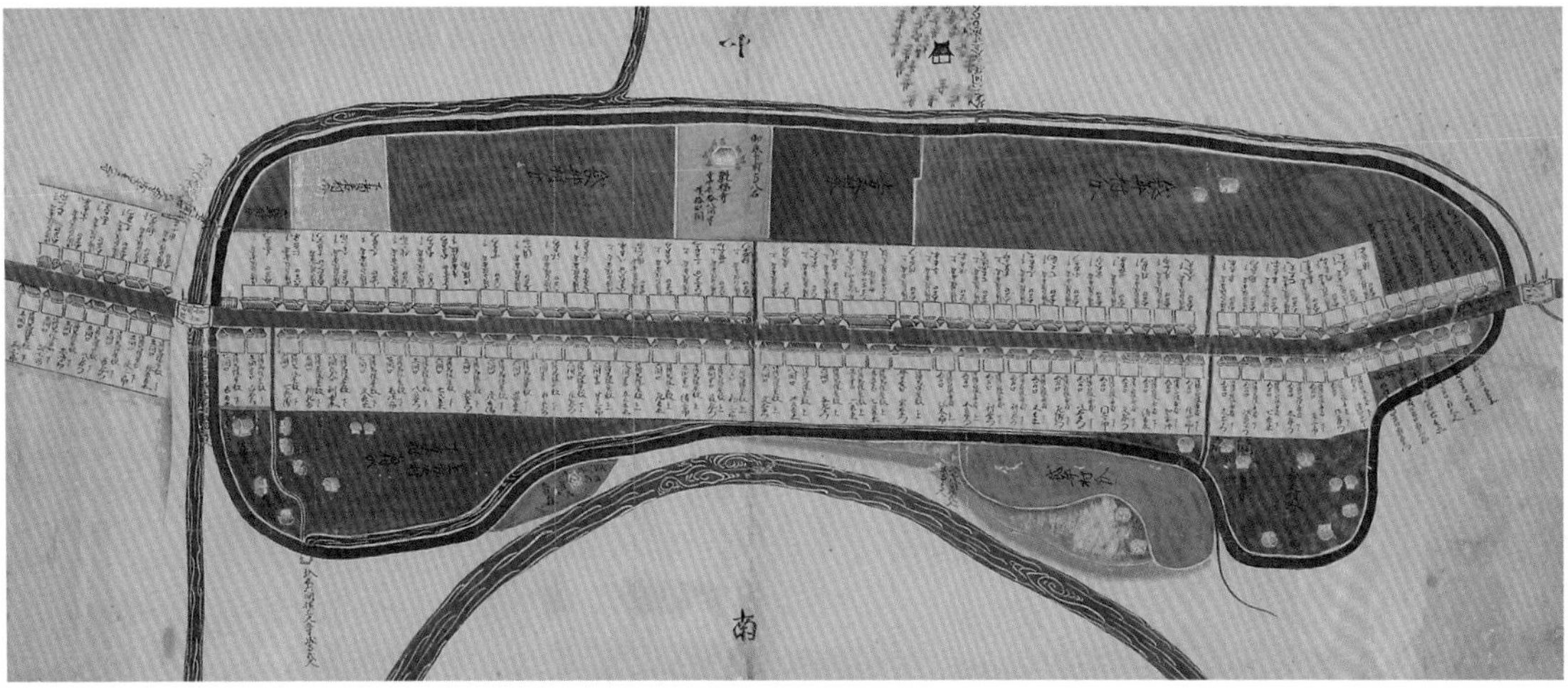

袋井宿絵図　袋井市蔵　江戸期の袋井宿を描いた絵図。中央に観福寺が描かれ東西に街道が走る

名物

たまごふわふわ

江戸期の宿で振る舞われていた料理を、文献をもとに再現。写真は東海道付近の「居酒屋どまん中」のもの

②観福寺

宿中心にあることから「へそ寺」とも呼ばれる寺院

足を延ばして…

可睡斎

秋葉三尺坊大権現が鎮座する火伏守護の総本山。若き日の徳川家康を住職が匿った逸話があり、寺号も家康にゆかりがある

③木原畷古戦場

徳川軍と武田軍の古戦場。家康が腰かけたという石が伝わる

28

遠江の国府を歩く

見付宿

西に天竜川を控える見付宿は、かつて遠江の国府が置かれた地。周辺には古代から近代まで、幅広い時代の史跡が残っている。

①見付天神
延喜式にも記載されている古社で、境内には霊犬・悉平太郎や願掛け牛の像が立つ

見付天神へ参拝 悉平太郎がお出迎え

見付《みつけ》宿に入る手前に、遠州鈴ケ森と呼ばれる小高い場所がある。ここは歌舞伎の「白波五人男」に登場する盗賊（日本駄右衛門）のモデルといわれる日本左衛門が捕らえられた後、その首が晒された場所といわれる。

宿に入ると**①見付天神**（矢奈比売《やなひめ》神社）への入り口がある。東海随一の学問の神として知られる神社で、秋には国重要無形民俗文化財である「見付天神裸祭」が行われることでも有名。赤鳥居横には怪物退治の伝説に登場する霊犬・悉平《しっぺい》太郎の銅像が立ち、凛々しい表情で参拝客を出迎えてくれる。

その西には国指定史跡の**②旧見付学校**が建つ。明治8年（1875）に建造された日本最古の木造擬洋風校舎で、館内には明治から昭和にかけての学用品のほか、徳川家臣の酒井忠次が主君の窮地を救うべく叩き鳴らしたと伝わる太鼓も展示されている。校舎の基礎部分には遠州横須賀城の石垣が流用されているといわれ、教育関係以外の歴史も伝える貴重な施設である。

東海道はこの先、南に大きく折れ曲がる。交差点付近にある**③西光寺**には、徳川家康の別荘・中泉御殿の正門が移築されている。ちなみにここから北に1㎞ほど行くと、海軍中将・赤松則良《のりよし》の邸宅であった**④旧赤松家記念館**がある。幕臣としてオランダで造船技術を学んだ赤松は、維新後、明治政府に出仕し、磐田原台地の開拓にも力を尽くした。フランス積みレンガの門や門番所が目を引くハイカラな屋敷で、赤松家ゆかりの品々のほか、米蔵、内蔵なども公開されている。

東海道を南に進むと、国の特別史跡**⑤遠江国分寺跡**が見えてくる。古代における遠江の中心地であり、街道を挟んで向かい側には国府の守護神・府八幡宮も立つ。境内には4万㎡に及ぶ豊かな自然林が広がっており、厳かな雰囲気が漂う神社である。

②旧見付学校
明治8年に建造された5階建ての校舎が現存。館内では当時の授業風景などが再現されている

宿データ

場所／静岡県磐田市
戸数／1029
人口／3935
本陣／2
脇本陣／1
旅籠／56
距離／11町40間
最寄り駅／JR磐田駅

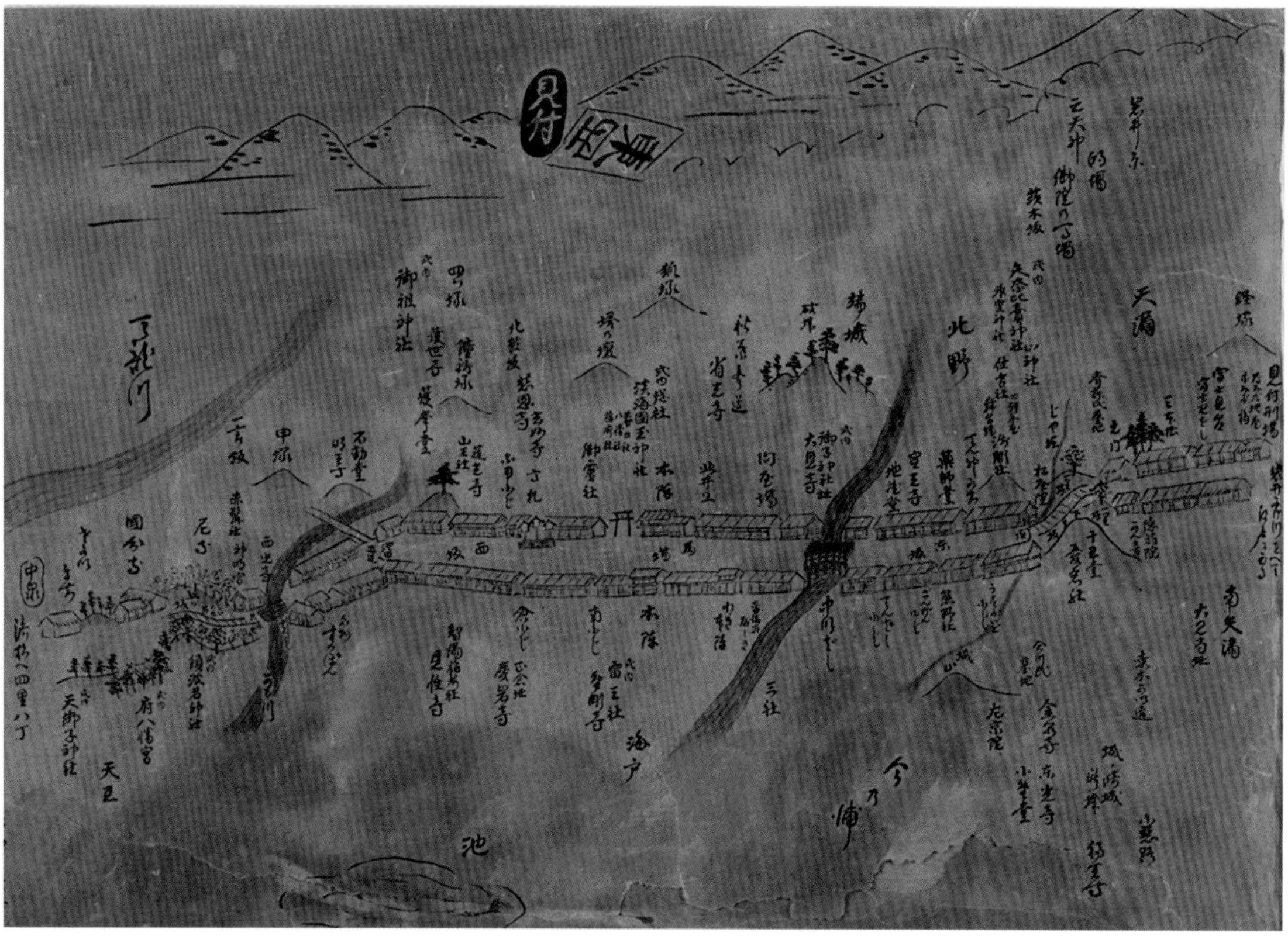

見付宿絵図　磐田市文化財課蔵

江戸期の見付宿を描いた絵図。宿の南には今之浦と呼ばれる湿地帯が広がっていた

④旧赤松家記念館

海軍中将・赤松則良の邸宅跡。明治20年代に建てられた建物やゆかりの品々を公開している

③西光寺

徳川家康が築いた中泉御殿の表門が、山門として移築されている

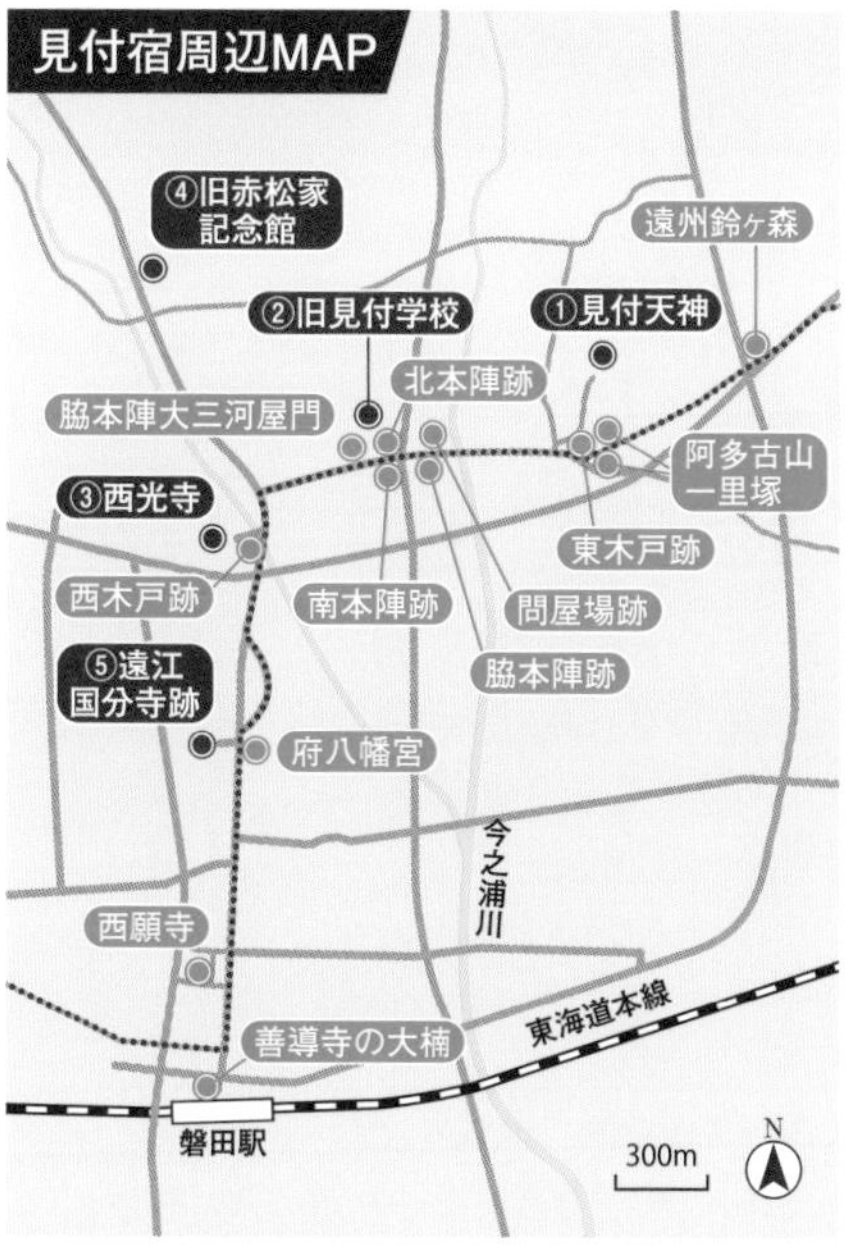

⑤遠江国分寺跡

国の特別史跡に指定されている、古代の遠江の国府跡地

ＪＲ磐田駅の近くにある西願寺にも、中泉御殿の裏門が移築されていて、前述した西光寺と対を成している。中泉御殿は駅の南側にあったとされるが、現在は記念碑が残るのみとなっている。

天竜川の渡船と治水の歴史を探る

東海道は磐田駅近くで西に折れ、天竜川方面へ伸びていく。川の東岸にある**⑥池田の渡し歴史風景館**は、天竜川渡船を行っていた池田村の歴史を伝える施設で、徳川家康による朱印状のレプリカなどが展示されている。伝承によると、一言坂《ひとことざか》の戦い（三方原の戦いの前哨戦）で武田軍に敗れた家康は、浜松へ逃げ帰る際に池田の船頭に助けられ、その恩として渡船権を認めたという。

なお、付近にある**⑦行興寺**は藤の名所として知られ、春になると境内にある「熊野《ゆや》の長藤」が見ごろを迎える。藤は平宗盛に愛された熊野御前が平安末期に手植えしたという逸話が残り、推定樹齢は約850年といわれている。

天竜川はかつて二瀬の流れがあり、たびたび氾濫を繰り返したため「暴れ天竜」と称された。川を渡り、東海道を進むと治水事業に取り組んだ郷土の偉人・金原明善《きんぱらめいぜん》の生家（**⑧明善記念館**）があり、築200年以上の家屋内に資料・遺品が展示されている。

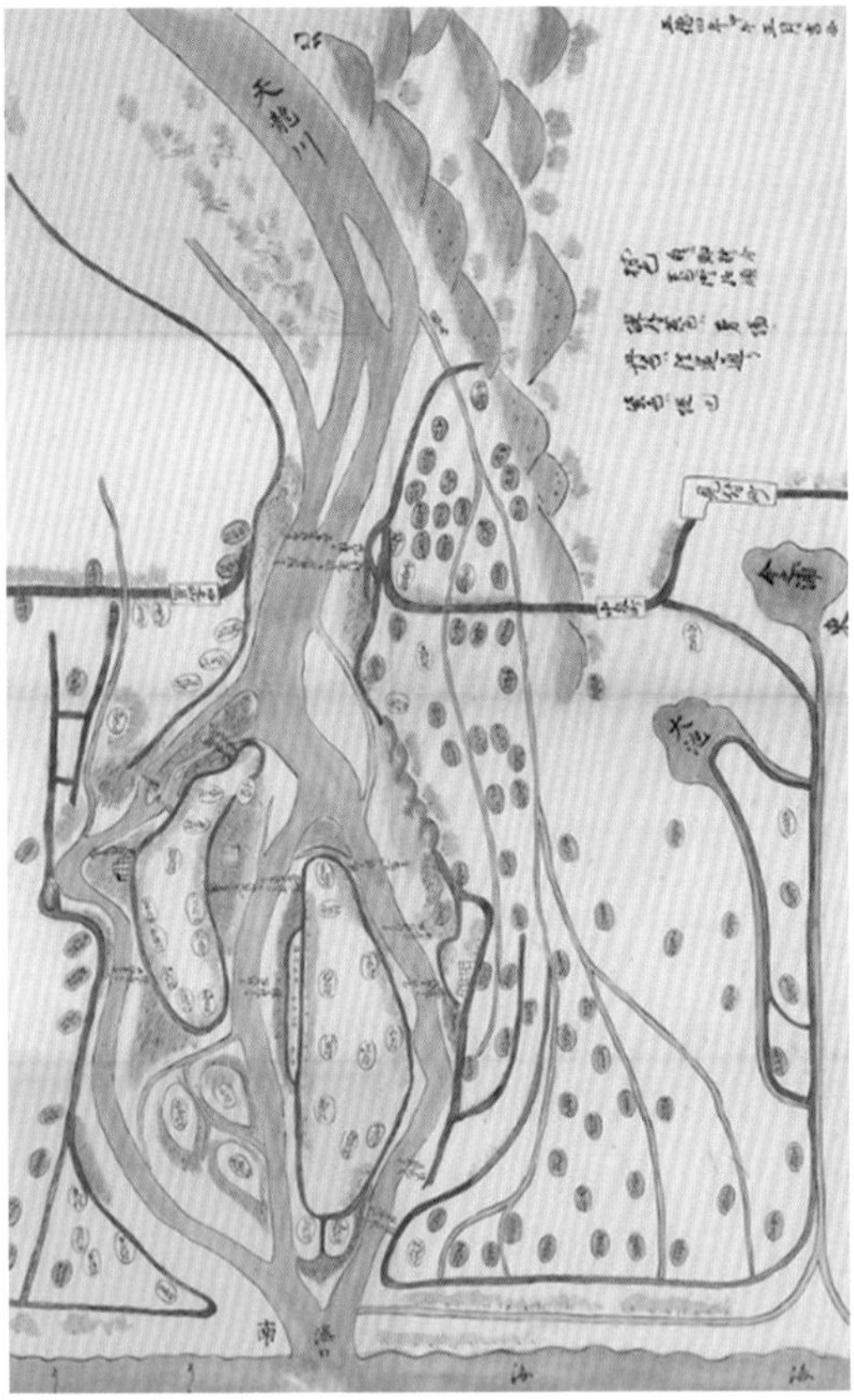

天竜川絵図（部分）　浜松市文化遺産デジタルアーカイブ
正徳4年（1714）の絵図。天竜川は「暴れ天竜」と称され、下流域は本流のほか、東派川・西派川などに分かれていた

⑦行興寺　提供：磐田市観光協会
熊野御前ゆかりの「熊野の長藤」で有名な寺院

⑥池田の渡し歴史風景館
天竜川の渡船を担った池田の渡しに関する歴史を紹介

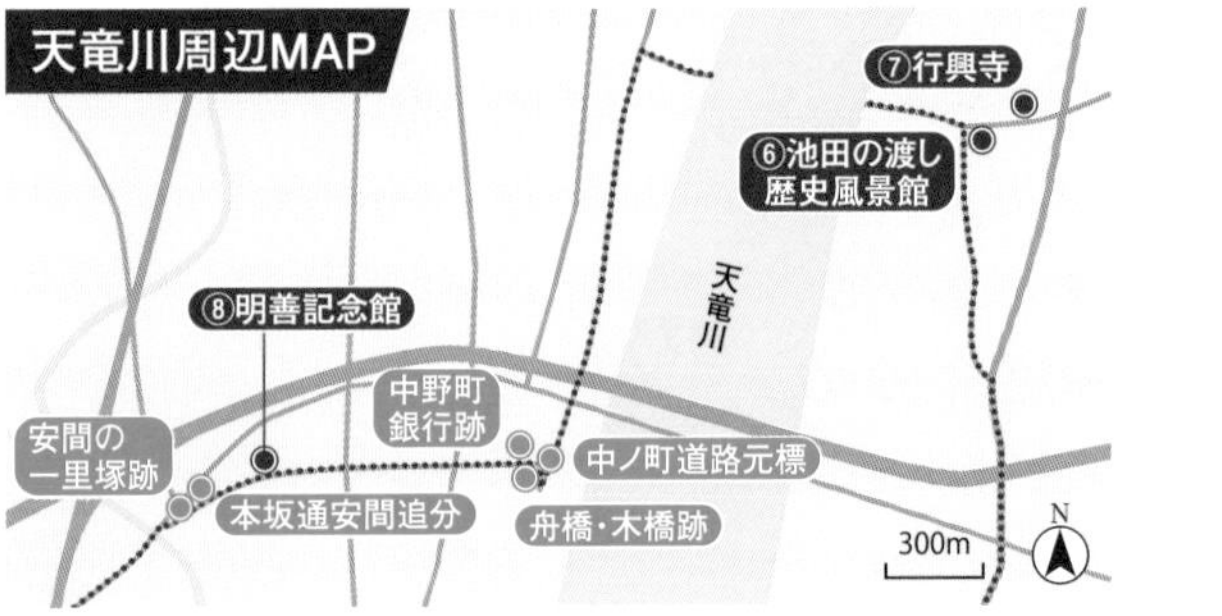

⑧明善記念館
天竜川の治水に尽力した明治期の実業家・金原明善の生家

ミニ知識

安間の一里塚付近には本坂通り（姫街道）との追分がある。浜名湖の北側を通って御油宿へと至るため、新居の関所を避けたい女性が多く利用した。

脇往還を行く①

本坂道

姫街道とも呼ばれた浜名湖の迂回ルート

本坂道は見付宿から浜名湖北を通り、御油宿で東海道と再合流する脇往還である。幕末以降は姫街道とも呼ばれたが、これは浜名湖の今切《いまぎれ》の渡しを回避したい女性たちの迂回路だったことや、浄円院(徳川吉宗の実母)や篤姫ら多くの姫方が利用したことに由来する。震災で舞坂渡船場に甚大な被害が出た際は、緊急ルートとして活用され、本坂道を通る旅人が急増したという。

道中には東から市野《いちの》、気賀《きが》、三《みっ》ケ日《かび》、嵩山《すせ》の4宿が置かれた。市野宿は天竜川を越えた先に位置する宿だが、東海道と本坂道を結ぶ街道は複数あったため、旅人は次第に減少し、幕末の記録からはその名が消えている。

本坂道で今も見どころがあるのは気賀宿である。ここには新居同様、関所が置かれ、旅人たちの監視が行われた。現在も番所や冠木門が復元され、人形による取り調べの様子などが見学できる。

関所の付近には入り口に筵《むしろ》を垂らした「犬くぐり道」があるが、これは農作業などで関所周辺を行き来する現地住民たちのために設けられた道である。江戸期に当地を治めていた近藤家は、奥浜名湖一帯が塩害によって米作が困難になると九州から塩分に強い藺《い》草《ぐさ》を取り寄せ、畳表の一大産地に育て上げたことでも知られる。なお、一帯はかつての井の国の中心部で、気賀宿からは井伊家の菩提寺である龍潭寺《りょうたんじ》も近い。

この先、引佐峠には「象鳴き坂」と呼ばれる急坂がある。8代将軍・徳川吉宗が享保14年(1729)、本坂道経由で江戸へ象を運ばせた際、勾配の厳しさに象が音を上げたことからその名が付いたという。

三ケ日宿、嵩山宿には宿場らしい面影はほとんど残らないが、緑の山と田園に囲まれた宿内は往時の東海道に近い状態とも思われる。立ち並ぶ建築物は江戸期のものではないが、街全体が落ち着いた雰囲気が漂う宿場である。

気賀関所の不審者留め置き牢

気賀関所付近にある犬くぐり道

昔ながらの雰囲気が残る嵩山宿

姫街道の西入口(嵩山宿)

29 浜松宿

若き家康の足取りをたどる

後に天下人となる徳川家康が、青年時代を過ごした地・浜松。戦国大名として飛躍を遂げた、出世の道をたどる。

宿データ

場所／静岡県浜松市中央区
戸数／1622
人口／5964
本陣／6
脇本陣／0
旅籠／94
距離／23町15間
最寄り駅／JR浜松駅

①浜松城
徳川家康が遠江支配の拠点とした城。資料展示を行う模擬天守のほか天守門も復元されている

古戦場や城跡も浜松城周辺を散策

浜松《はままつ》は徳川家康が17年間の青年期を過ごした地として名高い。その拠点となった①**浜松城**は宿の北にあり、江戸期になると城主となった多くの人物が幕府の要職についたため「出世城」とも呼ばれた。野面《のづら》積みの石垣の上に建てられた模擬天守内では、城の歴史を伝える出土品や甲冑《かっちゅう》が展示されている。

城の西には浜松城の前身である②**引《ひく》馬《ま》城跡**があり、現在は東照宮となっている。少年時代の豊臣秀吉も訪れたことから、戦国の二大英雄を輩出した縁起の良い史跡として人気を集めている。

東海道からはやや離れるものの、城の北にある③**犀ケ崖《さいがけ》資料館**にもぜひ立ち寄りたい。三方ヶ原の戦いで武田信玄に大敗した徳川軍は、一矢報いようと敵に奇襲をかけ、地理に不案内な武田軍を次々に犀ケ崖へ転落させたという。資料館はこの戦いの死者を弔う宗円堂を改修したもので、戦いの模様が分かるジオラマや郷土芸能・遠州大念仏の資料が展示されている。

城の西には④**西来院《せいらいいん》**があり、境内には家康の正室・築山殿《つきやまどの》の墓がある。三方ヶ原合戦の後、家康は武田との関わりを疑われた嫡子・信康を切腹させ、母親である築山殿の殺害も命じた。家康にとっては苦渋の決断であり、若かりし天下人の悲劇を今に伝える寺院である。

東海道は連尺の交差点で南に折れ曲がり、西へと続く。その途中には道を挟んで二つの御堂が建っているが、これは奥州平泉の藤原秀衡《ひでひら》とその愛妾が創建したと伝わる。京に出向いた秀衡が死去したという知らせを聞いた愛妾は、この地に阿弥陀如来を納め、その菩提を弔った。しかし、訃報は誤りであり、回復した秀衡は愛妾に感謝して同地に薬師如来を祀る御堂を建立したといわれる。

②引馬城跡
浜松城の前身となった城跡。境内には徳川家康と幼い頃の豊臣秀吉の像が立っている

青山家御家中配列図（部分）　浜松市博物館蔵
浜松藩主青山氏によって元禄年間（17世紀後半）に作成された城下絵図。東海道に沿って町屋（水色部分）が広がる

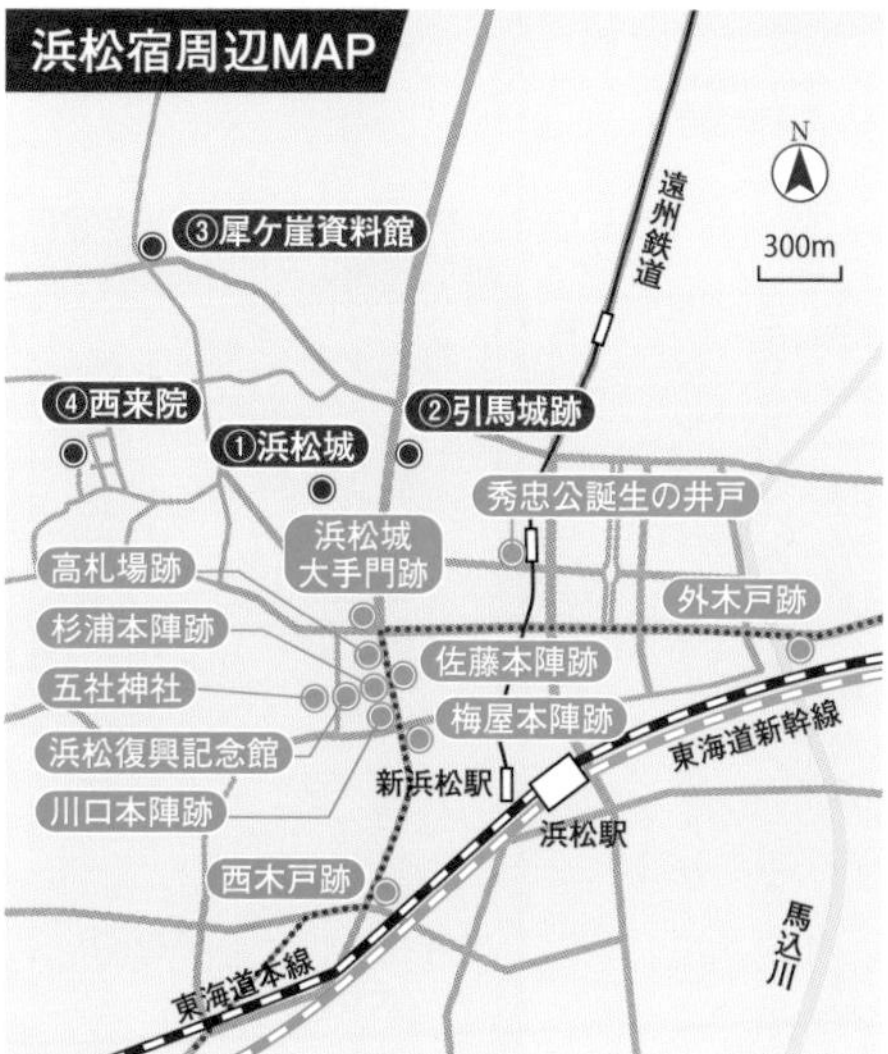

④西来院
家康の正室・築山殿の墓がある寺院

③犀ケ崖資料館
三方ヶ原の戦いのジオラマなどが展示されている

30

舞坂宿

今切の渡しを控えた港町

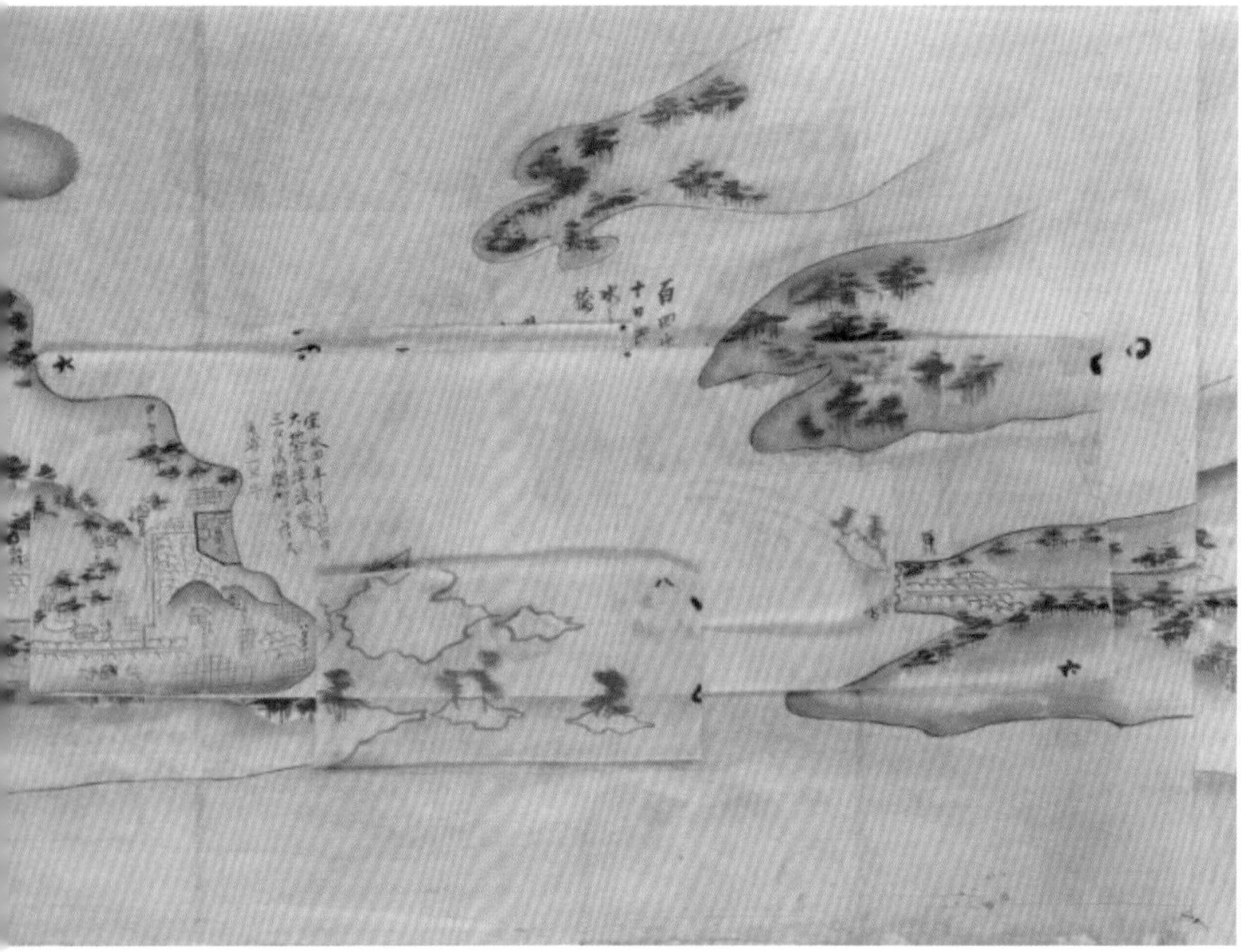

今切変遷図　浜松市博物館蔵
津波や高潮によって形を変えた今切の変遷を描いた絵図

浜名湖を望む舞坂宿から、今切を渡って対岸へ。宿の西に残る渡船場跡からは、往時の旅の雰囲気が感じられる。

宿データ

場所／静岡県浜松市中央区
戸数／541
人口／2475
本陣／2
脇本陣／1
旅籠／28
距離／6町余
最寄り駅／JR舞阪駅

舞坂の松並木を抜け、脇本陣・渡船場を見学

浜松宿の西に広がる浜名湖はかつて、砂州によって海とは隔てられた湖だった。ところが、明応7年（1498）の大地震によって湖口が決壊したため、舞坂《まいさか》宿～新居《あらい》宿間は「今切の渡し」と呼ばれる渡船での移動を余儀なくされた。両宿の距離は約1里だったため、熱田～桑名間の「七里の渡し」に対して「一里の渡し」とも称される。

舞坂宿の手前の東海道には、3大松並木の一つ、①**舞坂松並木**が伸びる。この松並木は700mほど続いており、その光景はまさに圧巻。また道の脇には干支の解説をする石像などがあり、楽しく散策できる。

また、江戸見附跡には②**見付石垣**が現存し、往時はここで番人が宿場に入る者を確認していたことが分かる。東海道では小田原宿と舞坂宿にしか現存しない貴重な宿場施設である。

宿内を進むと潮の香りが漂い、漁業関係の店が目立つようになるが、その中に一際豪華で古風な建物がある。③**脇本陣茗荷屋《みょうがや》**だ。脇本陣は、大名といった高貴な人の休泊が重なるなど、本陣だけでは対応不可能な際に、本陣の代わりを許された格の高い旅籠を指す。

茗荷屋は天保9年（1838）建築といわれているが、現在の建物は地元自治体が平成9年（1997）に解体・復元したもので、内部は無料公開されている。脇本陣家の人々は特別、家格が高いわけではなく、普段は旅籠屋として一般町人を対象に営業を行っていた。ただ、本陣の代わりをすることから、上段の

③脇本陣茗荷屋
天保期に建築された脇本陣を解体修理して復元。大名らが利用した「上段の間」も設けられている

①舞坂松並木
東海道三大松並木の一つ。街道の両脇700mに見事な松が連なる

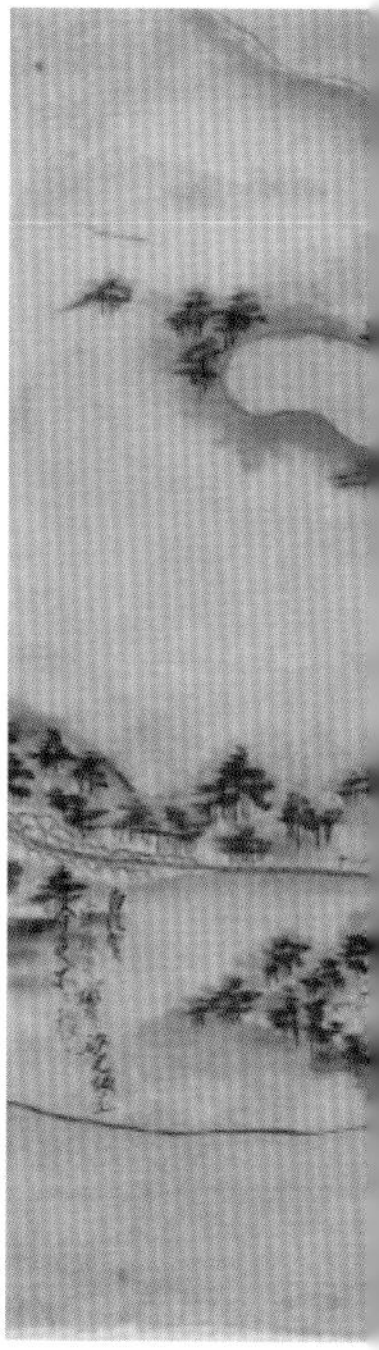

②見付石垣
宿の入り口で現在も石垣が残されている

④北雁木跡
今切の渡しの渡船場は雁木（がんげ）と呼ばれ、利用者の身分や用途によって3カ所に分かれていた

間を設け、客に失礼のない接客が求められた。茗荷屋には正面玄関上に分厚い破風が備え付けられ、上段の間からは内庭が眺められるなど、ゆっくり寛げる配慮がなされている。

湊に近づくと石垣が築かれた**④北雁《がん》木《げ》跡**がある。舞坂から次の宿である新居までは1里〜1里半の海越えとなるが、渡船場は乗船客の身分によって3カ所に分けられていた。明暦3年（1657）〜寛文元年（1661）には北・中（本）・南の3雁木が造られ、北雁木が貴人、中が武士、南が庶民や荷運び用として利用された。なお、雁木は普通「がんぎ」と呼ぶが、舞坂では「がんげ」と呼んでいた。

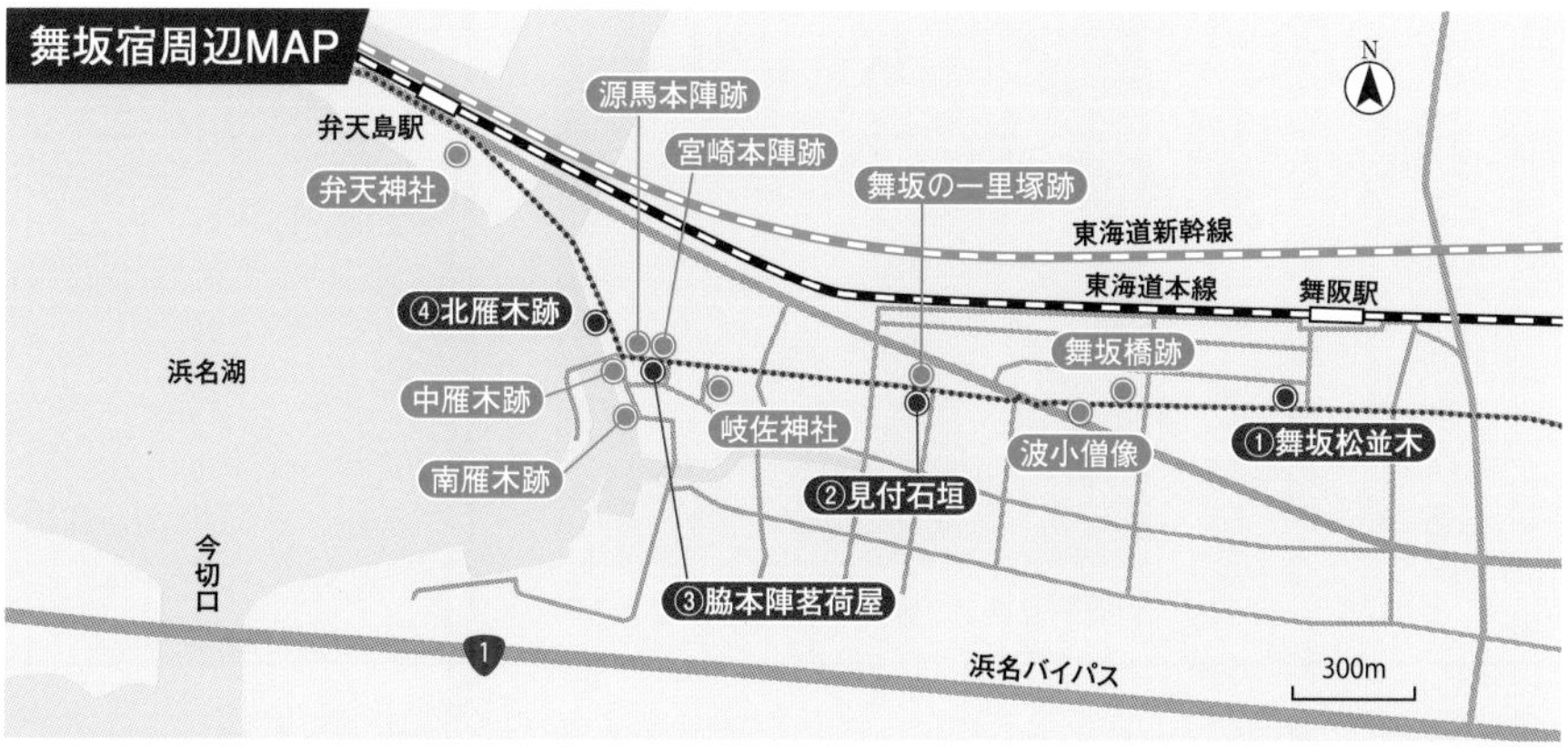

31

新居宿

全国唯一の江戸期関所へ

今切の西岸で待ち受けるのは、旅人を厳しく取り締まった新居の関所。宿内には旅籠や置屋も残り、昔ながらの街並みが広がる。

①新居関所
江戸期の関所建物が現存する貴重な関所跡。面番所や女改之長屋、武器などが公開され、関所関係の歴史を伝える史料館も併設されている

人形で当時を再現 船着き場の跡地も

宿の中心にある**①新居《あらい》関所**は、全国で唯一、江戸期関所建物が現存し、国の特別史跡になっている。慶長5年（1600）に設置された新居の関所は、箱根の関所よりも歴史が古く、姫街道の気賀関所とともに街道の取り締まりを行ってきた。役人たちは通行人を厳しく検査し、「入り鉄砲に出女」の言葉の通り、江戸へ持ち込まれる鉄砲や、国元へ帰る大名の妻たちには特に警戒の目を光らせていた。建物は嘉永7年（1854）の安政地震後に再建されたもので、明治維新後も役所や校舎として利用されたため、ほぼ往時の姿で今日を迎えている。

関所の業務は毎朝、明六つ（午前6時頃）から暮六つ（午後6時頃）まで12時間行われていた。場内には役人が勤務した面番所や、女性を取り調べた改女《あらためおんな》が住んだ女改《おんなあらため》之長屋などが建ち、人形によって当時の取り調べの様子が再現されている。また、場内には今切の渡しに使われた渡船場の跡や、宿の変遷を伝える史料館もあり、東海道に現存する街道施設の中でも特に見応えのある施設である。

関所の見学を終えたら、**②紀伊国屋《きのくにや》**

新居関所内では当時の取り調べの様子が人形で再現されている

宿データ

場所／静岡県湖西市
戸数／797
人口／3474
本陣／3
脇本陣／0
旅籠／26
距離／東西2町37間
南北6町55間
最寄り駅／JR新居町駅

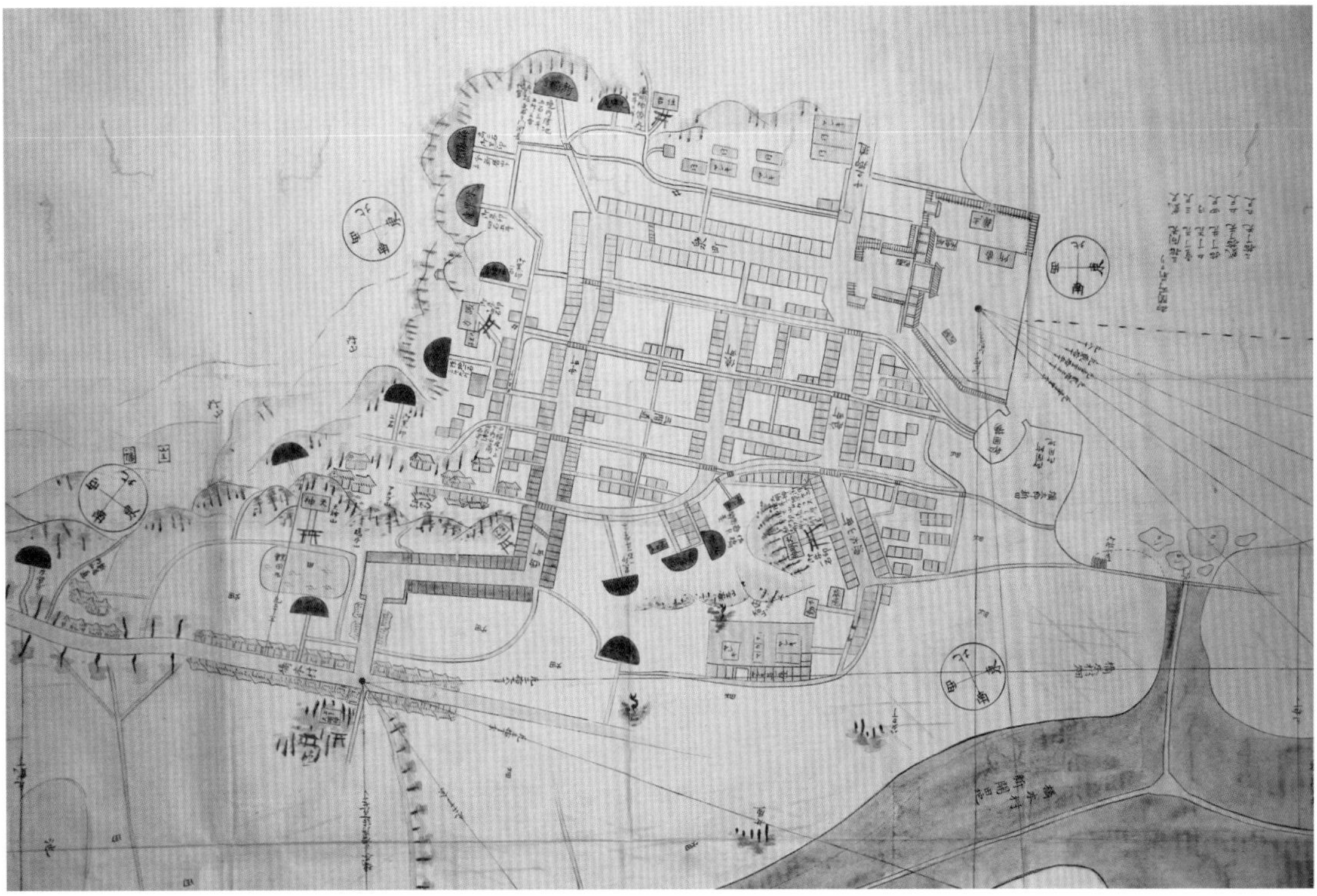

新居古図（部分）　新居関所史料館蔵
江戸期に描かれた新居宿の絵図。右上に関所があり、東海道は折れ曲がりながら西へ伸びる

資料館にも立ち寄りたい。紀伊国屋は元禄16年（1703）に紀州藩御用宿に指定され、正徳6年（1716）から紀伊国屋を屋号とした老舗旅籠である。江戸期は間口5間、部屋数12、総畳数63畳の平屋建てだったが、明治7年（1874）の火災後は2階建て建築となり、昭和30年代まで営業を続けた。現在は資料館となり、館内には浪速講など、各地からの講札が並び、旅道具なども展示されている。

また、近くには芸者置屋だった**③旧小松楼本館**もあり、現在はまちづくり交流館として開放されている。当時の芸者たちが使用した楽器や化粧品などが展示されており、関所を構えた厳格な町から、陽気な港町へと変貌を遂げた様子がよく分かる施設である。

③旧小松楼本館
明治後期～昭和の芸者置屋を修復。多くの個室を備えた間取りやべんがら色の壁に当時の面影が残る

②紀伊国屋資料館
紀州藩の御用宿だった旅籠。建物は明治に再建されたものだが、江戸後期の建築様式が随所に残る

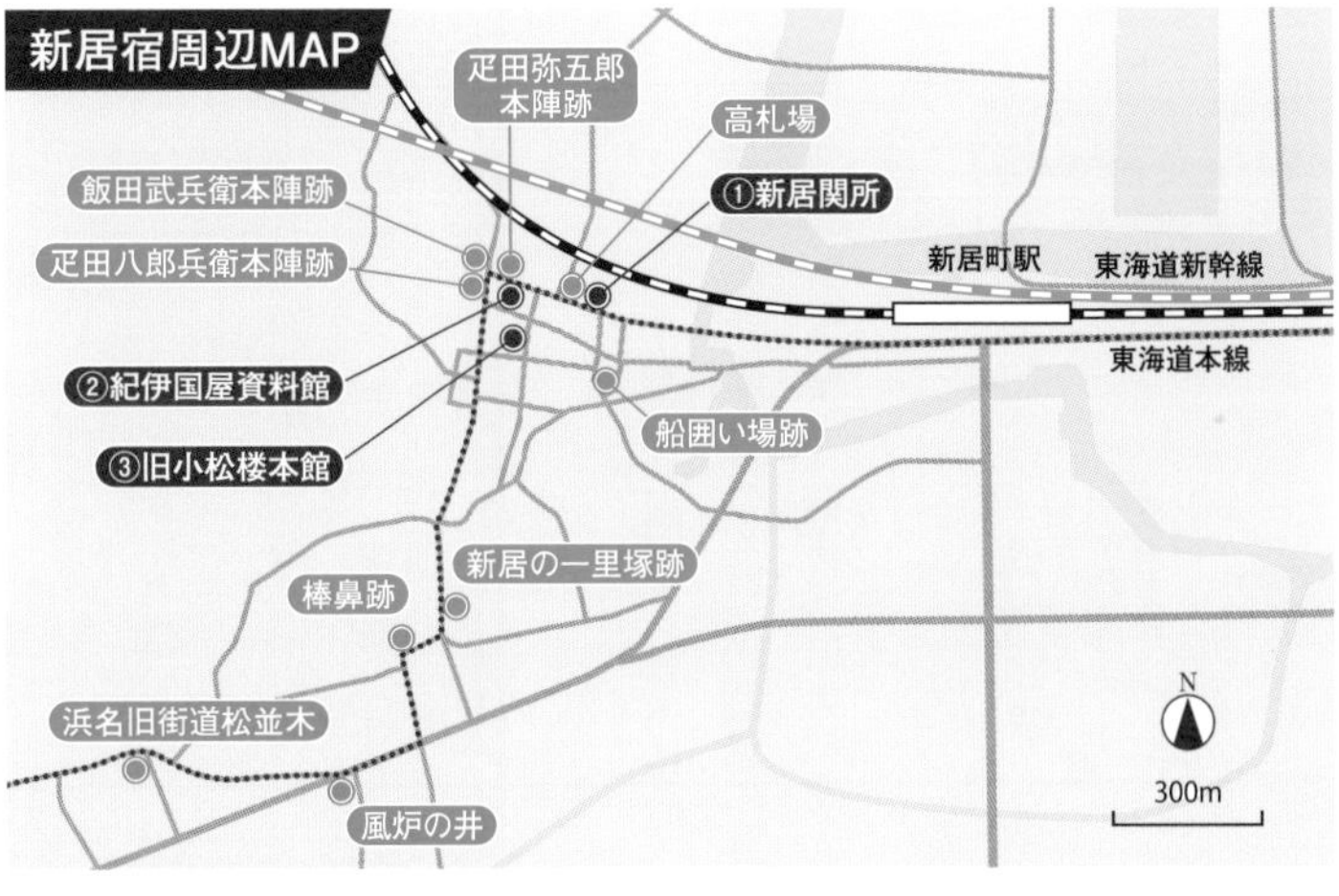

32

潮見坂から遠州灘を望む 白須賀宿

白須賀宿へ向かう途中には、名所として知られた潮見坂がある。絶景を望みつつ宿を歩き、三河との国境へと向かう。

宿データ

場所／静岡県湖西市
戸数／613
人口／2704
本陣／1
脇本陣／1
旅籠／27
距離／14町19間
最寄り駅／JR新所原駅→コーちゃんバス「おんやど白須賀」

休憩がてら おんやど白須賀へ

東海道は新居宿からJRの線路を離れて、海側へと続いていく。白須賀《しらすか》の一里塚を越え、潮見坂を登れば白須賀宿はすぐそこだ。

遠州灘を一望する①**潮見坂《しおみざか》**は、広重の浮世絵にも描かれている街道屈指の景勝地である。西国からの旅人にとっては、初めて太平洋を目の当たりにする場所としても広く知られていた。

坂の途中には案内所の②**おんやど白須賀**があり、大津波の記録を中心に解説する。華扇会作成の和紙人形も江戸期の情景を紹介しており、白須賀宿の歴史・文化について理解を深められる。

坂の上にある潮見坂公園跡は、徳川家康が武田家を破った織田信長をもてなすため、この地に茶亭を新築して招いた地と伝わる。明治天皇も御東幸の際に立ち寄り、当地の眺望に感激したという。

当初、白須賀宿は海岸近くに置かれていたが、宝永4年（1707）の津波によって大きな被害を受け、坂上に付け替えを余儀なくされた。現在の宿中央部には宿場全体が見渡せないように曲尺《かねん》手《て》（直角に曲げられた道）が作られ、大名同士の鉢合わせを回避するための配慮がなされている。

この先、東海道は境《さかい》宿を経て、境川へと至る。境川は遠江と三河の国境に当たり、現在も愛知・静岡両県の県境となっている。

①潮見坂
急坂で知られる潮見坂の背後には、遠州灘の絶景が広がる

②おんやど白須賀
白須賀宿の歴史を学ぶことができる無料の休憩所

Column —コラム—

旅人を助けた街道設備

幕府の役人や旅人たちが無事に目的地へとたどり着けるよう、幕府は街道にさまざまな設備を設けた。これらの中には現在もその形を留めているものも多い。

松並木・杉並木

旅人が歩きやすいよう、幕府は日除け・風除けのための松並木を各所に設けるよう指示した。その結果、街道各地には積極的に松が植えられ、現在も箱根・舞坂・御油には当時から続く並木道が残っている。杉は樹高が高く、寿命も長く効果的であるものの、地下水を多く必要とすることから東海道では芦ノ湖に近い箱根周辺しか並木道に使われなかった。

石畳

雨が降って道がぬかるむのを防ぐため、幕府は当初、坂道に竹を敷くように指導した。しかし、竹は1年ほどしか持たないため、その後は石を敷き詰めるように指示。現存する石畳は箱根坂と金谷宿～間の宿・菊川などにすぎないが、箱根西坂のように石畳を再現している場所もある。

一里塚

街道に沿って1里（約4㎞）ごとに置かれた塚。旅人が次宿までの距離を把握できるよう、幕府は慶長9年に一里塚の設置を指示し、街道の両脇に直径5間（約9ｍ）、高さ1丈（約3ｍ）ほどの塚を築いた。遠方からも見えるように高木が植えられ、東海道では6割強が榎で、椋、松なども使われた。

箱根宿～三嶋宿間にある錦田一里塚

道標

街道の先にある主要な町や距離などを表示する標識で、大半は石柱。著名な寺社名や街道名が彫られることもあった。道標の上に火袋を乗せて常夜灯を兼ねる場合もあり、表面の一部を彫り込み、貼った紙が風で飛ばないようにした掲示板兼用の道標も存在した。

再現された高札場（守口宿）

常夜灯

宿駅付近や寺社周辺に建植された照明灯で、一部地域では永夜灯とも呼ばれた。蝋燭《ろうそく》や灯油によって周辺を照らし、夜道の移動を助ける役割を果たした。

高札場

旅人や住民に知らせるための公式掲示板。掟や隣接宿駅までの伝馬料金などを記載した高札が掲げられた。幕末には基本的に8枚の高札が掲げられていたが、一部に地域独自の高札を加えて10枚以上掲げた高札場も存在した。

33

江戸期の本陣屋敷がお出迎え

二川宿

東海道で唯一、本陣・旅籠屋・商家が見学できる二川宿。宿場の散策を楽しみつつ、街道文化への理解を深めたい。

宿データ

場所／愛知県豊橋市
戸数／328
人口／1468
本陣／1
脇本陣／1
旅籠／38
距離／12町26間
最寄り駅／JR二川駅

江戸時代後期の絵図。宿には今も古い町屋や枡形（見通せないように折り曲げた道）が残されている

本陣と旅籠を見比べるのも一興

二川《ふたがわ》宿は江戸時代初期、二川村と加宿・大岩村の2つの村が伝馬業務を担っていた。しかし、正保元年（1644）に両村が隣接する形で現在地に移転し、一続きになったため、その後は二川宿と大岩町が交代で業務を遂行することになった。幕末には2日交代で任に当たったと記録されている。

宿場はJR二川駅のすぐ北にあり、古い家屋が建ち並ぶ様子は往時の風情を感じさせる。中心部にある**①二川宿本陣資料館**は文化4年（1807）から本陣職を務めた馬場家の遺構で、江戸時代末期の姿に復元された主屋・玄関棟・土蔵などが公開されている。東海道の中で本陣建屋が見学できるの

①二川宿本陣資料館

大名たちが利用した江戸期の本陣建屋を復元。宿の歴史を伝える資料館も併設している

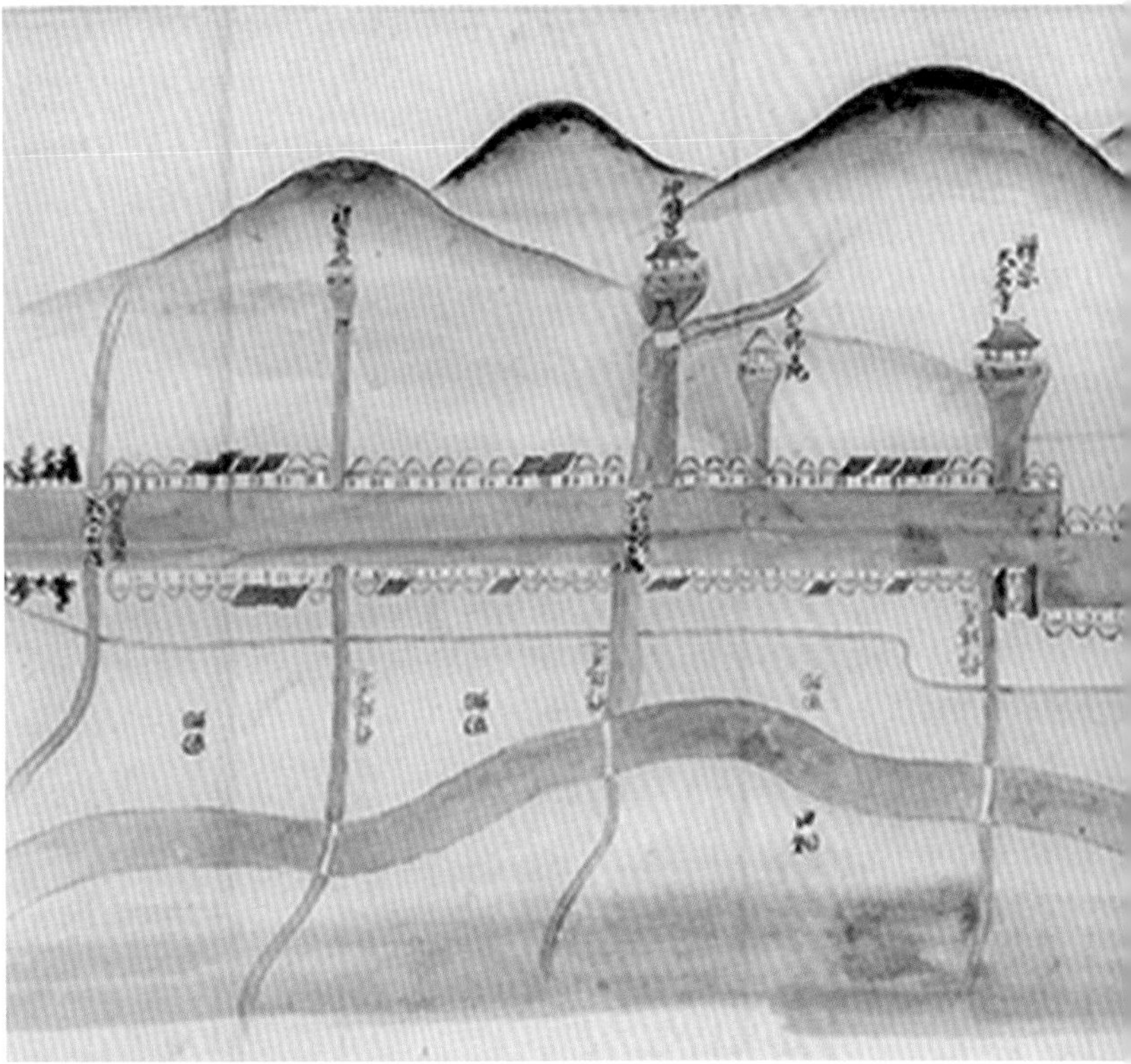

二川宿絵図　豊橋市二川宿本陣資料館蔵

②旅籠清明屋
本陣に隣接する旅籠跡。一般庶民が利用した宿の様子がよく分かる

は二川と草津の2宿のみで大変貴重。大名などが休泊する書院棟や上段の間など、本陣ならではの設備は見応えがある。

本陣の隣には**②旅籠清明屋**も併設されている。二川宿で旅籠屋を営んだ倉橋家の遺構で、江戸時代の姿に復元された主屋・繋ぎの間・奥座敷などが見学可能。旅籠は一般の旅人が利用する施設のため、本陣に比べて簡素で、両者の違いを見比べてみるのも面白い。

敷地内には資料館もあり、二川宿の街並みや街道業務の仕組みなどがジオラマで分かりやすく紹介されている。東海道宿村大概帳をもとにした東海道57次も解説され、街道の文化を正しく伝えようという姿勢が伝わる施設である。

本陣の東には江戸期の建築物を改修・復元した**③商家「駒屋」**がある。宿で商家を営むかたわら、問屋役や名主を務めた田村家の遺構。主屋や土蔵など一般的な商家形式を残しており、豊橋市の指定有形文化財になっている。

③商家「駒屋」
江戸期の商家跡で母家や離れ座敷などを無料公開している

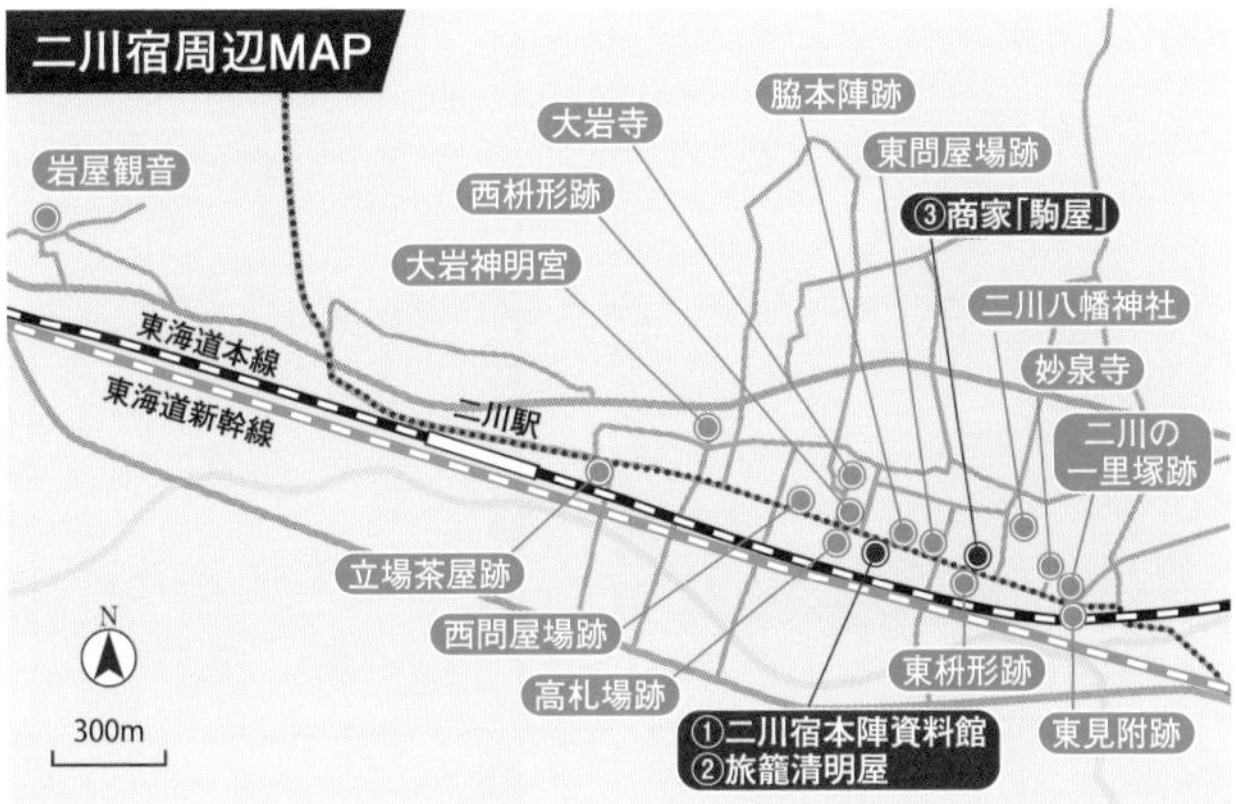

34

吉田宿

歓楽街としても賑わった城下町

吉田城の城下町であり、歓楽街としても栄えた吉田宿。宿の北には豊川が横たわり、名物の大橋が架かっていた。

宿データ

場所	愛知県豊橋市
戸数	1293
人口	5277
本陣	2
脇本陣	1
旅籠	65
距離	23町30間余
最寄り駅	JR豊橋駅

①吉田城跡
戦国期に今川氏・松平氏により争奪戦が繰り広げられた城。現在は再現された鉄櫓が建つ

名物の巨大常夜灯 門のミニチュアも

吉田《よしだ》宿は北へ向かう別所街道と、南へ向かう田原街道の分岐点として古代から利用された街。戦国期には今川・武田・松平ら武将たちが争奪戦を繰り広げ、東西南北をつなぐ要衝地として重視された。かつては「今橋」と称されていたが、戦国期に「吉田」と改められ、さらに明治2年（1869）に豊橋に改称された。

宿の北には①**吉田城跡**があり、現在は豊橋公園として市民の憩いの場所になっている。吉田城は天正18年（1590）、豊臣秀吉配下の武将・池田輝政によって、城郭と街の大改修が行われた。江戸時代になると城下町・宿場町として大いに栄え、城は名古屋城を凌駕するほどの巨大さを誇ったという。天守は残されてないが、城内に再建された模擬鉄櫓《くろがねやぐら》のほか、本丸に築かれた石垣が往時の威容を伝える。

東海道と本坂通との追分には②**秋葉山常夜灯**が建つ。高さ約5mの巨大な常夜灯で、元は文化2年（1805）に建立されたものだが、昭和期の地震によって倒壊。平成期に有志により復元され、現在も町の名物として親しまれている。

その斜向かいには吉田城の③**東惣門跡**があり、現在は門のミニチュアも建てられている。西惣門跡にも建てられ、城下町として栄えた宿の歴史を今に伝える。

東海道はここから幾度か折れ曲がり、市街地の中を西へ進む。目立つ遺構はないが、宿中心部には④**本陣跡**の碑が立つ。江戸期の吉田宿には茶屋や娼家、飯盛女を抱える旅籠が多く、歓楽的な雰囲気が漂っていたという。

宿を抜けると、豊川に差しかかる。付近には吉田湊跡があり、伊勢・尾張方面への航路拠点として大いに栄えたことを伝える。川に架けられた吉田大橋は幕府管理下に置かれ、広重の浮世絵にも描かれるなど、吉田城と並ぶ当地のシンボルだった。現在、橋跡には、地名の由来にもなった豊橋が架けられている。

②秋葉山常夜灯
東海道と本坂通の分岐点に建てられた、高さ約5mの巨大な常夜灯

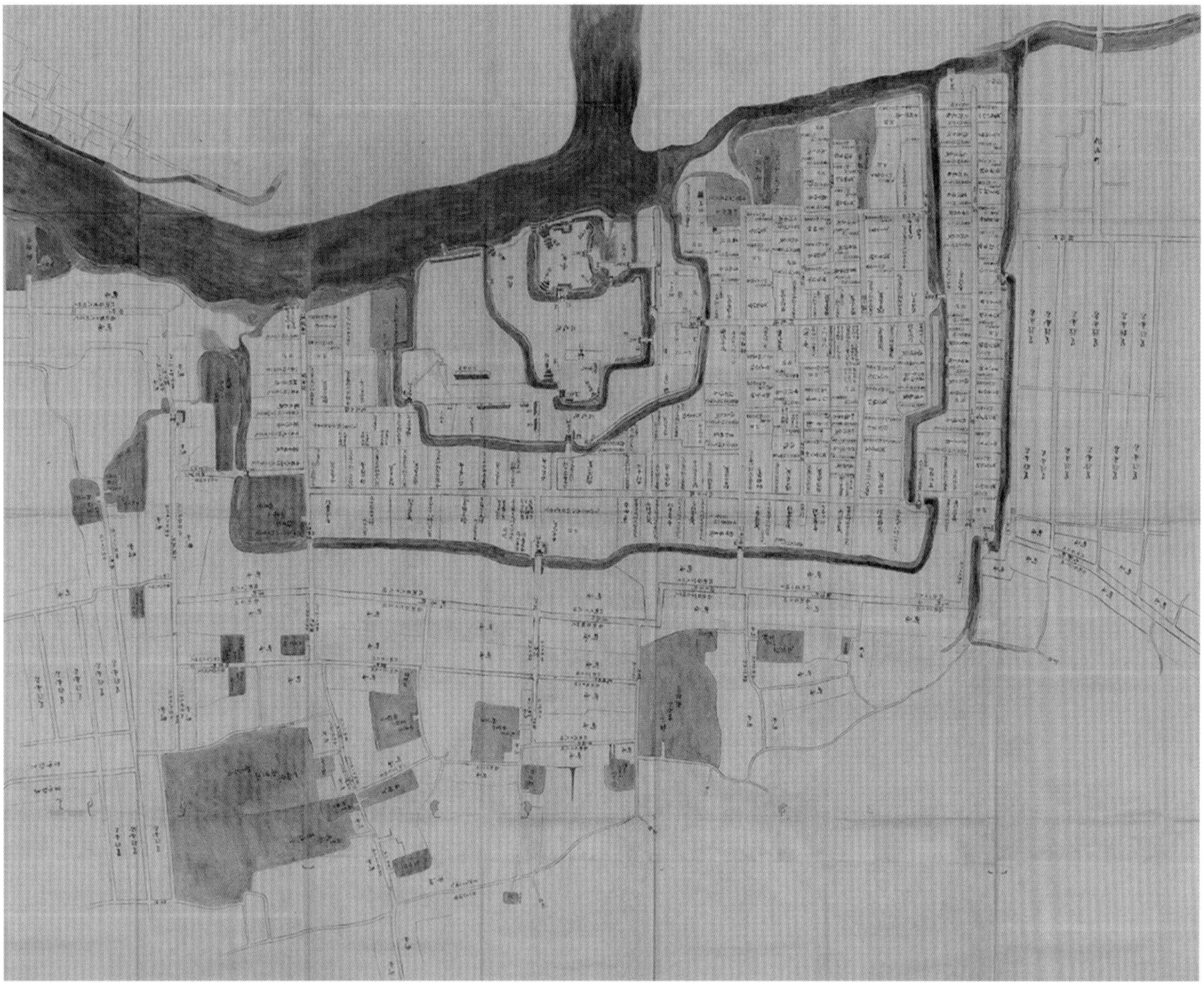

吉田藩士屋敷図　豊橋市美術博物館蔵
幕末期の絵図。吉田城の外堀の外側に町屋や東海道が描かれている

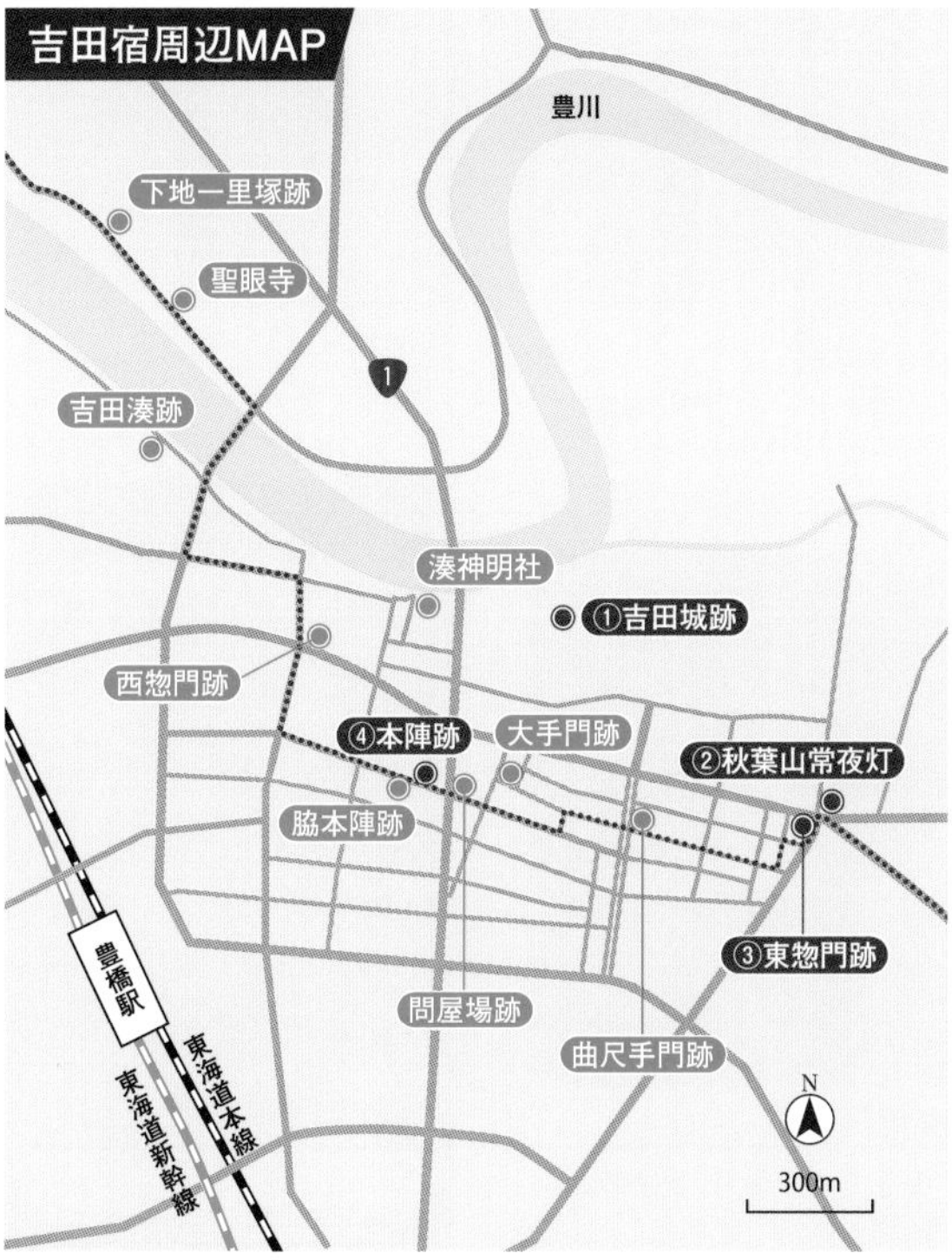

③東惣門跡
吉田城の惣門跡地。現在は門のミニチュアが建てられている

④本陣跡
宿の中心部に建つ本陣の石碑

35

御油宿

旅人が羽を伸ばした歓楽街

遊興の町として知られ、旅人たちが羽を伸ばした御油宿。昔ながらの街並みを抜けると、圧巻の松並木が姿を現す。

④御油松並木

御油・赤坂間をつなぐ大規模な松並木で、国の天然記念物にも指定されている

本坂通りとの合流地 名物の松並木は圧巻

御油《ごゆ》宿は小規模の宿だが、本陣数は最多の箱根・浜松宿の6軒に次ぎ、小田原・伏見宿と並ぶ4軒だった。江戸時代の吉田・御油・赤坂宿は歓楽街的な宿場として知られ、参勤交代でこの地を通る各藩も大いに羽を伸ばしたといわれる。天保期には「御油、赤坂、吉田が無くば何のよしみで江戸通い」とか「御油、赤坂、吉田が無くば親の勘当受けやせぬ」などとも詠われ、歌川広重も保永堂版浮世絵で客引き場面を描いた。

宿の手前には①**姫街道追分道標**がある。見付宿から始まり浜名湖北を迂回する姫街道（本坂通り）は、本坂峠を越えた後、御油で東海道に合流する。西国から秋葉山へ向かうにはここから姫街道を進むため、常夜灯の隣にある石碑には「秋葉山三尺坊大権現道」と刻まれている。

音羽川にかかる橋を越えると御油宿で、中心部には②**御油の松並木資料館**がある。宿に関する資料などのほか、入口には樹齢300年ともいわれる巨大な松の切り株が展示されているので立ち寄りたい。

①姫街道追分道標

東海道と姫街道（本坂通り）の分岐点。現地には常夜灯と道標が立つ

宿データ

場所／愛知県豊川市
戸数／316
人口／1298
本陣／4
脇本陣／0
旅籠／62
距離／9町32間
最寄り駅／名鉄御油駅

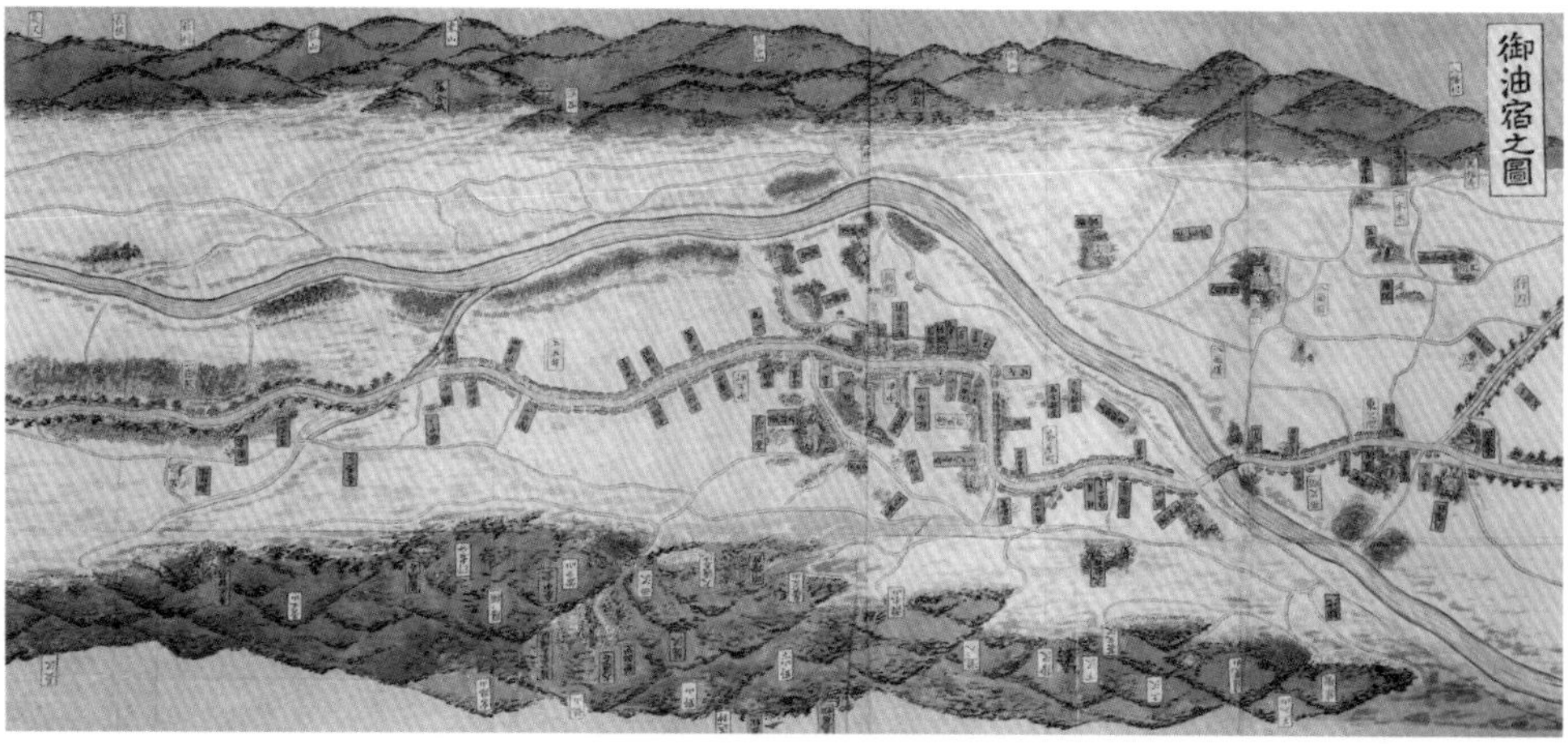

資料館に展示されている御油宿の絵図

②御油の松並木資料館
街並みの復元模型や浮世絵、旅装束などの資料が展示されている

東海道を西に進むと、室町時代の創建といわれる**③東林寺**がある。阿弥陀如来立像など多くの文化財を所蔵し、徳川家康が三河領主時代に立ち寄ったといわれる古刹である。飯盛《めしもり》女の墓も現存し、御油宿繁栄の陰で働いた女性の哀れみを誘うとともに、江戸時代の宿場の一面を現代に伝える。

③東林寺
室町時代創建、境内には飯盛女の墓が建つ

　さらに先に行くと、国の天然記念物**④御油松並木**が見えてくる。慶長9年（1604）、幕府街道施策として植えさせた松並木で、往時は650本の松が立ち並んでいたという。現在も樹齢100年以上の古木を含め350本ほどが健在で、今もなお道行く人を日射しや寒風から守っている。なお、この松並木は十返舎一九《じっぺんしゃいっく》の「東海道中膝栗毛《ひざくりげ》」でも取り上げられ、弥次さんが喜多さんを狐と間違えて縛り上げる話の舞台となった。松並木を抜ければ、次の赤坂宿はすぐそこである。

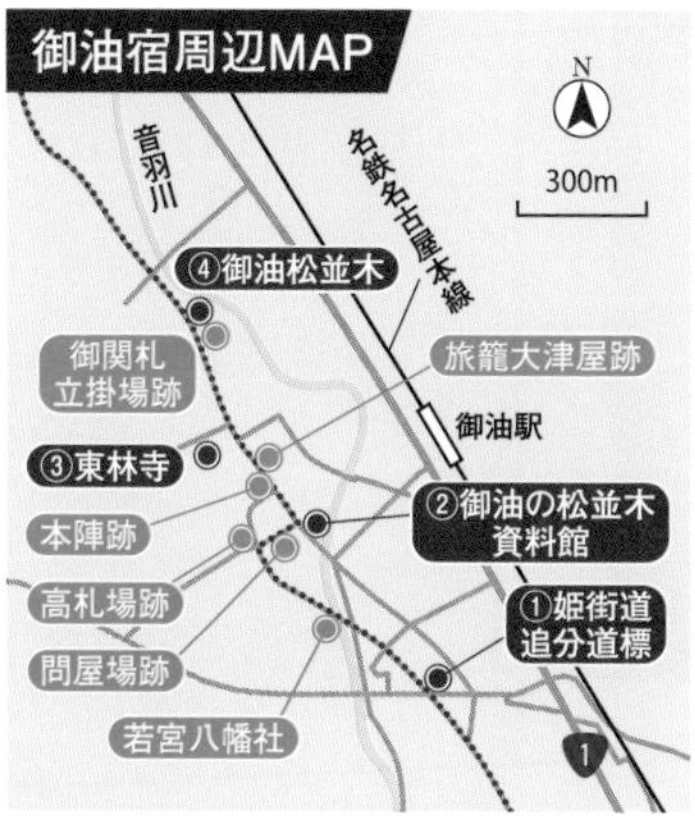

36

赤坂宿

歴史ある旧旅籠で一休み

御油の松並木を抜けると、すぐに赤坂宿に入る。江戸時代の面影を今に残す、旧旅籠・大橋屋を訪ねよう。

②大橋屋
市指定文化財の旧旅籠。江戸期の建物を修復し、店の間・客間などを一般公開している

浄泉寺の境内には巨大な蘇鉄《そてつ》も

赤坂《あかさか》宿と御油宿はわずか1・7kmの距離しかなく、東海道で最短の宿場距離である。この距離の短さを、松尾芭蕉は「夏の月　御油より出でて　赤坂や」と詠んでおり、その句碑が街道沿いの①**関川神社**に残されている。社は長保3年（1001）創建といわれ、句碑のそばには推定樹齢800年の楠がそびえ立っている。

宿内に入ると、再現された高札場や本陣跡の案内看板などが街道沿いに建つ。宿駅伝馬制が始まった当初、赤坂は御油と連名で伝馬朱印状が下付されており、両宿で一つの宿駅としてとらえられていた。参勤交代で訪れた大名らは、江戸から上方へ向かうなら御油、上方から江戸へ向かうなら赤坂で継ぎ立てを行ったという話も残る。

宿の中心部には、江戸時代の面影を

①関川神社
境内に赤坂宿を詠んだ芭蕉の句碑が立つ

宿データ

場所／愛知県豊川市
戸数／349
人口／1304
本陣／3
脇本陣／1
旅籠／62
距離／8町30間
最寄り駅／名鉄名電赤坂駅

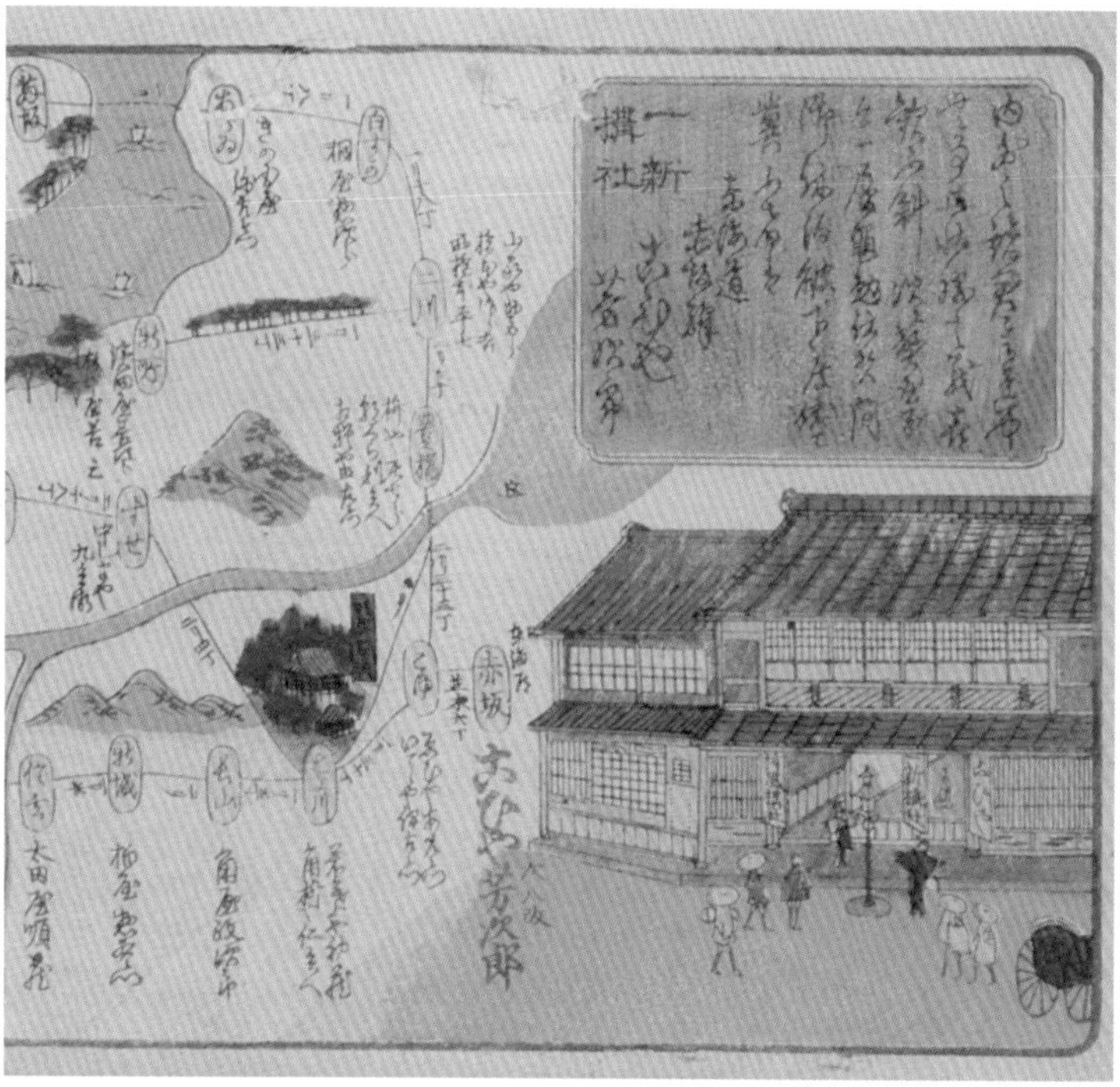

一新講 引札「鯉屋」（部分） 二川本陣資料館蔵
「鯉屋」の屋号で営まれた大橋屋の引札（チラシ）

2階の客間

浮世絵を模した蘇鉄と灯篭

今に残す旧旅籠**②大橋屋**がある。江戸期には「鯉屋」の屋号で知られ、所有者が変わりながらも、平成27年（2015）まで旅館業を続けていた。現在は、豊川市が改修し、一般公開されている。

店の間と2階の客間を備えた建屋は文化6年（1809）の大火以降に建てられたといわれ、明治11年（1878）の明治天皇の東海北陸巡幸の際は行在所としても利用された。

また、広重は保永版の浮世絵で、当時の赤坂宿の旅籠で過ごす人々の様子と、旅籠の庭先に植えられた蘇鉄を描いている。このモデルとなったといわれる蘇鉄が、現在も**③浄泉寺**に残る。元々は付近の旅籠屋に植えられていたが、明治期の道路拡張により移植されたもので、推定樹齢は270年以上といわれ、現在は高さ3m、幹周4・6m以上の巨木に成長している。

なお、大橋屋の先にある豊川市音羽生涯学習センターには赤坂宿場資料室があり、赤坂宿に関する資料が公開されている。室内には僧侶が使っていた駕籠《かご》や、法令が記された高札などが展示されているので、散策の合間に立ち寄るのも一興だ。

③浄泉寺
石像百観音が有名な寺院。境内には広重が描いたといわれる蘇鉄が移植されている

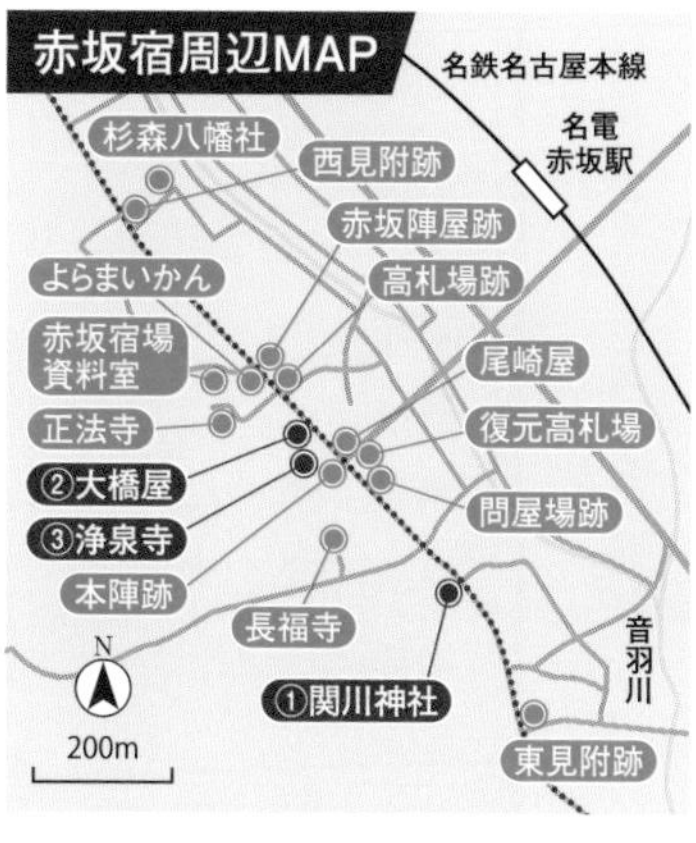

休憩所

赤坂休憩所「よらまいかん」
江戸時代の建物を再現した休憩所

37

藤川宿

むらさき麦を愛でながら

藤川宿は芭蕉の句の舞台にもなった、むらさき麦の名産地。宿の入口には、広重が描いた棒鼻も再現されている。

宿データ

場所／愛知県岡崎市
戸数／302
人口／1213
本陣／1
脇本陣／1
旅籠／36
距離／9町20間
最寄り駅／名鉄藤川駅

①東棒鼻
広重の浮世絵にも描かれた棒鼻を再現

旧家が残る街並み 脇本陣の門も現存

藤川《ふじかわ》宿は鎌倉時代から交通の要衝で、今も街道には江戸期建築が散見され、宿場の雰囲気が感じられる。旧建設省が東海道で3カ所選定した歴史国道の一つに選ばれるなど、宿場の保護・再現にも熱心である。

江戸方から宿に向かうと①**東棒鼻《ぼうはな》跡**がある。棒鼻とは宿場の入口を指し、広重も保永堂版で大名行列がここを通過する様子を描いた。

曲尺手《かねんて》(クランク状に曲がる道)を過ぎて宿の中心部へ進むと、やがて②**藤川宿資料館**が見えてくる。脇本陣跡に建てられた無人資料館で、館内では高札や朱印状、古図など宿場に関する資料やジオラマなどが展示されている。また、入口の門は江戸期に脇本陣門として利用されたもので貴重である。

また、隣は本陣跡で、現在は広場として整備されている。園内には再現された高札場があり、裏手に回ると本陣に使用された石垣を見ることができる。

さらに西に進むと西棒鼻跡が見えてくる。近くには十王堂があり、この境内

むらさき麦
江戸期の藤川宿は芭蕉が句に詠んだほど「むらさき麦」の栽培が盛んに行われた

資料館に展示されている街道往還図（三浦家文書）の複製

には「爰《ここ》も三河　むらさき麦の　かきつばた」と刻まれた芭蕉の句碑がある。江戸時代、染色や食料として用いられたむらさき麦は藤川名物として知られ、芭蕉にとっても印象深いものだったのだろう。むらさき麦の栽培は一時途絶えたものの、平成6年に復活し、現在は宿周辺で栽培されている。

一里塚跡を過ぎると、東海道は吉良道との追分を迎え、その先には**③藤川の松並木**が続く。街道の両脇には90本ほどの黒松が植わり、江戸期の旅の雰囲気が感じられる。

②藤川宿資料館
脇本陣跡に建てられた資料館。門は江戸期に建てられたものを移築

③藤川の松並木
1kmにわたり約90本の黒松が植えられ、
街道の雰囲気を盛り立てている

藤川宿周辺MAP

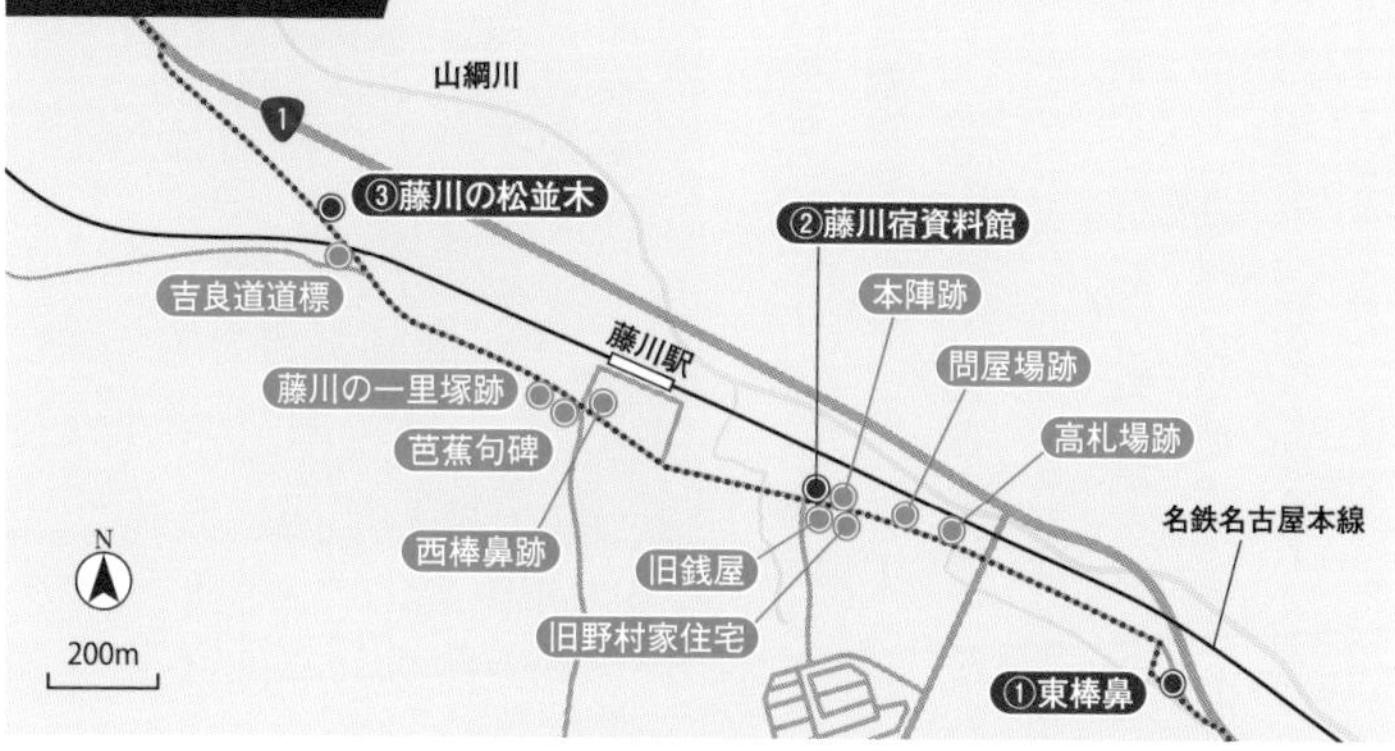

38

天下人の故郷を訪ねる 岡崎宿

徳川家康の生まれ故郷・岡崎は江戸期、大規模な宿として栄えた。岡崎城下で生まれた八丁味噌は、今も当地の名物として名高い。

①二十七曲りの碑・冠木門
岡崎宿周辺の東海道には多くの曲がり角が設けられたことから「二十七曲り」と呼ばれ、街道筋には碑が立っている

複雑に折れ曲がる街道 歴史を伝える石彫も

徳川家康の出身地として知られる岡《おか》崎《ざき》宿は、矢作川の水運と三河地区の物資集散地として栄えた街である。国道1号線から東海道に入り、西へ進んでいくと道沿いに**①二十七曲りの碑**が立つ。家康が江戸入りした後、岡崎城主となった田中吉政は、岡崎城下に東海道を引き込み、城の防衛力向上を図るため屈折を多用した街道を整備した。この施策は道沿いの店舗数の増加にも寄与し、江戸期の岡崎城下は全国有数の規模を誇るようになった。

東海道を進んでいくと、やがて宿の中心部だった伝馬町に入る。道の両脇には**②伝馬歴史プロムナード碑**と呼ばれる20基の石彫が並んでおり、歩きながら宿場や街道の歴史を学ぶことができる。石材の町として有名な岡崎ならではのユニークな取り組みである。

さらに西に進むと、やがて町のシンボル**③岡崎城**が見えてくる。後に天下人となった徳川家康の生まれた城であり、今川家から独立して浜松に居を移すまでの期間、三河統一の拠点となった城でもある。現在は公園となっており、復興された天守のほか、現存の産湯井戸、胞《え》衣《な》塚、松平家の歴史を伝える「三河武士のやかた家康館」などが見学できる。

また、東海道からは離れるものの、城から約３km北には徳川家の菩提寺・大樹寺がある。文明7年（１４７５）に松平親忠が建立した寺院で、国の重要文化財である多宝塔や冷泉《れいぜい》為恭《ためちか》による障壁画があるほか、松平八代の墓や歴代将軍の位牌などが安置されている。

岡崎城の西には**④八丁蔵通り**があり、蔵屋敷が建ち並ぶ古い町並みが残っている。城から八丁（約８７０ｍ）離れたところにあるこの地は、八丁味噌の発祥の地として知られ、現在も「カクキュー」と「まるや」の2軒が製造を行っている。いずれも蔵が公開されており、伝統的な製法を間近に見学可能だ。

②伝馬歴史プロムナード碑
街道施設や設備をモチーフにした石像が街道脇に立ち、宿の歴史を解説している

宿データ

場所／愛知県岡崎市
戸数／1565
人口／6494
本陣／3
脇本陣／3
旅籠／112
距離／1里51間
最寄り駅／名鉄東岡崎駅

岡崎城図 岡崎市美術博物館
江戸時代に描かれた岡崎城の絵図。東海道は城下町に取り込まれ、多くの曲がり角が設けられた

名物

八丁味噌

米や麦を使わず、大豆と塩のみで作られる味噌。江戸時代に製造が始まって以降、岡崎を代表する名物となっている

カクキュー提供

④八丁蔵通り
岡崎の伝統産業・八丁味噌の蔵が建ち並ぶ風情ある通り

③岡崎城
徳川家康生誕の城として名高い。現在の模擬天守は昭和34年（1959）に建てられ、城内には家康の産湯井戸などが残る

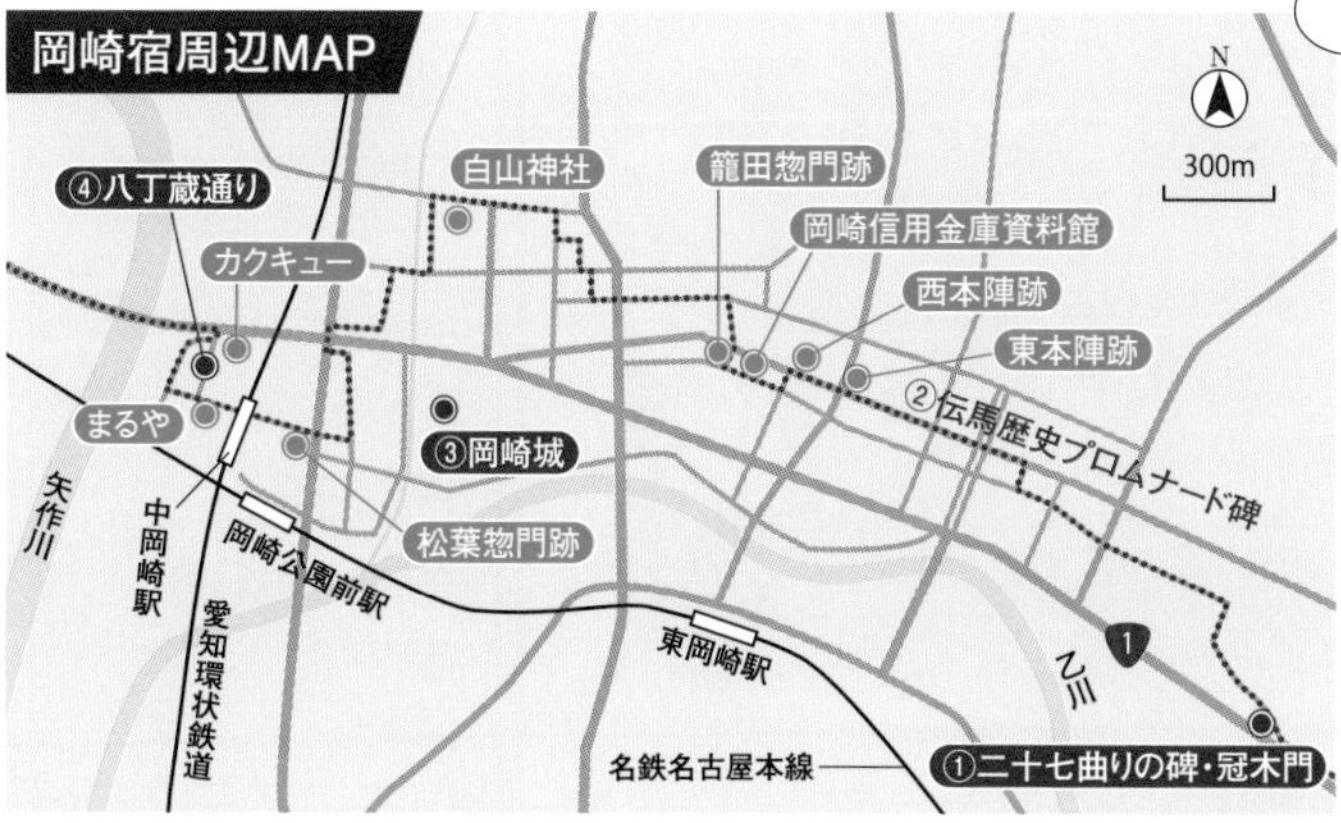

足を延ばして…

大樹寺
文明7年（1475）創建の松平家・徳川家菩提寺。三門・総門越しに岡崎城天守が望めるよう伽藍が配置されている

39

池鯉鮒宿

馬市の名残が残る松並木

かつて馬市が盛んに行われた池鯉鮒宿。馬市の様子は浮世絵にも描かれ、跡地の松並木は今も形を留めている。

宿データ

場所／愛知県知立市
戸数／292
人口／1620
本陣／1
脇本陣／1
旅籠／35
距離／12町35間
最寄り駅／名鉄知立駅

①八橋かきつばた園
無量寿寺の境内に設けられた回遊式庭園。5月中下旬に杜若が見ごろを迎える

杜若《かきつばた》が美しい寺へ 知立神社にも参詣

池《ち》鯉《りゅう》鮒宿からほど近い八橋は、杜若の名所。歌人・在原《ありわら》業《なり》平《ひら》がこの地を通った際、京に残した家族を偲び、「から衣　きつつなれにし　つましあれば　はるばるきぬる　たびをしぞおもう」と詠んだことから、広く知られている。

同地にある無量寿寺の境内には①**八橋かきつばた園**があり、5月になると多くの観光客でにぎわう。江戸期の画家・尾形光琳《こうりん》もたびたび作品のモチーフとしていて、境内の史跡保存館ではその代表作「燕子《かきつばた》図《ず》屏風《びょうぶ》」の複写を見ることもできる。

東海道を池鯉鮒宿方面に歩いていくと②**知立松並木**が見えてくる。約500mにわたって170本の松が残され、脇には馬市に馬をつなぐ側道も備えられている。

この地は馬の生産が盛んで、広重も馬市の様子を描いている。市は毎年4月25日からの10日間、松並木周辺で開

②知立松並木　松並木の入り口には馬市の碑も建つ。かつて池鯉鮒宿では馬市が盛んに開かれていた

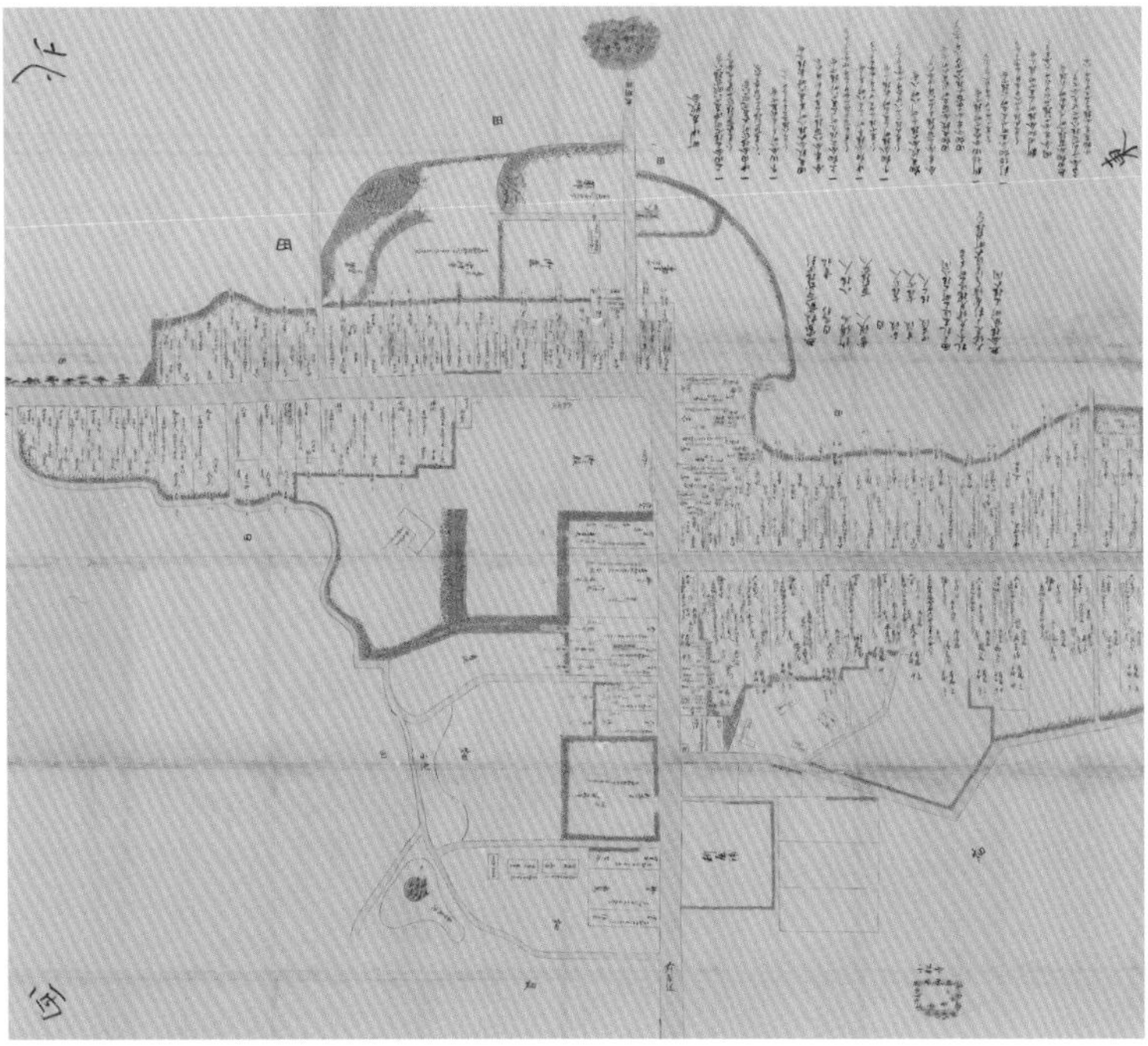

東海道池鯉鮒宿宿並図（部分） 知立市歴史民俗資料館蔵
17世紀後半の町割り。宿の中心部には将軍が休泊するための御殿（知立城跡）があり、知立神社（絵図上部の森）へと続く道が伸びる

③知立神社
江戸期には東海三社の一つに数えられた神社。池に泳ぐ鯉が「池鯉鮒」の由来にもなったとされる

催され、毎回400〜500頭が集まる大規模なものだったという。また、木綿市も毎年開催されるほど盛んで、三河木綿は江戸でも大いに人気を博した。松尾芭蕉も「不断たつ池鯉鮒の宿の木綿市」と地元の名産品を句に詠んでいる。

④小松寺
池鯉鮒宿の脇本陣の玄関が移築され、地蔵堂として残されている

宿の西には**③知立神社**があり、熱田神宮・三嶋大社と並んで東海三社の一つに数えられている。境内には池があるが、ここに多くの鯉が泳いでいたことから「知立」の字を「池鯉鮒」とも書くようになったという。また、神社の北東にある**④小松寺**には、脇本陣の玄関が転用された地蔵堂があり、形を変えつつも宿の歴史を今に伝えている。

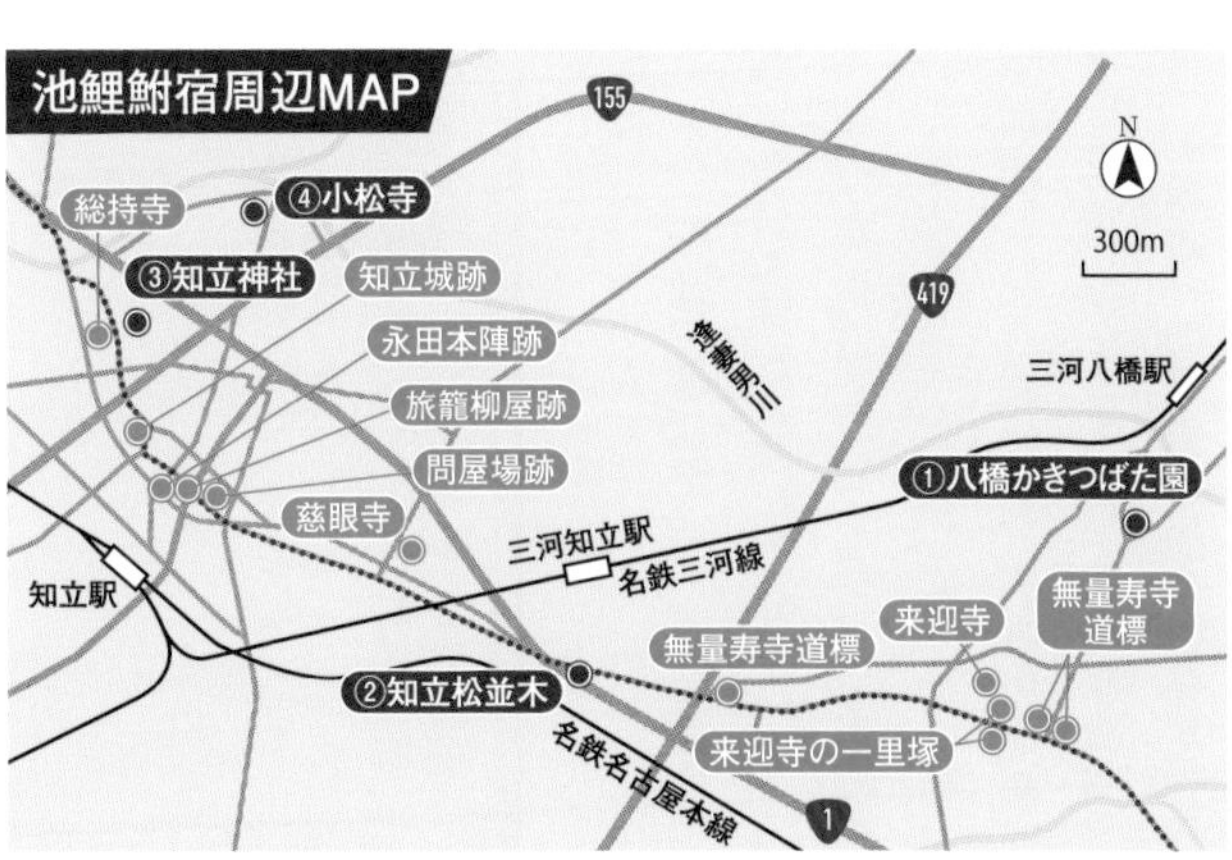

40

鳴海宿

絞りの産地に立ち寄りながら

鳴海宿の手前にある有松は、古い街並みが残る木綿絞りの産地。辺りには桶狭間の戦いの跡地もあり、歴史心をくすぐられる。

宿データ

場所／愛知県名古屋市緑区
戸数／847
人口／3643
本陣／1
脇本陣／2
旅籠／68
距離／東西5町18間　南北1町半
最寄り駅／名鉄鳴海駅

①桶狭間古戦場伝説地
織田信長が歴史的勝利を収めた戦いの跡地。向かいにある高徳院は今川義元が本陣を置いたと伝わる

②服部家住宅
主屋は卯建を載せた塗籠造り、蔵は海鼠壁で覆うなど防火設備がよく残る

有松絞りの産地を散策　織田・今川の激戦地も

池鯉鮒宿から鳴海《なるみ》宿へ向かう途中には、**①桶狭間《おけはざま》古戦場伝説地**がある。この辺りは永禄3年(1560)、織田信長率いる3000の兵が、今川義元の大軍2万5000に勝利を収めた合戦地として名高い。1kmほど離れた場所にも桶狭間古戦場公園があり、信長・義元の銅像や義元首洗いの泉などを見ることができる。

その先にある有松《ありまつ》はかつての間の宿であり、現在も古い街並みが残り、風情が漂う町となっている。主屋や蔵など11棟の建物を有する**②服部家住宅**、絞の開祖・竹田庄九郎の流れを汲む**③竹田家住宅**、有松最大級の建築**④岡家住宅**など、街道沿いには歴史的建造物が多く並び、卯建や海鼠壁といった江戸期の防火設備も間近に眺められる。

なお、有松は江戸期を通じて、木綿絞りの産地として広く知られた。広重も鳴海宿として、有松絞りの店先を描いている。宿内にある有松・鳴海絞会館では、有松絞りの歴史解説や販売が行われているほか、工芸士による実演の見学や、絞り制作体験(要予約)ができるのでぜひ立ち寄ってみたい。近くには山車を展示する有松山車会館もあり、山車に乗せられるからくり人形を2階からじっくり見ることができる。

有松の一里塚をさらに西へ進むと、鳴海宿の入口を示す**⑤平部町常夜灯**が建っている。宿場の面影はほとんど残ってないものの、本陣跡近くに再現された高札場があり、近くには、桶狭間の戦いの際、今川軍の最前線拠点となった鳴

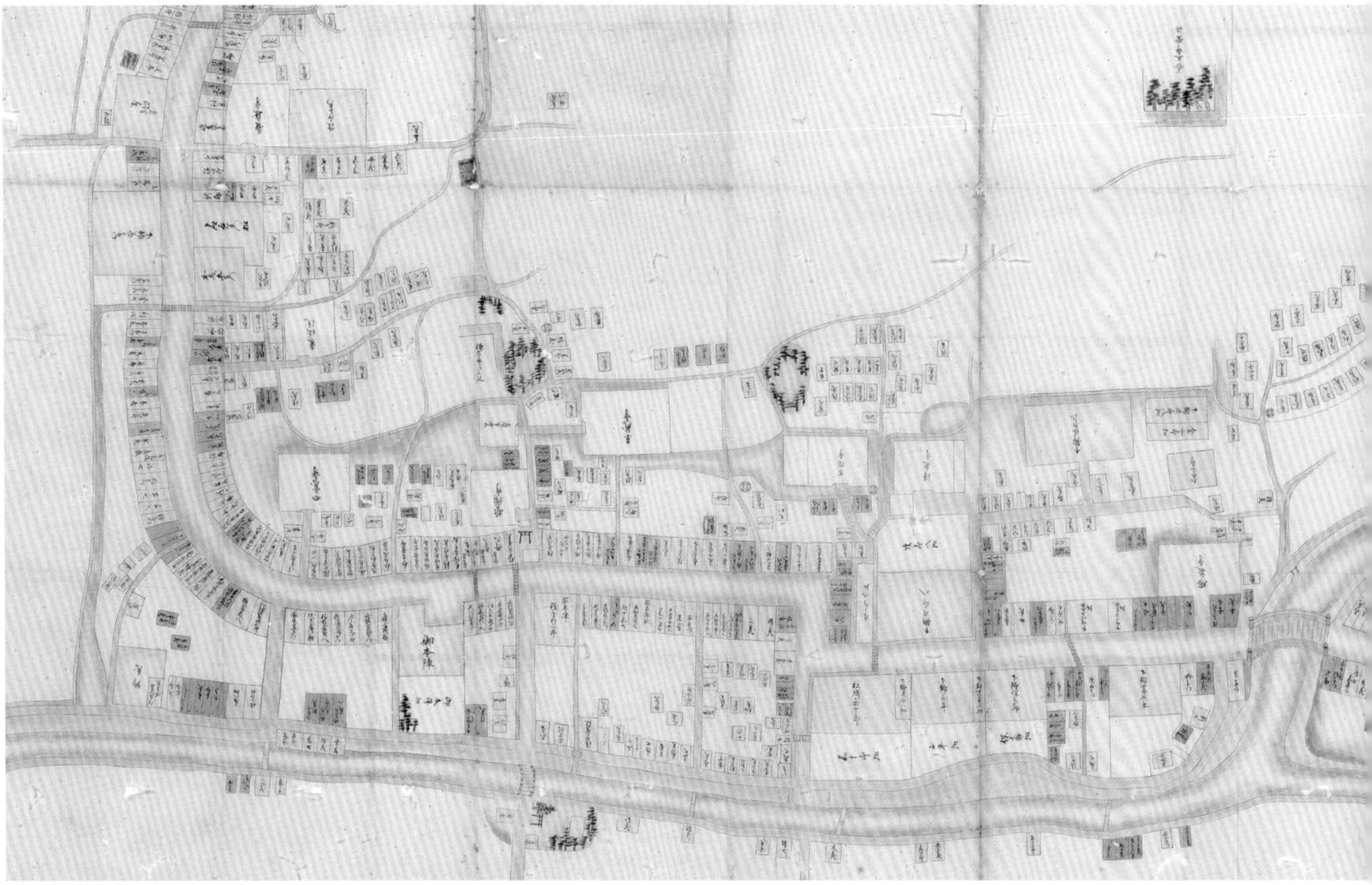

鳴海宿絵図（部分）愛知教育大学附属図書館蔵　鳴海宿全体を描いた絵図。L字型に伸びる東海道には枡形も描かれている

④岡家住宅
二階窓に縦格子を備えた塗籠造りの外観が特徴。土・日曜のみ内部も公開

有松絞
江戸時代から土産物として人気を集めた染め織物。今も街道沿いには絞染を体験できる施設・店舗が軒を連ねる（写真は竹田家住宅）

③竹田家住宅
絞問屋の形態をよく残した竹田嘉兵衛商店の建物。書院、茶席、宝蔵も備える（見学は要問い合わせ）

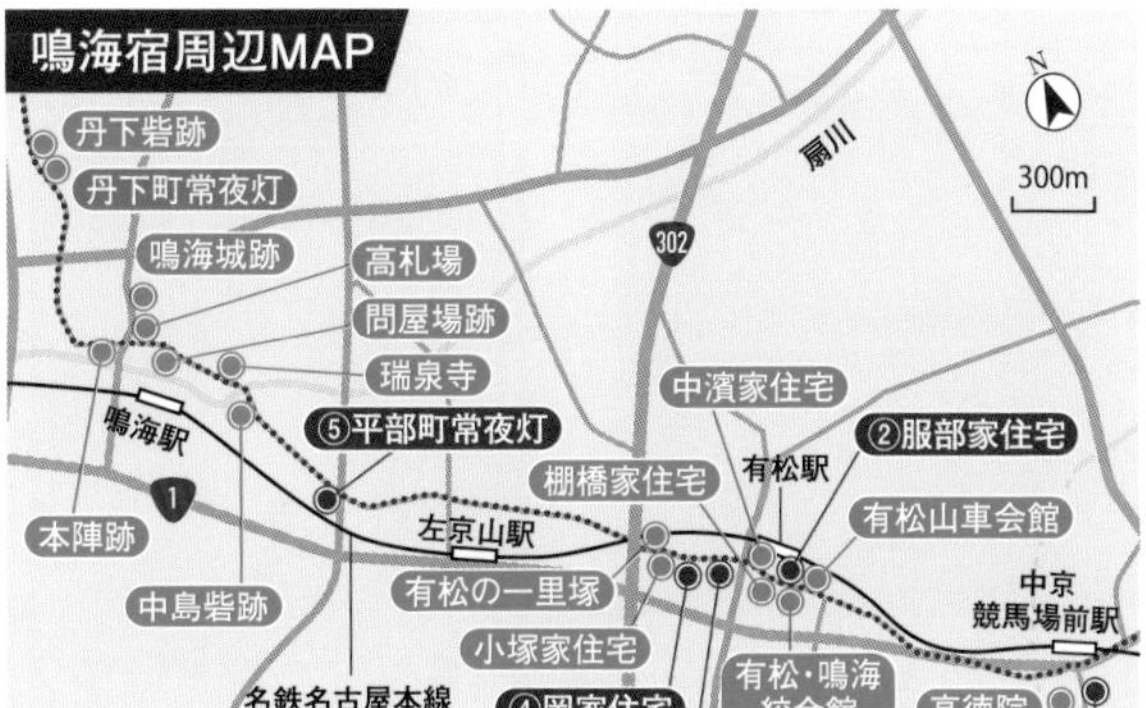

⑤平部町常夜灯
鳴海宿の東の入り口にある大型の常夜灯

海城跡もある。
宿の出口には入口と同じく丹下町常夜灯が建ち、往時の歴史を伝えている。

41

熱田宿

海の玄関口・宮の渡し場へ

熱田神宮からも程近い熱田宿は、東海道中で最大の旅籠数を誇った。次の桑名宿までは、海上7里の船旅となる。

宿データ

場所／愛知県名古屋市熱田区
戸数／2924
人口／10342
本陣／2
脇本陣／1
旅籠／248
距離／11町15間余
最寄り駅／名鉄神宮前駅

①笠寺一里塚
名古屋市内に唯一現存する一里塚。直径10m以上に拡大した円形塚には榎の巨木が残る。東海道に現存する一里塚では最も見応えがあるといわれる

現存の一里塚を越え熱田神宮に立ち寄り

鳴海宿を越えると、東海道は天白川を越えて熱田《あつた》宿へと伸びる。川を越えるとやがて見えてくるのは、名古屋市内に唯一現存する**①笠寺《かさでら》一里塚**。樹齢約400年の榎は東海道随一の大きさで、今もなお威容を誇っている。対であった一里塚には珍しい椋が植えられていたが、残念ながら現存しない。

その先にある**②笠覆寺《りゅうふくじ》(笠寺観音)**は、天平時代に小松寺として創建された古刹だ。藤原兼平がこの地を通った際、観音像を笠で覆って雨から守った娘と出会い、妻としたことから笠覆寺と名付けられたという。尾張四観音の一つで、梵鐘は、尾張三名鐘に数えられる。

熱田宿は宮《みや》宿ともいわれるが、これは**③熱田神宮**の門前町であったことに由来する。熱田神宮は三種の神器の一つ「草薙《くさなぎ》神剣」を祀る由緒ある神社で、6万坪の広大な境内を誇る。敷地内には本宮のほか28社が祀られ、弘法大師お手植えと伝わる樹齢1000年超の大楠が悠久の歴史を今に伝えている。

熱田神宮を堀川沿いに南に進むと、七里渡し跡が見えてくる。江戸期の旅人はここから次の桑名宿まで、海上7里(約28km)の船旅となった。熱田の渡し場は名古屋城下の玄関口として大きな役割を果たしていたため、現地には船番所・船会所などが設けられ、船の出入りなどを管理していた。現在、跡地は**④宮の渡し公園**として整備され、常夜灯や時の鐘などが再現されている。

舟は夕刻4時頃が最終便で、それ以

②笠覆寺(笠寺観音)
兼平と玉照姫の故事にちなみ縁結びや厄除けの観音として有名。新年や節分祭も多くの人で賑わう

③熱田神宮
6万坪の広さを誇る神社。境内には織田信長が奉納した瓦葺きの築地塀(信長塀)が立つ

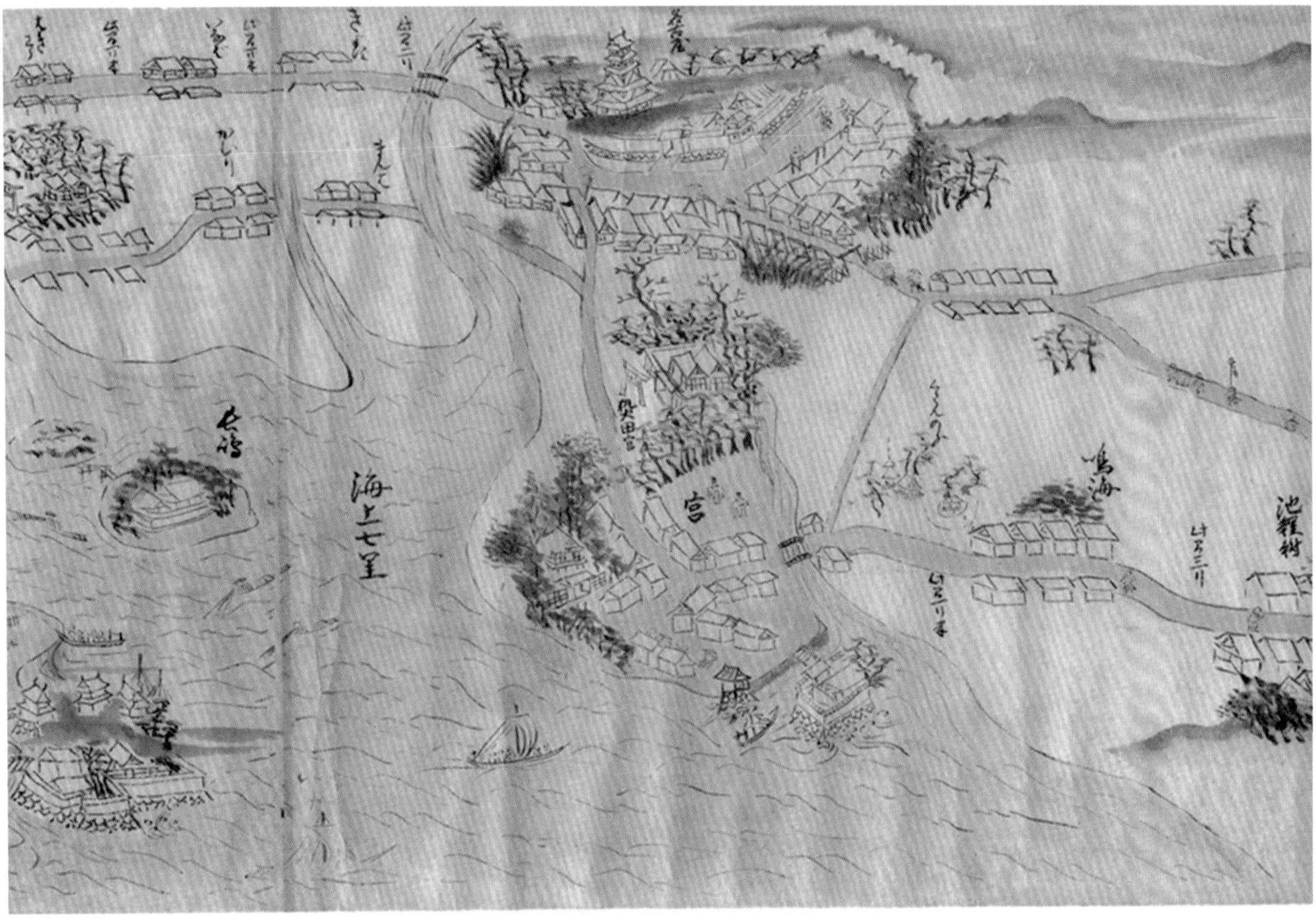

七里の渡し・東海道図 熱田区歴史資料館蔵
宮の渡し場を描いた絵図。桑名までの航路は潮の干満により内回り・外回りの2つのルートがあったという

⑤丹羽家住宅
宿に残る脇本陣跡。破風付きの玄関が格式の高さを物語っている

降に着く旅人は熱田宿泊を余儀なくされた。そのため、宿場には多くの旅籠があり、天保14年（1843）時点で248軒もあった。公園前の⑤**丹羽家住宅**は往時の名残が感じられる旧家で、元は「伊勢久」という脇本陣格の旅籠だった。

なお、桑名宿へは海路のほか、陸路で伊勢湾北岸を進む佐屋路《さやじ》もあり、途中、三里の渡しを経て桑名宿へ向かう。悪天候による欠航や船酔いに悩まされた旅人の中には、舟旅を避け、陸路を選ぶ人も多かった。

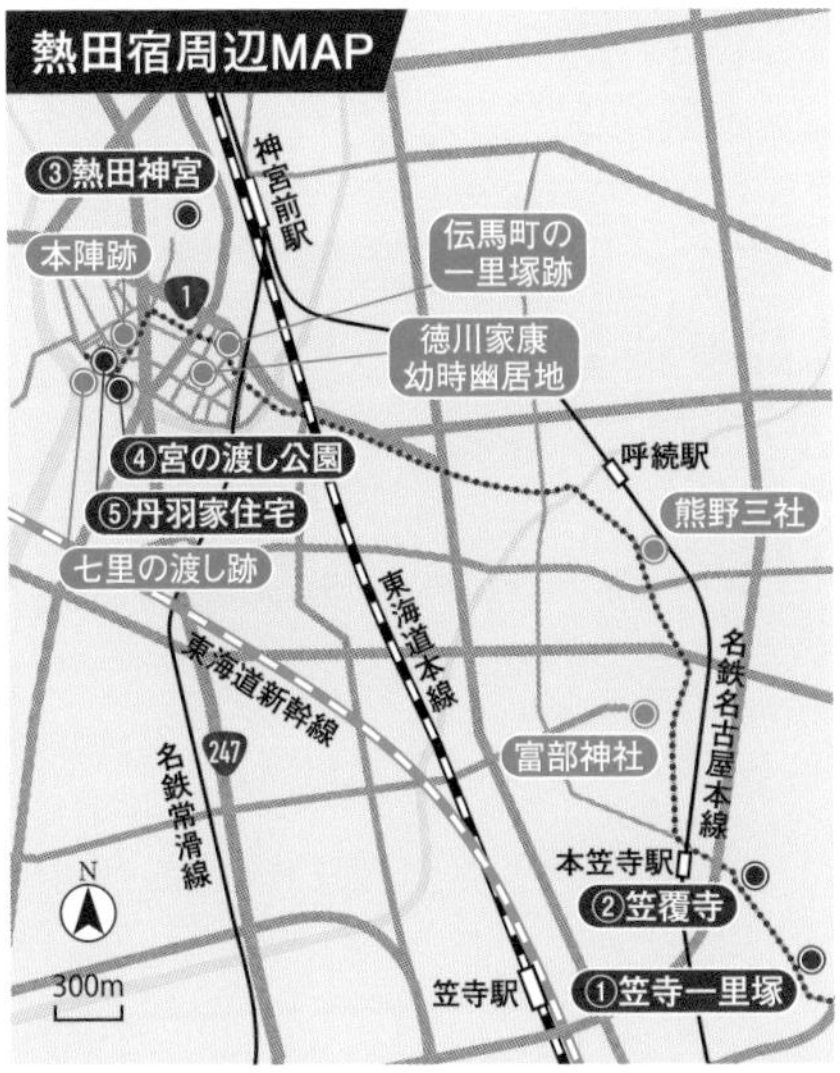

④宮の渡し公園
次宿の桑名までの海路を繋いだ船着き場跡。渡し船の目印となった常夜灯が再元されている

脇往還を行く②

佐屋路

七里の渡しを避け陸路と川舟で桑名湊へ

熱田宿（宮宿）～桑名宿は「七里の渡し」とも呼ばれたように、海上7里を帆船で渡る旅路で東海道の難所だった。

天候不順時には船酔いになる旅人も続出し、欠航も余儀なくされるため、陸路を選ぶ人も少なくなかった。そこで注目されたのが、佐屋《さや》宿まで行き、そこから小舟で佐屋川と木曽三川を横切るルート。維新期に明治天皇が京～江戸を一往復半した際も、すべて海路でなくこの佐屋路（佐屋街道）を利用した。

熱田宿から美濃路を名古屋宿方面に進むと、佐屋街道との追分が見えてくる。道中の宿は岩塚《いわつか》、万場《まんば》、神守《かもり》、佐屋の4宿。岩塚宿と万場宿は川を挟んで対面する位置にあり、交代で伝馬業務を行っていた。遺構はほとんど残らないが、万場側には渡船場だったことを思わせる雰囲気が感じられる。

神守宿には一里塚が現存する。一里塚の樹木には榎が使われることが多い中、当地には珍しい椋《むく》の木が立っている。また、当宿にある憶《おっ》感《かん》神社は仁寿3年（853）に官社となった由緒ある神社である。

最後の佐屋宿には「左　さや舟場道」と彫られた道標が残る。佐屋湊から桑名湊までは3里の川下りとなるが、海上とは異なるため大きな波もなく、小舟でも比較的安定した航路だったという。

また、佐屋宿には関所としての機能もあり、代官所が置かれた場所は、公園風に整備されている。明治天皇が3度利用した本陣跡には石碑が建立されているほか、門は付近の善定坊に移築され、現在も山門として使われている。

美濃路との追分にある道標

佐屋湊の渡船場跡

善定坊に移築された佐屋宿の本陣門

落ち着いた街並みの万場宿周辺

PART 4

七里の渡し～鈴鹿峠～追分

鈴鹿峠を控える関宿は、
江戸期の雰囲気が色濃く残る。
本陣建屋が残る草津宿は中山道との合流点。
琵琶湖南部の街道付近には歴史ある寺院や、
歌に詠まれた名所も多い。

42

旅人が行き交った港町

桑名宿

木曽三川の河口を望み、七里の渡しの客で賑わった桑名宿。東国からは、伊勢参りを目的とした旅人も多かったという。

宿データ

場所／三重県桑名市
戸数／2544
人口／8848
本陣／2
脇本陣／4
旅籠／120
距離／26町余
最寄り駅／JR桑名駅

①伊勢神宮一の鳥居
七里の渡しの船着き場に建つ、伊勢神宮の鳥居。東国からの旅人にとっては最初に通る鳥居となった

伊勢神宮の一の鳥居 モダンな邸宅&庭園も

桑名《くわな》宿は七里の渡しの上方渡船場で、熱田方面へ行き来する旅人で常にあふれかえっていた。佐屋路経由の旅人も舟を利用することから、渡船業務の煩雑さは熱田以上であったといわれる。

現在、七里の渡し場近くには、**①伊勢神宮一の鳥居**が建っている。江戸時代は伊勢参りが人気を博し、東国からも多くの参詣者が伊勢神宮へと足を運んだ。鳥居は元々、伊勢神宮の宇治橋にあったものを移築しており、20年に一度、式年遷宮の際にこの地に運ばれ、建て替えられる。

河口沿いには、再現された**②蟠龍櫓《ばんりゅうやぐら》**も建っている。広重の浮世絵に描かれた著名な櫓で、蟠龍（天に昇る前のうずくまった状態の龍）をかたどっていることからその名が付いたという。

③桑名城跡は現在公園で、園内には徳川四天王の一人・本多忠勝の像がある。忠勝は慶長6年（1601）に桑名藩藩主となり、城下の整備に着手した。城跡には水堀や石垣がところどころに残り、河口に築かれた海城の威容が垣間見える。また、宿内には枡形が各所に設けられ、不審者侵入に備えた跡も随所に見受けられる。

城跡の北にある**④六華苑**は地元の実業家二代諸戸清六の邸宅で、国の重要文化財。鹿鳴館を設計した英人建築家ジョサイア・コンドルが手掛けた洋館のほか、和館や池泉回遊式庭園もあり、和洋が調和した大正期ならではの建築物となっている。

隣接する諸戸氏庭園は国の名勝地に

指定されており、春と秋に一般公開されている。桑名藩の御用商人屋敷を初代諸戸清六が買い取り、邸宅などを増築した庭園で、春はツツジや藤、菖蒲、秋は紅葉などが目を楽しませてくれる。

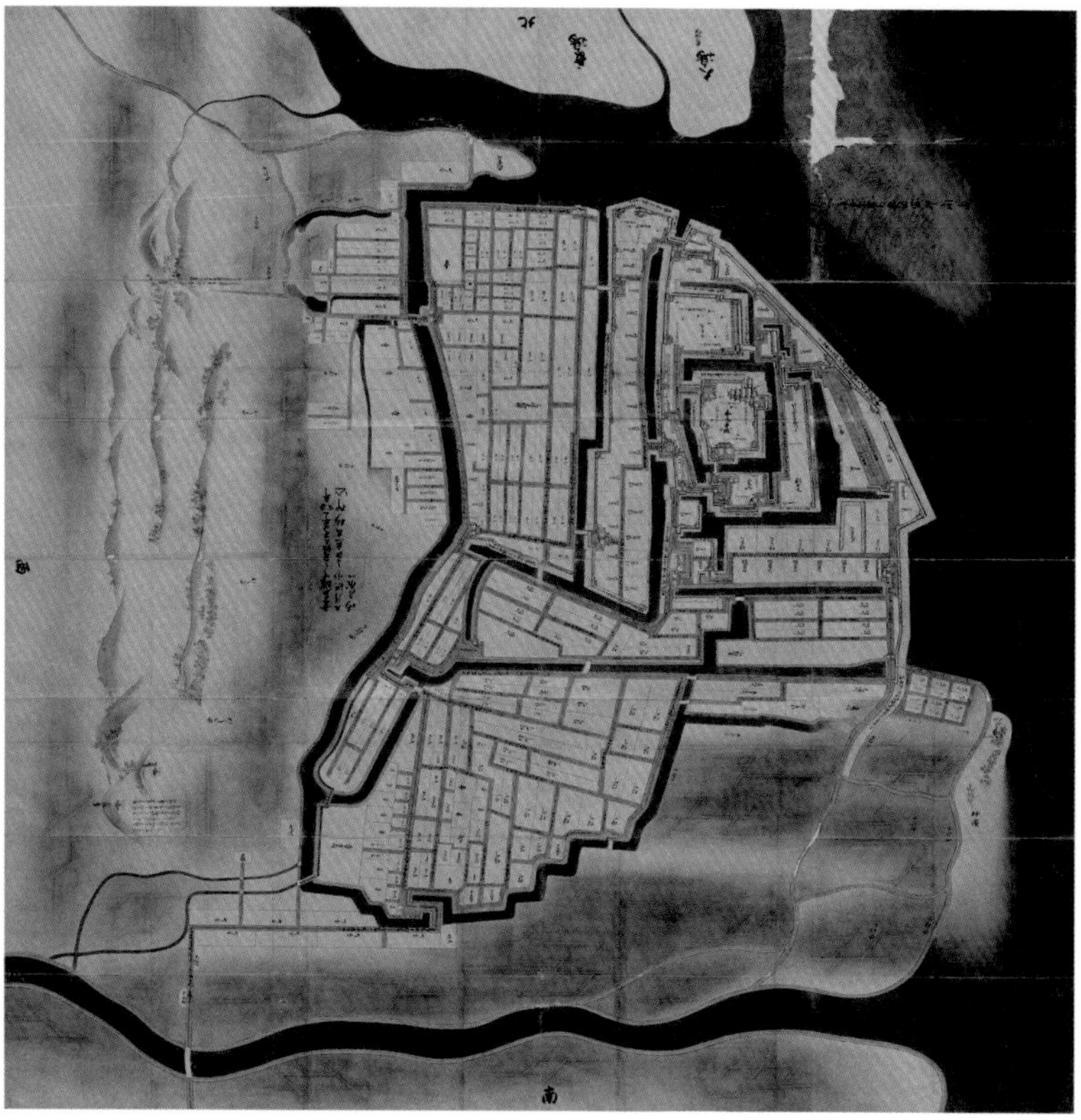

伊勢桑名城中之絵図 国立公文書館デジタルアーカイブ
正保元年(1644)に幕府が諸藩に命じて作成させた城下町の地図

④六華苑
二代諸戸清六の邸宅で、大正初期の和館・洋館が公開されている

名物 ハマグリ
伊勢湾と木曽三川に面した当地ならではの名物。市内の飲食店で味わえる

②蟠龍櫓
桑名城に建てられていた大型の櫓を再現。浮世絵にも度々描かれた、当地のシンボルだった

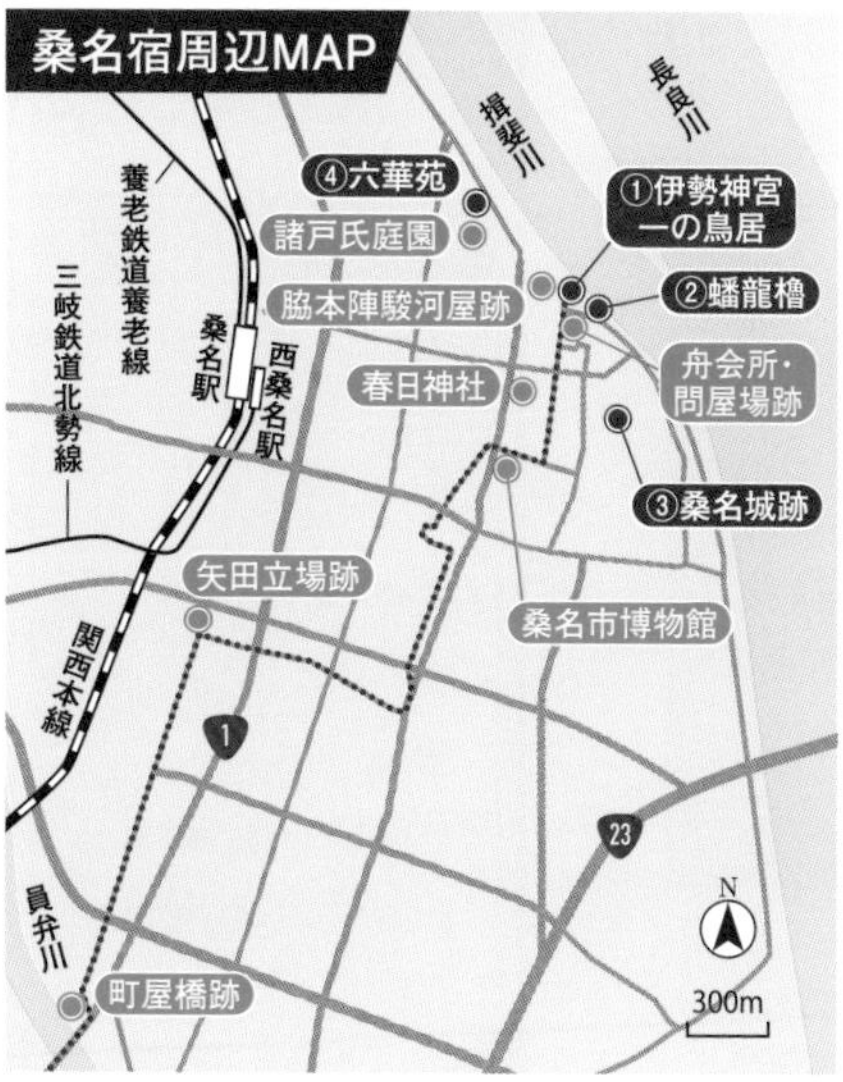

③桑名城跡
現在は九華公園として親しまれている城跡。藩主を務めた徳川家臣・本多忠勝の像が立つ

43

伊勢参りの旅人で賑わった

四日市宿

江戸や上方に向かう旅人に加え、伊勢神宮の参詣客で賑わった四日市宿。伊勢街道との分岐点・日永追分も、間の宿として大いに栄えた。

宿データ

場所／三重県四日市市
戸数／1811
人口／7114
本陣／2
脇本陣／1
旅籠／98
距離／6町20間余
最寄り駅／近鉄四日市駅

名物

①なが餅笹井屋
天文19年創業の老舗。「日永」の地名にちなんで名づけられた「なが餅」で知られる

諏訪神社に参拝 清水が湧く日永追分へ

四日市《よっかいち》はその名の通り、4の日に市が立った街で、周辺からの客で賑わったという。熱田宿から海上10里を直接船で結び、十里の渡しとして人気を博したこともあったが、客を奪われた桑名宿の猛反対によって中止された。家康の側近から下付された伝馬之定には、継立区間が明示されており、十里の渡しはこれに反するものであった。

四日市宿は京・大坂に向かう人と、伊勢参りに行く人、いずれもが立ち寄る宿駅として賑わった。近年は工業地帯として発展したため宿場の面影は少なくなったが、東海道は往時の道幅が維持され、旧街道の趣が感じられる。

桑名方面から三滝橋を渡ると、**①なが餅笹井屋**がある。創業天文19年（1550）の老舗で、平らで細長い餅に餡を包んだ「なが餅」は足軽時代の藤堂高虎からも「武運の長き餅を食うは幸先よし」と喜ばれたと伝わる名物だ。

東海道を南進すると、曲がり角に「すぐ江戸道」と彫られた**②手差しの道標**が立っている。文化7年（1810）の石柱だが、一般的な道標は方角や町名が記されることが多く、このように文言が刻まれているのは珍しく、どこかユーモラスである。

国道1号線を越えると、アーケード街に到るが、その手前には**③諏訪神社**がある。建仁2年（1202）に信州・諏訪大社から勧請された神社で、長きにわたり地元の人々や旅人の信仰を集める古社である。

この先、東海道は南へと続き、伊勢街道との分岐点である日永《ひなが》追分へと至る。日永追分は東海道でも最大級の追分で、往時は多数の茶屋が並ぶ間の宿として栄えた。大量の清水が湧き出る場所もあり、今なお多くの人が水を求めて訪れる。東海道はこの追分を右手に進むが、伊勢へ向かうには左手へ向かうため賑わいも半減し、亀山宿までは静かな街道筋となる。

②手差しの道標
東海道の脇に立つ「すぐ江戸道」「すぐ京いせ道」と彫られた道標

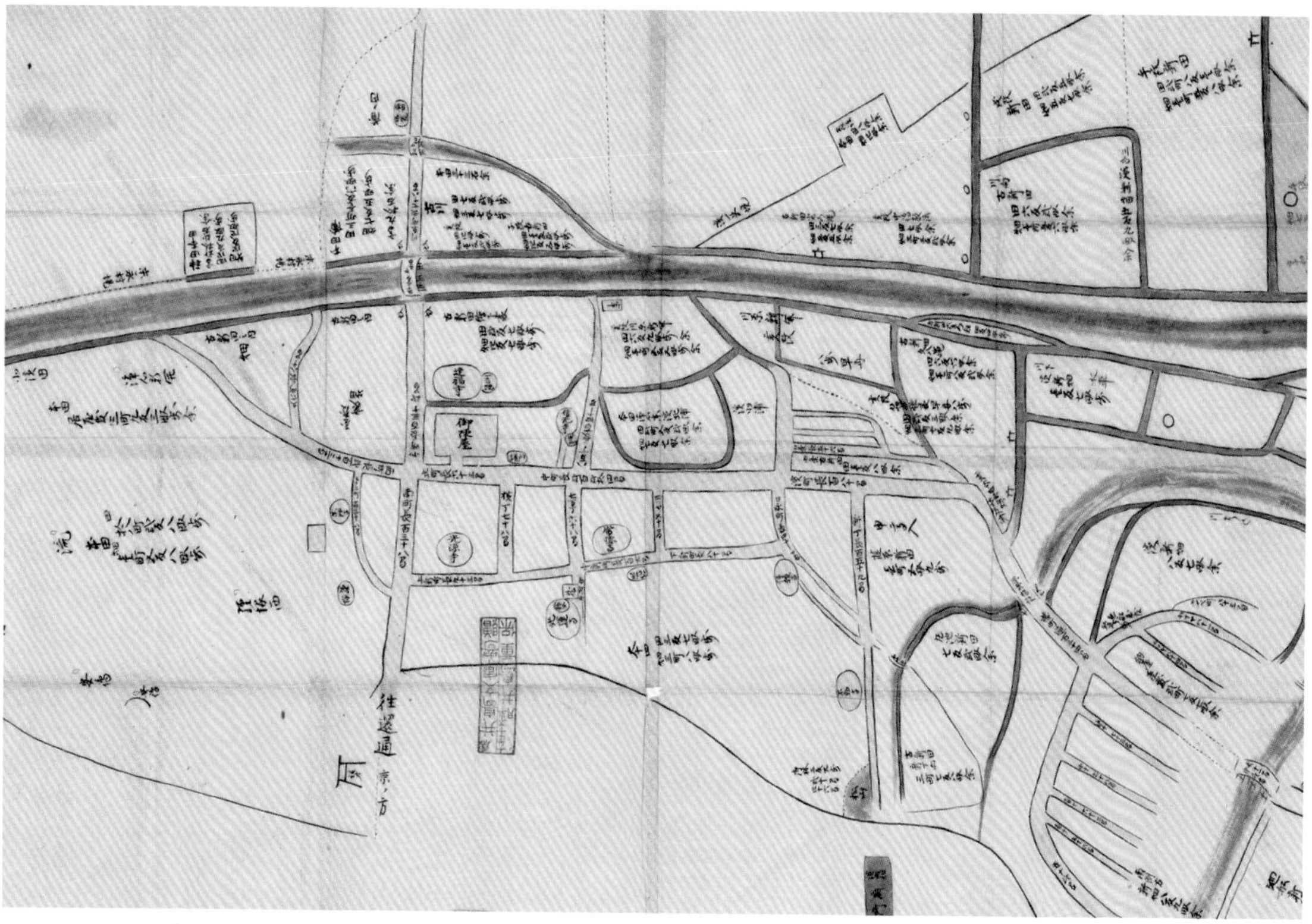

四日市町絵図（部分） 四日市市立博物館蔵
江戸時代の四日市宿周辺の地図。
天領時代の四日市には陣屋が置かれ、
幕府直轄支配の拠点となった

③諏訪神社
鎌倉時代に創建された神社。街道沿いにあり多くの参拝者で賑わった。この先、東海道はアーケード商店街の中に続いていく

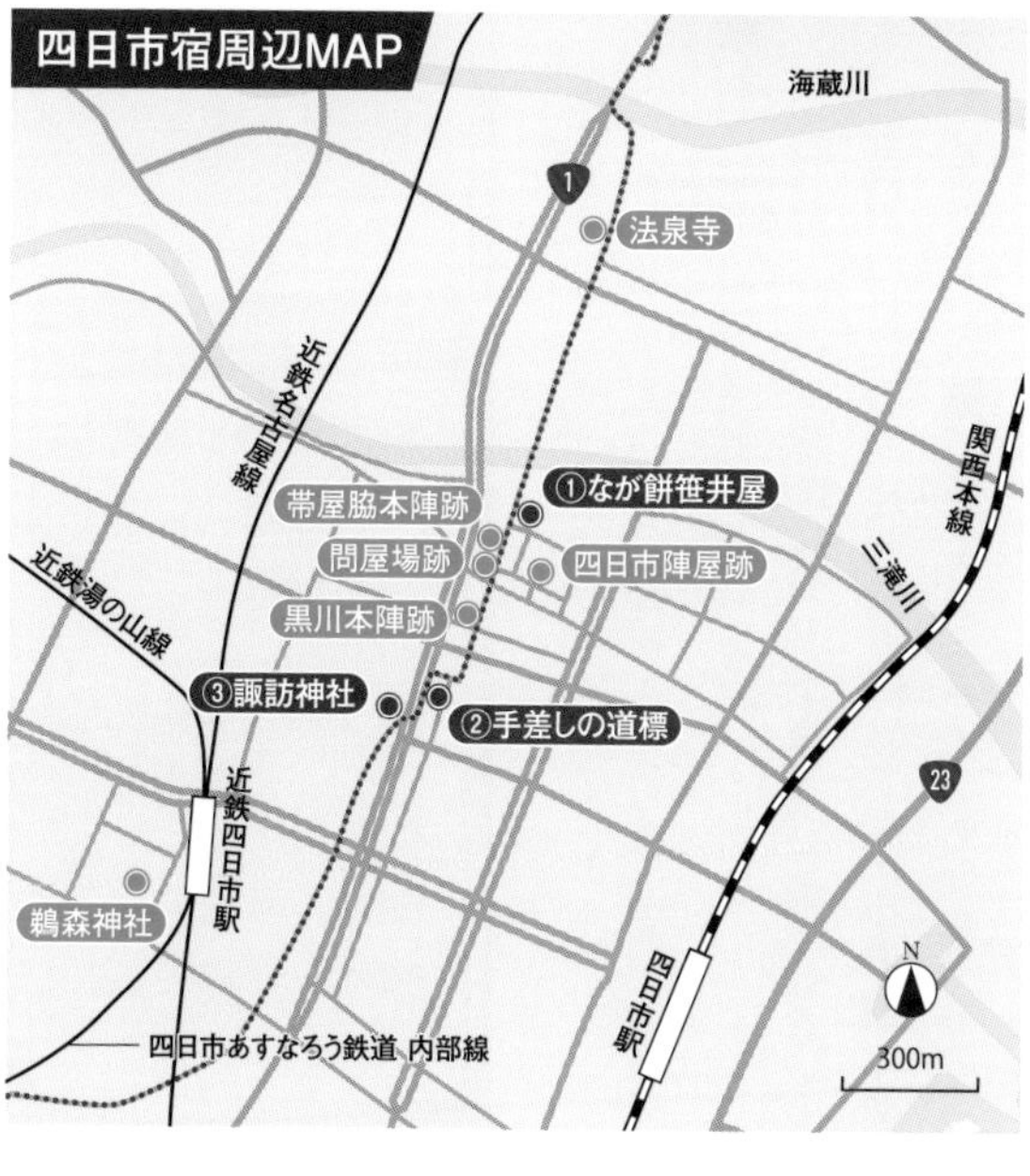

四日市・石薬師間の史跡

日永追分

東海道と伊勢街道の分岐点。多くの茶屋が並び、伊勢神宮の二の鳥居が旅人を出迎える様子は浮世絵にも盛んに描かれた。現在は常夜灯や道標などが建ち、往時の賑わいを伝えている。

44

静かで落ち着いた雰囲気が漂う

石薬師宿

石薬師宿の中心には、宿名にちなんだ古刹・石薬師寺が建つ。宿の歴史を伝える本陣には、大名が遺した貴重な品々が残る。

宿データ

場所／三重県鈴鹿市
戸数／241
人口／991
本陣／3
脇本陣／0
旅籠／15
距離／9町42間
最寄り駅／近鉄平田町駅→三重交通バス「石薬師」

東海道分間延絵図 三重県総合博物館蔵
石薬師宿から次の庄野宿まではわずか約2.7kmの距離しかなく、いずれも小規模な宿場だった

風情が残る本陣跡 佐佐木信綱の生家も

東海道で宿駅伝馬制が始まった当初、四日市宿から亀山宿の間に宿駅は置かれていなかった。この区間は田園地帯で人口が少なく、伊勢神宮に向かう人は別道を通るためだ。しかし、距離が長かったため、しばらくすると幕府は宿駅を設ける方針に転じ、石薬師《いしやくし》と庄野に伝馬業務を促した。だが、両宿とも気が進まず、準備は難航したという。

元和2年（1616）、まず石薬師が宿駅となった。旅籠の数は幕末の天保14年時点でわずか15軒という小宿である。東海道の宿駅は伝馬業務を滞りなく行うため、人足100人・馬100疋が義務付けられたが、客数の少ない石薬師は基準を満たせず、幕末には35人・40疋に軽減されるなど、異例な歴史を持つ宿駅である。

宿内に目立った遺構は多くはないものの、松本陣と呼ばれた①**小澤家本陣跡**には、大名らが遺した関札や藩の名産品が残されている。これらは宿泊の謝礼として当家に贈られたもので、参勤交代で通過する大名の計算も感じられる。

また、宿内には第1回文化勲章を受賞した歌人②**佐佐木信綱の生家**があり、記念館として公開されている。「卯の花の……」で始まる唱歌「夏は来ぬ」を作詞した信綱の家らしく、玄関脇には卯の花が植えられ、懐かしいメロディーを思い出させてくれる。

その先にあるのは、神亀3年（726）に創建された③**石薬師寺**だ。弘仁3年（812）に弘法大師が巨石に薬師如来を刻んで開眼法要を行ったと伝わる歴史ある寺院である。その先には源頼朝の弟・蒲冠者範頼を祀る御曹司社があり、春になると近くの巨桜④**蒲桜**が道行く人の目を楽しませている。

①小澤家本陣跡

建屋は明治に建て替えられたものだが、参勤交代時の記録等が数多く残る（見学は要予約）

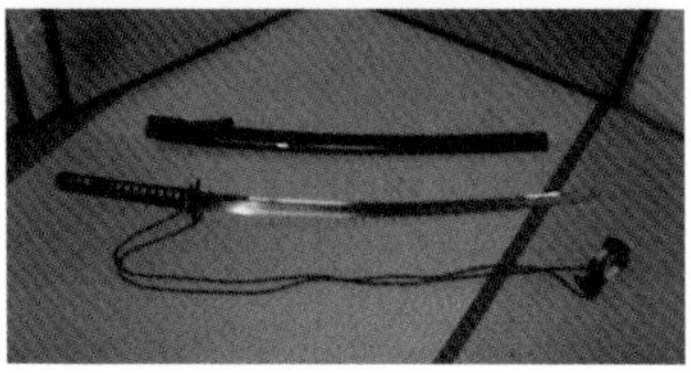

細川家が小澤家に贈った土産用の刀

④蒲桜

源範頼が石薬師寺に戦勝祈願した際、鞭にしていた桜の枝を地に挿したものが育ったと伝わる

②佐佐木信綱の生家

歌人であり国文学者の佐佐木信綱の生誕地。功績を紹介する記念館も併設されている

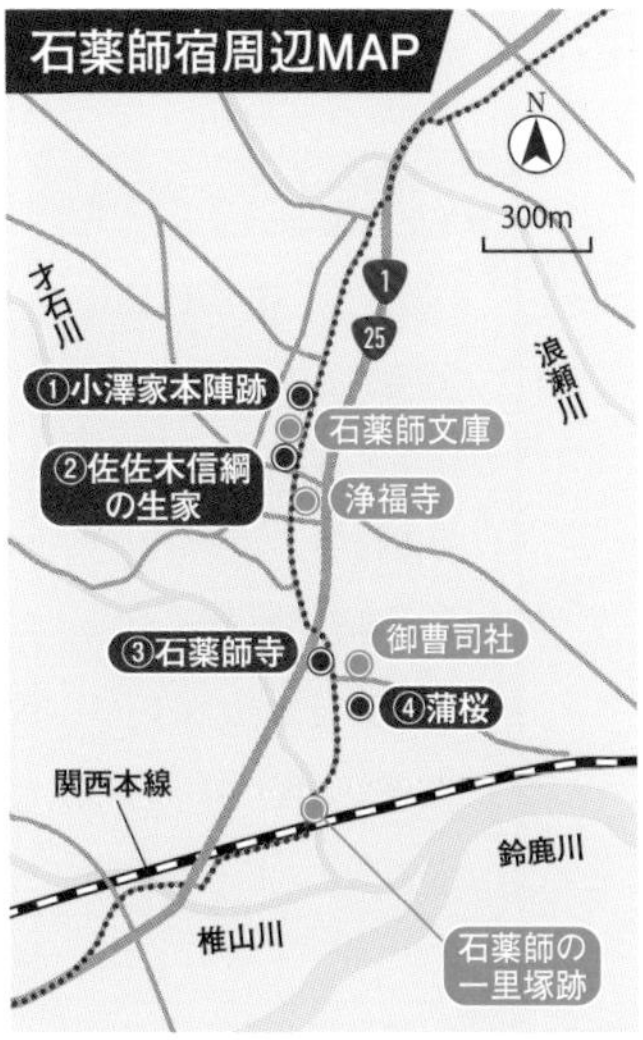

③石薬師寺

広重の浮世絵にも寺の山門が描かれている

45

庄野宿

ひっそりとした街並みを抜けて

庄野宿は東海道57次中、最も遅く伝馬業務の指定を受けた宿駅。宿内に残る旧家には、問屋場の資料が展示されている。

宿データ

場所／三重県鈴鹿市
戸数／211
人口／855
本陣／1
脇本陣／1
旅籠／15
距離／8町
最寄り駅／JR加佐登駅

①庄野宿資料館
旧小林家の主屋の一部を創建当時の姿に復元して公開。文書資料や民具などを展示している

小林家を改修した庄野宿資料館

庄野《しょうの》宿は寛永元年（1624）、3代将軍家光の時代に置かれた宿駅である。幕府は四日市宿～亀山宿の間に新たな継立場を設けようと、石薬師と庄野に働きかけた。結果的に二宿を認めることとなり、両宿の距離はわずか25町（約2・7㎞）と東海道では御油宿～赤坂宿に次いで短い距離となった。

庄野宿が置かれたことで、東海道は江戸～京の53次、江戸～大坂間の57次の継立が完成。少ない旅人を二つの宿で取り合うことになったため、両宿ともに経営状況は厳しく、庄野宿の人口は幕末時点で855人、旅籠15軒と小規模であった。

現在、宿内には旧家を改修・復元した**①庄野宿資料館**がある。元は油問屋を営んでいた小林家の建物で、館内には宿で使用されていた高札や本陣・問屋場の文書（市指定有形文化財）などが展示されている。特に高札は長年、風雪に耐えてきたもので、時の流れが感じられる貴重な文化財。その先にある**②川俣神社**には高さ約14ｍ、推定樹齢300年というブナ科のスダジイの巨木が残っている。

②川俣神社
境内にそびえるスダジイは、幹回り約5mの巨木で県の天然記念物に指定されている

庄野宿周辺MAP

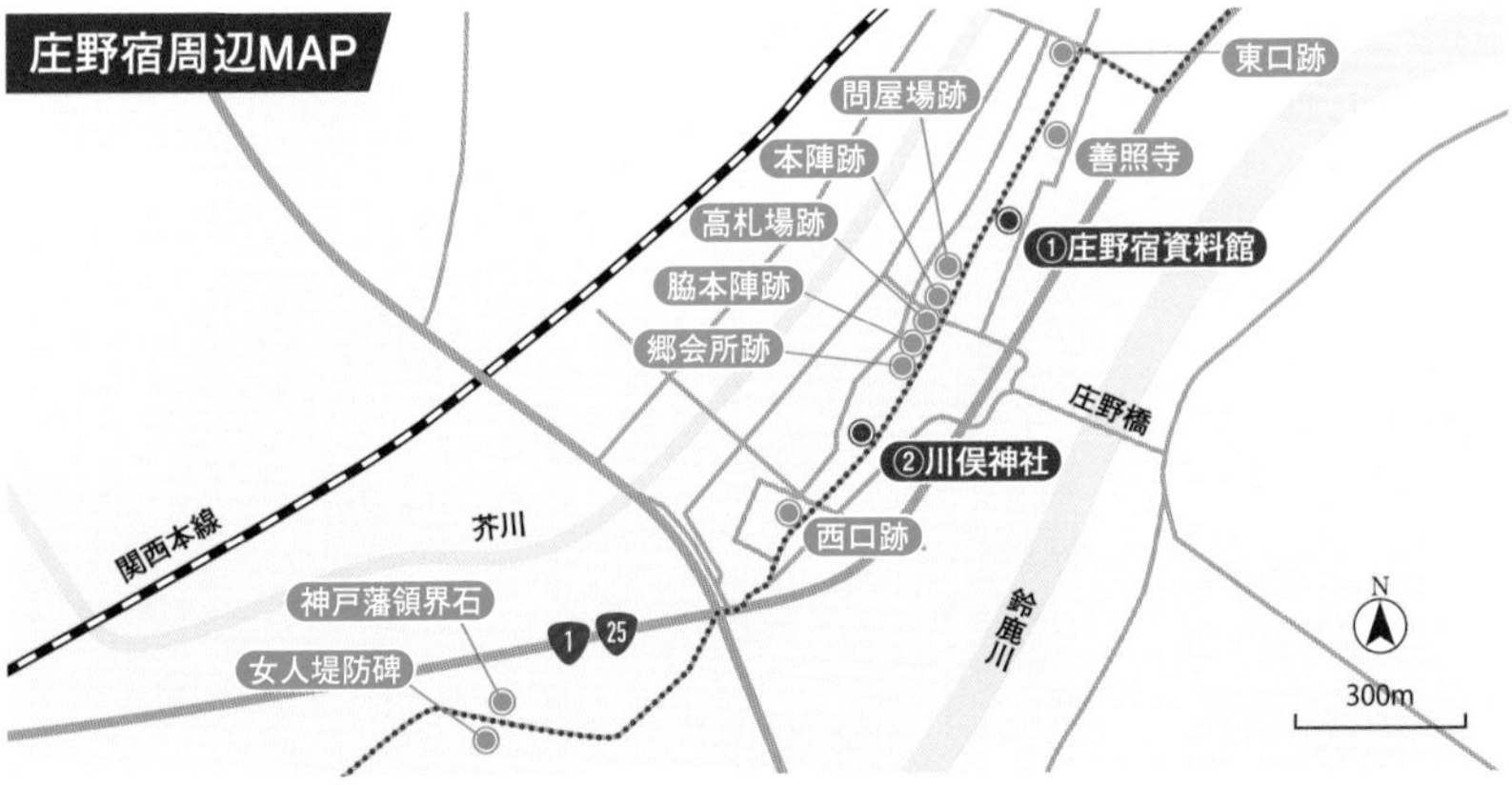

Column
— コラム —

文化財の種類

東海道の宿場には建物や美術工芸品など、今も数多くの貴重な文化財が残されている。

国宝

文化財保護法により国として指定した有形文化財（重要文化財）のうち、世界文化の見地から「類なく価値があり、国民の宝」として文部科学大臣が指定するもの。建造物の他、絵画、彫刻、工芸品、古文書、歴史資料なども含まれる。東海道関連では三嶋大社の「北条政子が奉納した梅蒔絵手箱」、石清水八幡宮（本殿など）などがある。

重要文化財

歴史、芸術、学術的に価値が高いとして、文部科学大臣が指定する文化財。一般的に「重文」と略称される。また地方自治体が「市指定重要文化財」「県指定重要文化財」として指定する文化財もあるが、重要文化財という場合は文部科学大臣指定に限られる。東海道の宿場や間の宿関連では掛川城御殿、小休本陣大角家（間の宿・六地蔵）、石清水八幡宮御縁起などがある。

国登録有形文化財

1996年の文化財保護法改正により、重要文化財指定制度を補うものとして設けられた制度。都市化や生活変化が進む中で、取り壊されるのを防ぐ目的が大きい。東海道沿線にも多いが、一カ所に集中する例としては蒲原宿の8件が知られる。

［国宝］三嶋大社（三嶋宿）に奉納された梅蒔絵手箱（写真は復元品）

［国宝］石清水八幡宮の本殿（淀宿）

［重要文化財］現存する掛川城の二ノ丸御殿（掛川宿）

［重要文化財］小休本陣大角家の屋敷や庭園（間の宿・六地蔵）

［国登録有形文化財］蒲原宿に残る旅籠・和泉屋、旧五十嵐邸、志田邸（東海道町民生活歴史館）など貴重な建築群

46

武家屋敷が残る城下町を行く

亀山宿

現存する多門櫓や武家屋敷など、街道沿いに見どころが多い亀山宿。宿の西には、樹齢400年を誇る椋の一里塚も残っている。

宿データ

場所／三重県亀山市
戸数／567
人口／1549
本陣／1
脇本陣／1
旅籠／21
距離／21町59間
最寄り駅／JR亀山駅

①亀山城跡
多門櫓は三重県に唯一現存する城郭建造物。平成の大修理によって江戸時代後半の姿に復元され、内部も見学できる

街道に残る旧建築 復元の長屋門も見学

亀山《かめやま》宿は6万石の大名・石川氏の城下町を兼ねたことから、全長2・3㎞に及ぶ比較的大きな宿駅である。宿中心部には①**亀山城跡**があり、堅牢な石垣のほか、多門櫓が現存する。櫓が建つ場所には当初、天守が築かれていたが、幕府から丹波亀山城の天守破却を命じられた堀尾忠晴が、伊勢亀山城と勘違いして天守を解体してしまい、代わりに櫓が建てられたという逸話が残っている。

多門櫓とは城壁の上に築かれた長屋式の櫓を指すが、通常は本丸や二ノ丸を囲むように築かれるものであり、天守の代用として建てられるのは珍しい。明治以降、黒い板壁となっていたが、平成期の修復を経て白い漆喰の大壁となり、江戸時代に建てられた当時の姿となった。櫓の内部は見学可能。城跡の北には亀山市歴史博物館があり、亀山の歴史や文化について詳しく伝えている。

東海道は城の南を東西に走り、街道沿いには旧建築が残されている。②**旧舘家住宅**は明治6年（1873）建造の呉服商・枡屋で、市の指定文化財。付近には亀山藩の家老であった③**加藤家屋敷**も建っている。復元された長屋門には、男部屋、若党部屋、物見、厩の4室が備わり、江戸期の高級武家屋敷の門構えや内部の様子を伝えている。

亀山宿京口門跡を出てしばらく歩くと、右手に④**野村一里塚**が残る。塚には樹齢400年といわれる椋《むく》の木が植えられているが、通常、一里塚には榎を植えることが多いため、椋は珍しく貴重。盛り上げられた土も比較的残されており、国の史跡に指定されている。

②旧舘家住宅
幕末から大正にかけて呉服商を営んだ枡屋の跡。宿場を代表する商家建築の一つ

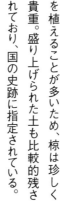

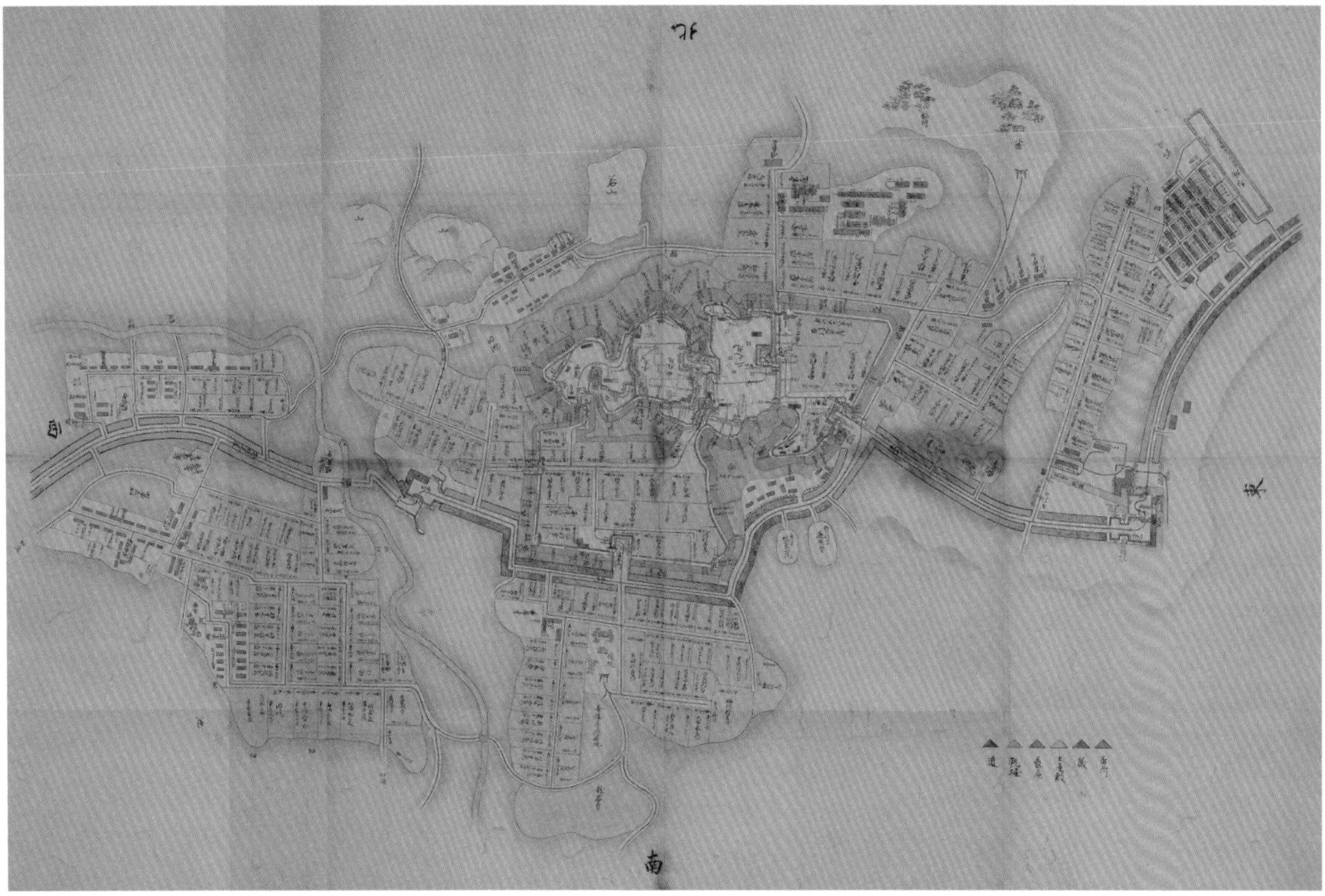

勢州亀山惣絵図 亀山市歴史博物館蔵
亀山城を取り囲むように侍屋敷（黄色）が配され、東西に東海道（赤色）が伸びる

③加藤家屋敷
亀山藩主石川家の家老を代々務めた加藤家の屋敷跡。長屋門、土蔵、母屋の一部などが残されている

亀山宿周辺MAP

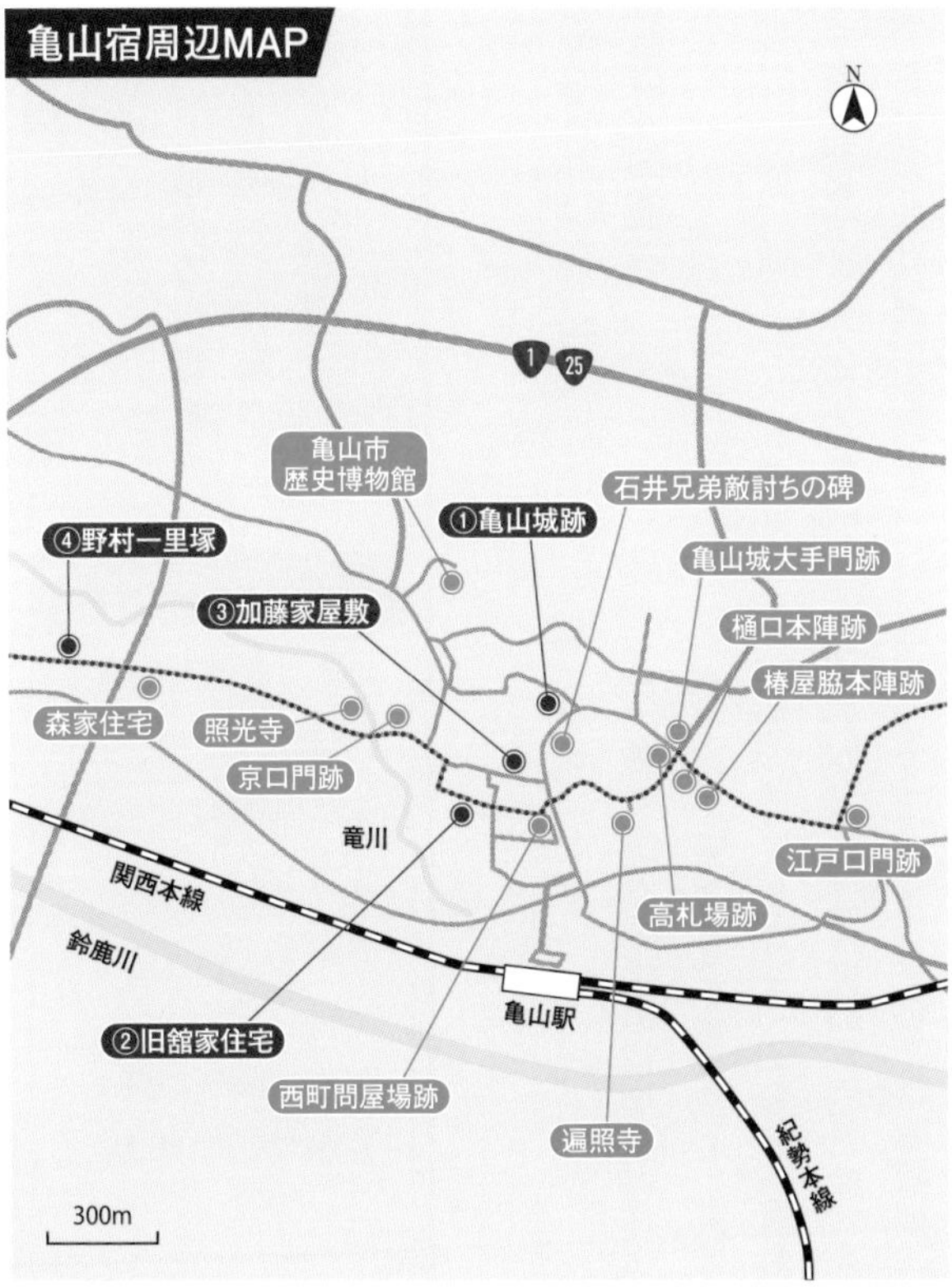

④野村一里塚
宿の西に現存する一里塚。樹齢400年の椋の木がそびえる

47

関宿

江戸期の面影が色濃く残る

関宿は東海道57次の中で、最も往時の面影が感じられる宿場町。街道沿いには昔ながらの長屋建築が、ひしめくように建ち並んでいる。

宿データ

場所／三重県亀山市
戸数／632
人口／1942
本陣／2
脇本陣／2
旅籠／42
距離／15町13間
最寄り駅／JR関駅

関宿の町並み　江戸期の雰囲気を残す建物が続き、今も多くの人々が訪れる

東海道随一の風情ある街並み

関《せき》宿の「関」は古代に置かれた「鈴鹿関」に由来する。鈴鹿関は、不破関（美濃）、愛発《あらち》関（越前）と並び、畿内を守るために設けられた古代三関の一つで、奈良時代の終わり頃に廃止されている。近年の調査により、関の西端の築地塀が確認されたが、詳しい位置は解明されていない。いずれにしても東西をつなぐ要衝として歴代の有力者たちに重視された地であった。

ただ、江戸を守るにはやや離れていることから、徳川幕府は関所を置かず、宿駅として継立業務に専念させた。宿場には今もなお、昔ながらの風情ある建物が２００戸ほど現存し、そのうちの約７割が江戸時代の様式を持つ建築物である。

明治維新以降、全国の宿場は近代化によってその姿を大きく変えたが、関宿は開発の波に飲まれることなく、東海道において最も江戸期の雰囲気を伝える町となっている。今日では昭和期に「重要伝統的建造物群保存地区」「日本の道百選」に選定されたほか、平成期には「歴史国道」にも選ばれ、散策を楽しみながら歴史を学べる格好の町となっている。

江戸方面から宿へと進んでいくと、① **伊勢神宮一の鳥居**が見えてくる。桑名にも類似の鳥居があったが、関宿は京・大坂方面から来る旅人にとって、伊勢神宮参りが始まることを示す鳥居となっている。

関宿は東西に長い宿場だが、東端から中央部までは民家が続き、商業施設

宿場に見られる江戸建築の工夫

雨水による腐食を防ぐ「幕板」（ひさしの下）

牛馬を繋ぎ止めておく「馬つなぎ輪」

折りたたんで使える縁台の「ばったり」

板戸を上げ下げして開閉する「摺り上げ戸」

①伊勢神宮一の鳥居

宿の東端に建つ鳥居。大坂方面からの旅人とっては、ここからが伊勢参りの始まり

③延命寺

川北本陣の門が現存。貴人を迎えた本陣門の風格を今に伝えている

もほとんどない静かな住宅街である。家々には雨よけのための幕板や防火用の虫籠窓・塗り壁をはじめ、牛馬のつなぎ輪、荷置きも兼ねた「ばったり」、豪勢な破風など、江戸期建築ならではの様式を随所に見ることができる。

宿中心部には江戸時代末期の町屋建築を活用した**②関まちなみ資料館**がある。蔀戸《しとみど》や大戸・潜戸《くぐりど》が残るほか、館内には帳場や銭箱、箱階段などが展示され、当時の人々の生活や生業の様子がよく分かる。

なお、この付近にあった川北本陣の門は、街道の北ある**③延命寺**に移築され、現在も山門として活用されている。

②関まちなみ資料館

町屋で使用された道具や設備などを展示。関宿全体を紹介するコーナーもある

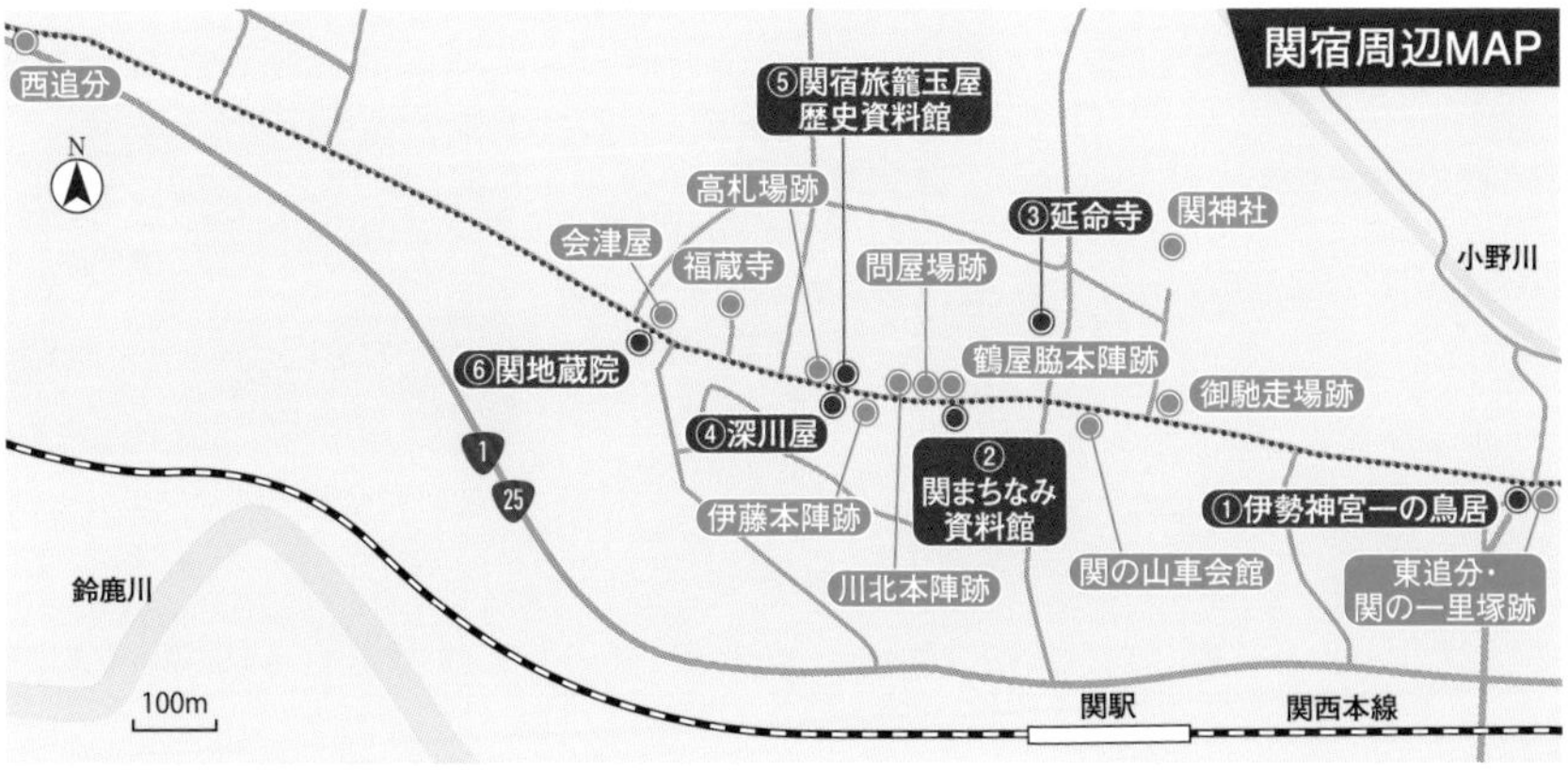

銘菓「関の戸」を味わい貴人も泊まった旅籠へ

街道には土産店や飲食店などが立ち並んでいるが、その中でひときわ大きな看板を掲げているのが、**④深川《ふかわ》屋《や》**である。寛永年間に考案された餅菓子「関の戸」を製造・販売する製菓店で、看板の両面には商品名が記されている。この看板は江戸方面に向かっては漢字のみ、京方面に向かってはかな入りで書かれているが、これは旅人が方向を間違えないようにするための配慮といわれている。

向かいにある**⑤関宿旅籠玉屋歴史資料館**も江戸期の旅籠を修復した施設で、館内には当時使われた食器や旅の持ち物、広重の浮世絵などが展示されている。玉屋は関宿を代表する旅籠の一つで、「関で泊まるなら鶴屋か玉屋」と詠われたほどだった。高貴な人物が泊まった離れからは庭園が望め、江戸期に栄えた旅籠の様子を今に伝える。

街道を西へ進むと左手が大きく開け、**⑥関地蔵院**が見えてくる。天平13年(741)に僧・行基が創建した古刹で、本堂、愛染堂、鐘楼は国の重要文化財に指定されている寺院だ。本堂は元禄13年(1700)に五代将軍・綱吉が音頭をとって再建資金を集めたといわれ、堂内には日本最古の地蔵菩薩が本尊として祀られている。家康が発した伝馬朱印状の宛先もこの地蔵院宛になっていることから、同寺は当地区を治めていた中心的存在と考えられている。

④深川屋
寛永年間に考案された餅菓子「関の戸」を販売。屋根付きの看板は西側が漢字のみ、東側がかな入りで書かれている

名物

関の戸
赤小豆のこし餡を求肥餅で包んだ和菓子で、関宿を代表する銘菓

⑥関地蔵院
関宿の西に位置する古刹で、本尊は日本最古の地蔵菩薩。一休禅師とのゆかりも深い

⑤関宿旅籠玉屋歴史資料館
江戸期の旅籠を修復した資料館。店の間や客室、離れ、土蔵など江戸期の旅籠の様子が再現されている

ミニ知識

物事の限界を示すときに使われる「関の山」という言葉。これは関宿の東海道の幅が狭く、祭りで曳き回す祭台車(山車=やま)の大きさに限度があったことが由来といわれている。

Column
コラム

国が選定した歴史的街道

東海道の宿場の中には「日本遺産」や「歴史国道」など、国が選定した重要区間に選ばれている宿もある。各制度の特性を知れば、街道遺跡の歴史的価値をより深く知ることができるだろう。

重要伝統的建造物群保存地区

文化財保護法に規定された文化財の中でも、特に価値が高いものとして文部科学大臣が選定した地区のこと。略して「重伝建地区」「重伝建」とも呼ばれる。文化財である建造物を単体でなく、群(面)で保存する制度で、建物のみならず土塀、石垣、灯篭等の工作物や庭園、樹木、生垣などの環境物も特定して保存している。2023年12月時点の認定数は127地区で、東海道では関宿(三重県)、間の宿・有松(愛知県)が指定されている。

歴史国道

建設省(当時)が平成7、8年に選定した区間。過去において重要幹線道として利用され、今日でも歴史・文化的価値が高く、将来にわたって地域活性化に資する街道を対象に選定された。北は北海道赤松街道から南は沖縄の名護付近まで、全国で24地区を選定しており、東海道は間の宿・岩渕～蒲原宿～由比宿(静岡県)、藤川宿(愛知県)、関宿(三重県)の3地区が認定された。

日本遺産

日本の文化遺産保護制度の一つ。地域の歴史的魅力や特色を通じて、日本の文化・伝統を語る「ストーリー」を対象に、文化庁が「日本遺産(Japan heritage)」として認定する。地域に点在する遺産を面として活用・発信し、地域活性化を図るのが目的。2024年現在、104件が認定されている。東海道では「箱根八里(小田原宿～箱根宿～三嶋宿)」「日本初の旅ブームを起こした弥次さん喜多さん、駿州の旅(蒲原宿～由比宿～興津宿～江尻宿～府中宿～丸子宿～岡部宿～藤枝宿)」「江戸時代の情緒に触れる絞りの産地(間の宿・有松)」が認定されている。

伝統的な建築物が多く残る関宿

日本遺産に認定されている「箱根八里」の石畳

商家建築が建ち並ぶ間の宿・有松

48

坂下宿

国境の難所・鈴鹿峠を越える

本陣門が残る坂下宿を抜け、伊勢と近江を隔てる鈴鹿峠へ。大きくうねる峠道は、東海道三大難所の一つに数えられた。

①法安寺
庫裡玄関は松屋本陣の玄関が移築されたもので、宿に残る唯一の本陣遺構

②鏡石
鈴鹿峠の頂上にある巨岩。表面が青黒色の光沢を帯びていることから名づけられた

カーブが続く山道 巨大な常夜灯も

坂下宿《さかのした》は東海道57次の中で最も小さな宿。天保14年の東海道宿村大概帳によると人口はわずか564人で、総戸数153のうち、およそ三分の一が休泊施設であることからも、難所・鈴鹿峠を控えた継立場として急遽置かれたものと理解できる。

坂下宿の「坂」は鈴鹿峠への坂道を意味しており、当初は峠の麓に置かれたが、慶安3年（1650）の洪水によって現在の位置に移転した。宿内にある①**法安寺**には人目を引く立派な庫裏《くり》玄関があるが、これは松屋本陣の玄関が移築されたもの。小規模宿場とはいえ、高貴な人が休泊する本陣ともなると、豪華な玄関を備えたことが分かる貴重な遺構である。

坂下宿を出ると、いよいよ鈴鹿峠へ差し掛かる。峠は伊勢と近江の国境で、「八町二十七曲り」と呼ばれるカーブが連続する山道は東海道三大難所の一つに数えられる。標高は海抜378mで箱根峠の半分以下だが、雨が多い地域でもあるため、旅人にとって苦労の多い道のりだった。

峠道は仁和2年（886）に開通。当時は「阿須波道」と呼ばれ、伊勢と近江をつなぐ官道として栄えた。かつては盗賊や雲助といった輩も出没し、現地には坂上田村麻呂が山賊を捕えたという逸話が残る。一方、西行法師や松尾芭蕉などの歌人・俳人もこの地を題材にした歌や句を残しており、山旅の風情を感じさせる道でもある。

峠の手前には②**鏡石**と呼ばれる岩が

宿データ

場所／三重県亀山市
戸数／153
人口／564
本陣／3
脇本陣／1
旅籠／48
距離／5町56間
最寄り駅／JR関駅→コミュニティバス「伊勢坂下」

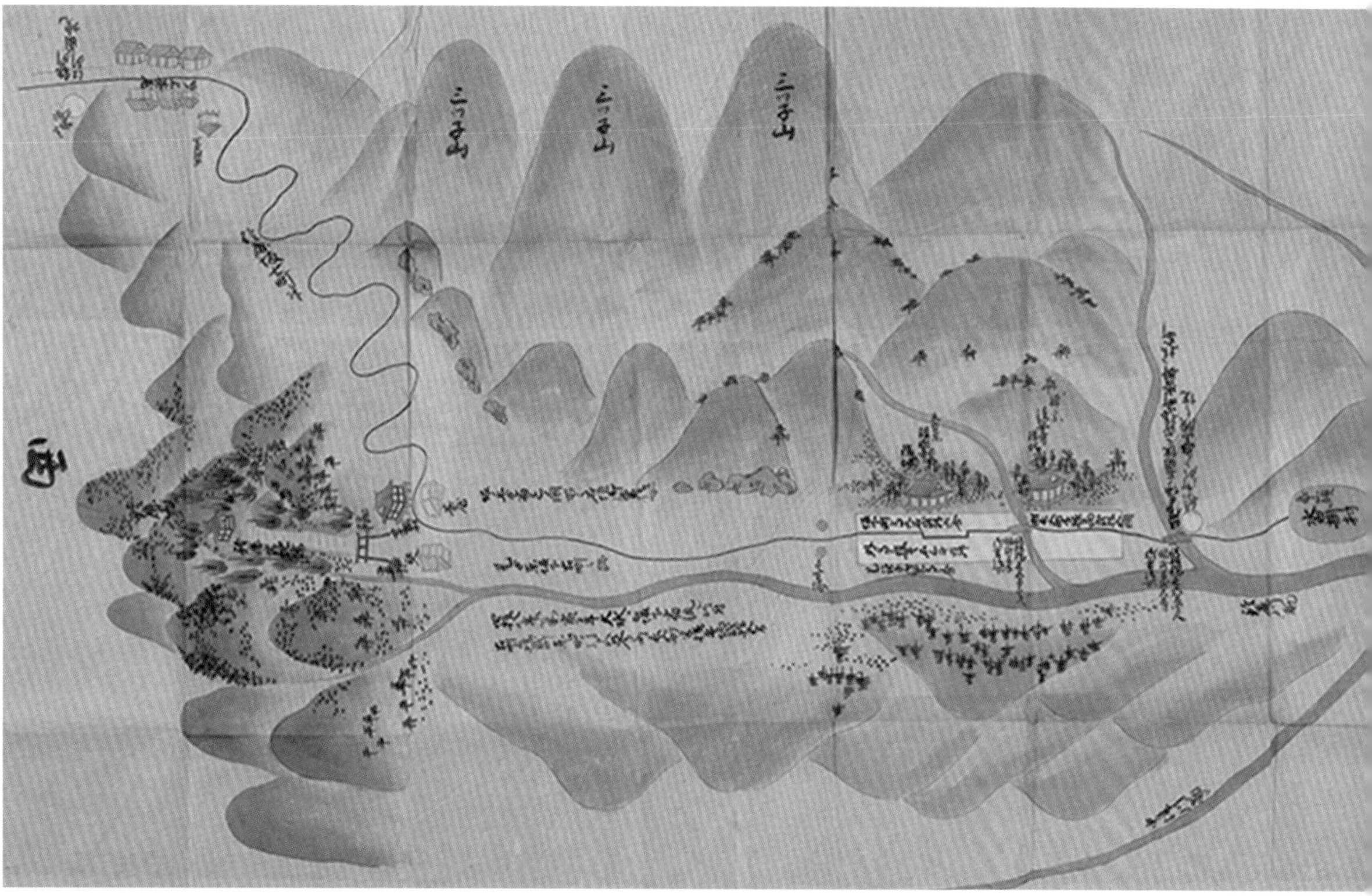

坂下宿絵図　亀山市蔵　元禄年間に描かれたとされる絵図。坂下宿から鈴鹿峠へと続く険しい道筋が描かれている

ある。かつては鏡のように岩肌が輝いていて、山賊がこの岩に映った旅人を襲ったという伝説から「鬼の姿見」とも呼ばれていた。

峠の頭頂部まで来ると、巨大な**③万人講常夜燈**が出迎えてくれる。江戸中期に四国金比羅宮へ参詣する人々が建立した常夜燈で、現在は土山宿寄りの場所にあるが、江戸時代は四国に向かう船からも見える場所に置かれていた。巨大な自然石を組み合わせたもので、延べ3000人が関わって完成させたと伝わる。重機のない時代に狭い峠道を使ってどのように建立したのか、東海道におけるミステリーの一つである。

③万人講常夜燈
道中安全を祈願して建立された巨大な常夜灯。高さ5.44m、重さ38t

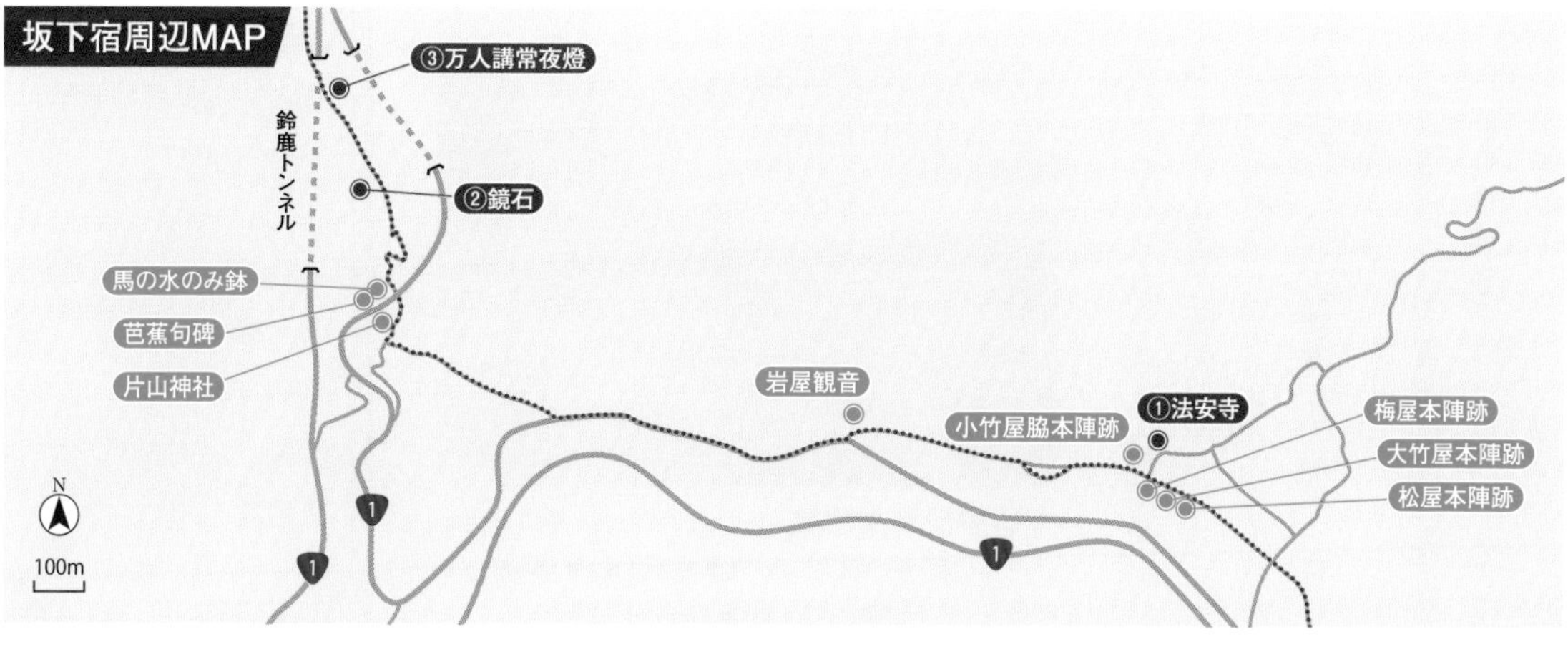

49

土山宿

江戸・明治の歴史が今も息づく

鈴鹿峠の西麓にある土山宿は、江戸期の面影があふれる宿場町。一部現存の本陣や、旧家改装の資料館など見どころ十分だ。

宿データ

場所	滋賀県甲賀市
戸数	351
人口	1505
本陣	2
脇本陣	0
旅籠	44
距離	22町55間
最寄り駅	JR貴生川駅→コミュニティバス「近江土山」

①田村神社

平安時代の武将・坂上田村麻呂を祀る神社。田村麻呂が鈴鹿峠の悪鬼を討伐したことから、交通安全の神としても崇敬されている

名物だった「お六櫛」明治天皇ゆかりの本陣も

鈴鹿峠を越えた先にある土山《つちやま》宿は、今でも往時の雰囲気が感じられる宿場町。宿の入口にある①**田村神社**は、弘仁3年（812）に創建。征夷大将軍・坂上田村麻呂を祀る古社で、本殿に向かう参道には永夜燈と刻まれた多数の常夜燈が並んでいる。伊勢方面を含めた広域で信仰を集めてきた神社で、広重は浮世絵の中で同社付近の有賃橋を描いた。

宿の中心部へ入ると、②**扇屋伝承文化館**が見えてくる。土山宿の土産物を商っていた扇屋を改修した施設だ。元禄期、木曽から京へと向かう櫛職人が途中で病に倒れた際、土山の人々が手厚く看病し、感謝の気持ちとして「お六櫛」が贈られた。それ以来、この地でも「お六櫛」をはじめ櫛の販売が盛んになったと伝わる。館内では宿の見どころを紹介するほか、地元の特産品の販売も行われている。

問屋場跡には③**東海道伝馬館**がある。また、問屋場は明治以降、成道学校として活用されたという経緯があり、近

②扇屋伝承文化館

江戸期に扇・櫛を販売していた商家を改修。休憩所のほか物販コーナーも備える（土・日曜、祝日のみ営業）

③東海道伝馬館
江戸後期の民家を改装した資料館。館内には宿の様子を伝える模型や人形などが展示されている。付近には伝馬継立処もオープンした

年、伝馬継立処としてオープンした。館内では文明開化期の教育についての解説が行われている。

その先にある④**土山本陣跡**は、寛永11年（1634）に三代将軍家光が上洛した際にも利用された由緒ある本陣の跡。現在も大名が宿泊した上段の間と庭園が現存し、宿帳などの古文書や関札・工芸品なども保管されている貴重な施設である。明治元年9月には明治天皇がこの地で誕生日を迎えられ、陛下の誕生日を祝おうと集まった住民たちに、神酒・肴が下賜されたという、ほほえましい逸話も残っている。

④土山本陣跡
明治天皇ゆかりの地としても知られる土山本陣。古文書や調度品の展示が行われている（見学は要予約）

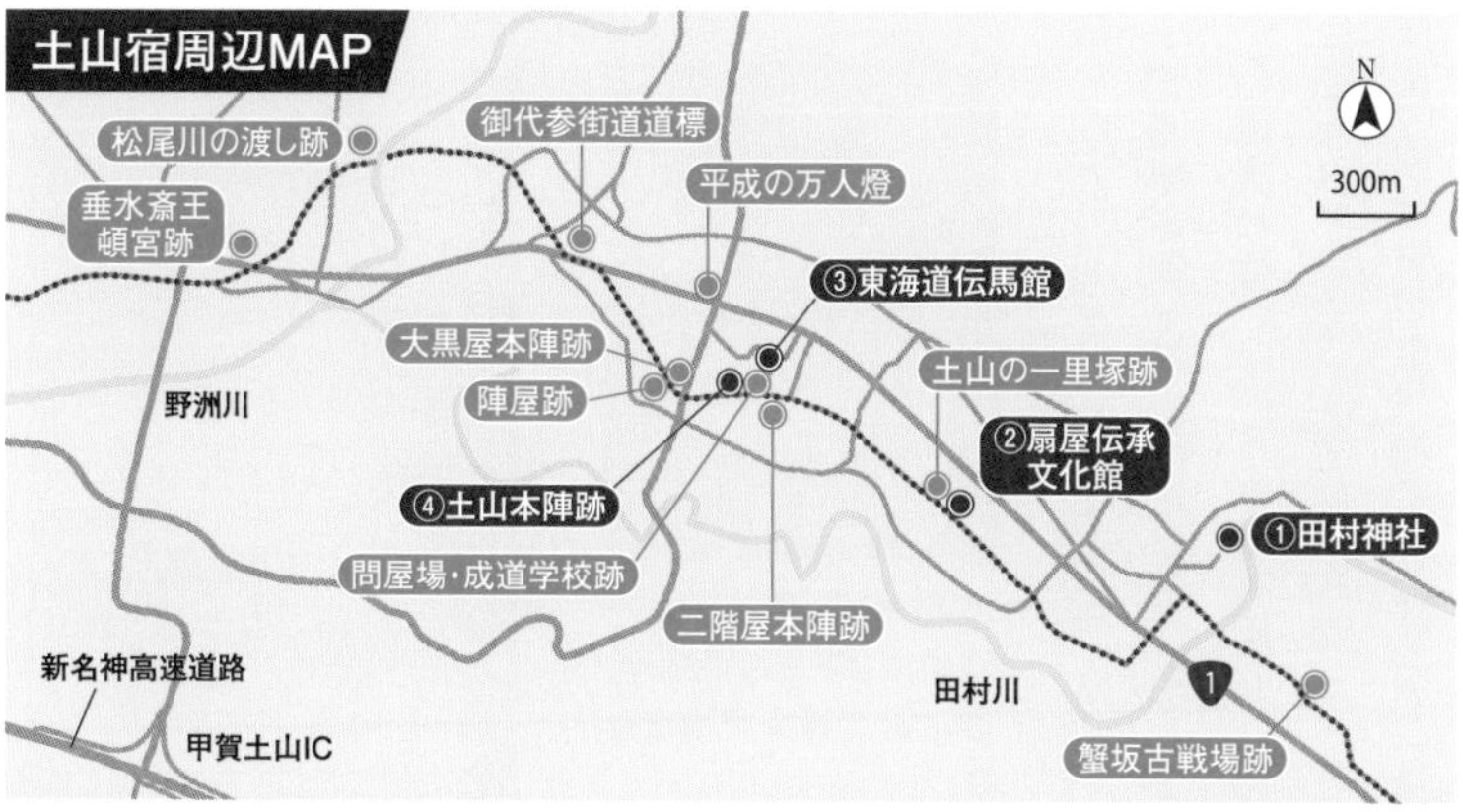

50

趣のある三筋の道を歩く

水口宿

城下町として栄え、今もなお旧家が多く残る水口宿。将軍の宿館として築かれた水口城には、湧き水を利用した美しい堀が残っている。

宿データ

場所／滋賀県甲賀市
戸数／692
人口／2692
本陣／1
脇本陣／1
旅籠／41
距離／22町6間
最寄り駅／近江鉄道 水口石橋駅

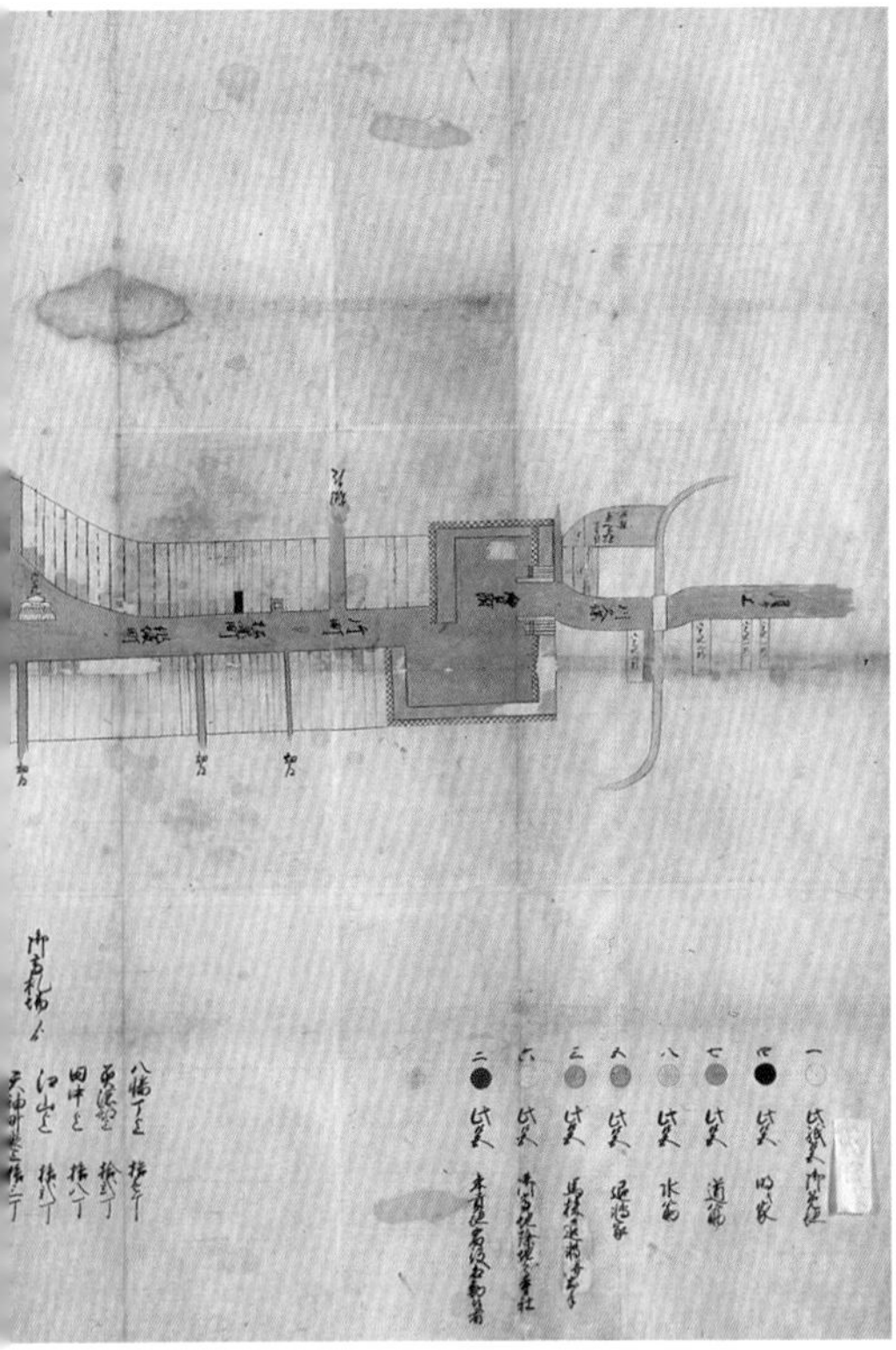

①三筋の道
東見附跡を過ぎると現れる3筋の道。起点には高札場跡がある

②水口城跡
湧き水に囲まれた城跡。再現された角櫓は資料館として公開されている

水口城跡を越え常夜灯が建つ横田川へ

広重の保永堂版五十三次で干瓢作りが紹介された水口《みなくち》宿は、昔から伊勢神宮への参宮客で栄えた。天和2年（1682）、水口城に加藤氏が入り、2万5000石の城下町として発展を遂げたため、今も旧家が残る町並みを見ることができる。

東見附跡を過ぎると、道は3本に分かれ、北西方面へと続く。水口宿の代名詞ともいえる**①三筋の道**には隣同士がつながる長屋跡や、ベンガラ塗りの旧家も見られ、かつての宿場の雰囲気が感じられる。

しばらく進むと道は再び1本に合流し、その先には**②水口城跡**がある。寛永11年（1634）、三代家光が上洛する際の宿館として建造された城であり、小堀遠州が庭を手掛けるなど御殿としての要素が強い。湧き水を利用した堀に囲まれていることから碧水城とも呼ばれ、櫓を模した館内には城や水口藩に関する資料が展示されている。

水口宿を出て石部宿へ向かうと、横田川（野洲川）が横たわり、手前に**③横田の渡し跡**がある。日没前にこの川を渡りそびれると水口宿まで引き返す羽目になるため、舟の最終便に乗り遅れないよう、巨大な常夜燈が置かれ、遠くからでも渡船場が分かるようになっていた。文政5年（1822）に建立された

③横田の渡し跡
横田川（野洲川）沿いの渡し跡。巨大な常夜燈が建つ

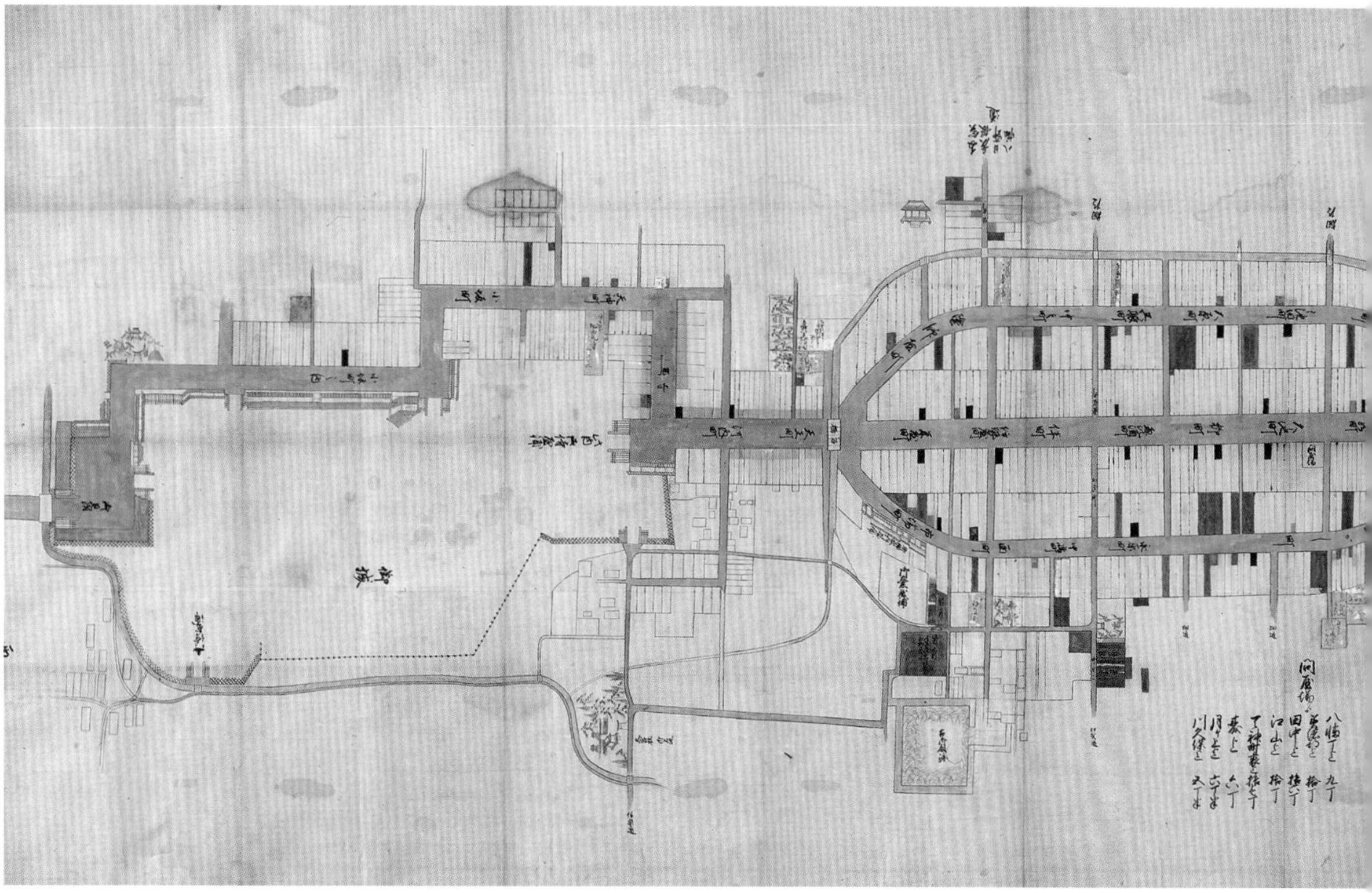

水口宿色絵図　甲賀市水口歴史民俗資料館蔵
甲賀市指定有形文化財「東海道水口宿文書」内の江戸中期に描かれた絵図。三筋の道を含めた城下町の基礎は、天正13年（1585）に豊臣家臣・中村一氏によって整備された

高さ7mに及ぶ燈で、東海道でもトップクラスの大きさを誇る。川を越えた先には**④天保義民の碑**が立っている。天保13年（1842）、過酷な年貢割当てに苦しむ当地の農民たちが幕府に抗議し、多数の犠牲者を出しながらも検地10万日の延期を勝ち取った。石碑は農民たちの勇気を伝えるため、明治31年（1898）に建てられたもの。「歴史を学ぶ」というと政治や合戦の記録をたどることが重視されがちだが、このような農民や町民たちの生活、為政者とのトラブルなどを知るのもまた意義深いことである。

④天保義民の碑
幕府の不正な検地に抗議した農民たちの勇気を称えた石碑

①**石部宿場の里**　農家や旅籠、茶屋などが再現された公園。絵図などを展示する資料館も併設する

51

東下りの旅人の宿泊地

石部宿

京を発した旅人が、最初に宿泊する地として栄えた石部宿。間の宿・六地蔵には大名が立ち寄った小休本陣や製薬場が現存する。

宿データ

場所／滋賀県湖南市
戸数／458
人口／1606
本陣／2
脇本陣／0
旅籠／32
距離／15町3間
最寄り駅／JR石部駅

小休本陣が残る 間の宿・六地蔵へ

石部《いしべ》宿は江戸方面の人々にとってはなじみが薄いが、京から10里と近い距離にある。京を朝に出立するとその日のうちに石部まで行けることから「京立ち、石部泊まり」といわれ、東下りの宿泊客で賑わった宿駅である。

現在の宿場跡に遺構はないが、雨山文化運動公園に往時の旅籠・茶店・町家・郷蔵などを再現した①**石部宿場の里**がある。藤枝宿の田中城下屋敷と似たような試みで、建築物を通して江戸時代の町民生活を今に伝える。

東海道沿いには②**小島本陣跡**をはじめ、所々に碑が立ち、五軒茶屋橋で上道と下道の二手に分かれる。当初は下道のみだったが、野洲川の氾濫により通行できなくなったため、天和3年（1683）に迂回路として上道が造られた。その際、石部宿から5軒の茶屋が移されたため、上道は五軒茶屋道とも呼ばれている。

草津宿を目指して進むと、やがて間の宿・六地蔵に差し掛かる。現地に残る

食事処

田楽茶屋
広重の浮世絵に描かれた茶屋を再現した施設。豆腐とこんにゃくの田楽や、郷土料理「いもつぶし」が人気

③大角家
大名らの休憩所として活用された小休本陣。貴人用の上段の間や小堀遠州が手がけたと伝わる庭を備える

②小島本陣跡
多くの大名や明治天皇が宿泊した本陣跡。最盛期の宿場は商家216軒、旅籠62軒を数えた

旅籠の内部も見学可能

宿場で使用された品々も展示されている

④旧和中散本舗
大角家の家業が営まれた製薬場。木製の動輪や石臼などが残る（大角家とともに5月第3・第4土日と秋に特別公開、それ以外は要予約）

③**大角家**は多くの大名のほか、明治天皇・昭憲皇太后も休憩のために利用した由緒ある小休本陣だ。小休本陣は茶屋本陣とも呼ばれ、東海道では富士川沿いの岩渕と当地で見学可能。風格ある門や玄関のほか、上段の間からは小堀遠州の手掛けたという庭が見られ、多くの大名がここで昼食をとったという。

邸宅の隣には④**旧和中散本舗**があり、大角家の家業だった胃腸薬の製造販売所を見学できる。和中散は薬草を刻み、その粉末を固めたもので、腹痛に効く薬として用いられた。徳川家康が当地で腹痛を起こした際、この薬を処方したところ痛みが治まったため、喜んだ家康が直々に和中散と名付けたものと伝わる。

以来、多くの旅人が当地の土産として買い求めたが、明治以降の近代医療の発展とともに、伝統的な製薬は淘汰された。和中散を販売していた「ぜさいや」周辺には客の馬をつなぐための多くの輪が残り、往時の繁栄を今に伝えている。

52

草津宿

東西を結ぶ二大街道の合流地

草津宿は東海道と中山道の追分があり、人や物が絶えず行き交う街だった。幕府からも重視され、宿場には情報を集める隠し目付も置かれていた。

宿データ

場所／滋賀県草津市
戸数／586
人口／2351
本陣／2
脇本陣／2
旅籠／72
距離／東西4町38間
南北7町15間半
最寄り駅／JR草津駅

幕府が設けた情報収集の拠点

幕府は草津《くさつ》を東海道の宿駅とする一方、中山道《なかせんどう》の終着地としても管理した。東京・板橋宿から始まる中山道は武蔵、上野、信濃、美濃、近江の国々を経由し、守山宿で67番目の継立をした後、東海道草津宿に至る。東西を結ぶ2大街道の合流地である草津宿は大勢の旅人で常に賑わったため、各地の話題も多く飛び交い、情報取集にはうってつけの地だった。

この点に目を付けた幕府は、宿に貫《かん》目改所《めあらためしょ》を置き、旅人の荷の重さを量りながら中味を探り、情報を収集して不審者の取り締まりを行った。幕府から信頼された太田家は問屋場・貫目改所を任された一方、「隠し目付」を命じられ、江戸から贈られてくる密書に応えて老中に不審情報を報告していたという。

①追分道標
文化13年（1816）に建立された道標。東海道と中山道の合流・分岐点に建ち、多くの旅人を案内した

江戸長崎道中図 草津宿周辺部
草津市蔵・うばがもちやコレクション
琵琶湖南部の様子を描いた絵図。草津宿の付近には矢橋港が描かれ、東海道は橋を経由して大津宿へと伸びる

②史跡草津宿本陣
東海道では貴重な現存本陣。内部も公開されており、上段の間や座敷広間、御膳所などが見学できる

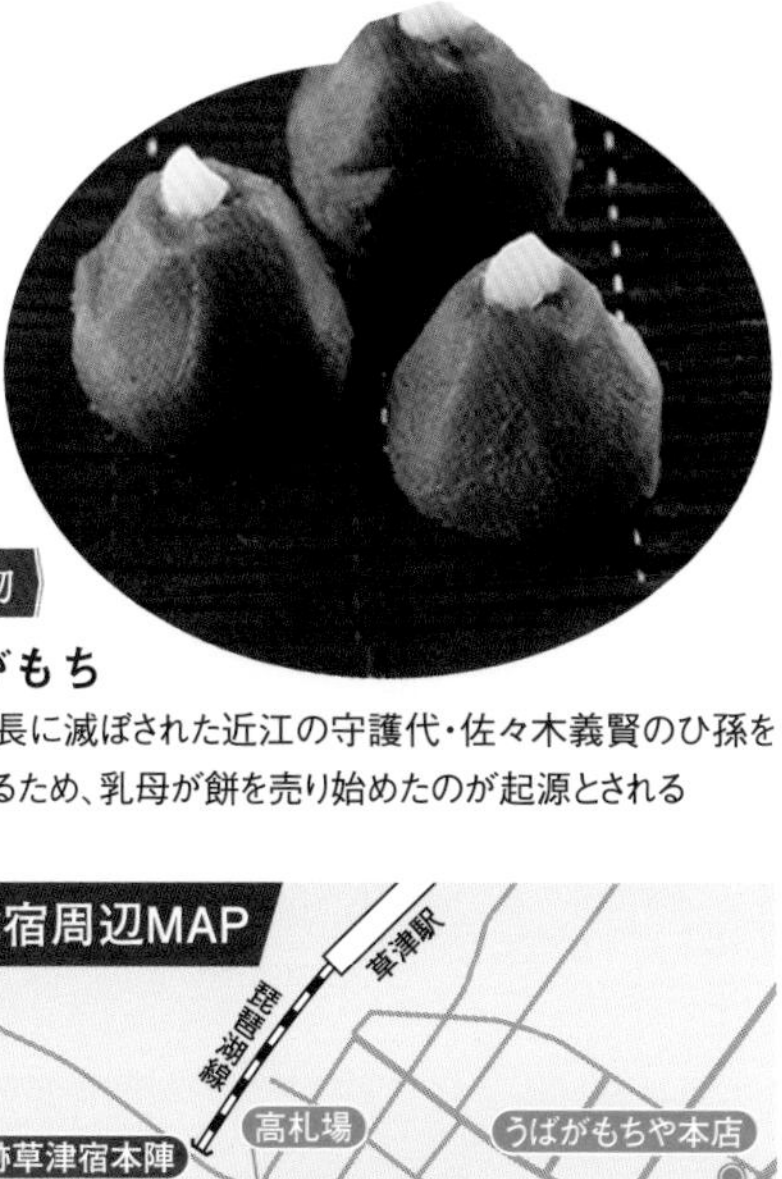

名物
うばがもち
織田信長に滅ぼされた近江の守護代・佐々木義賢のひ孫を養育するため、乳母が餅を売り始めたのが起源とされる

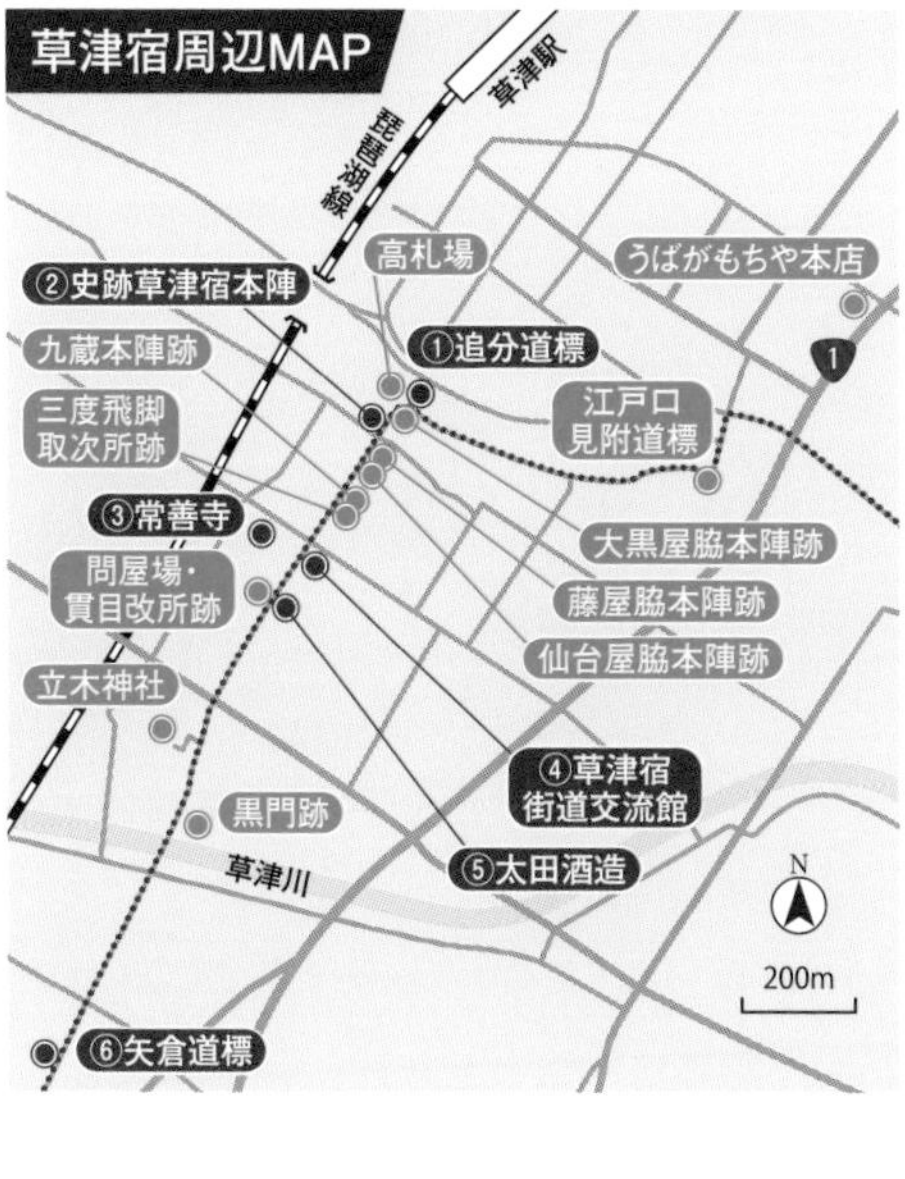

東海道で貫目改所が設けられたのは、品川・府中・草津の3カ所だけであり、いかに幕府が当宿を重視していたかが分かる。なお、太田家は草津宿の重要業務を一手に引き受けていたことから、屋敷のある周辺は「草津政所」とも呼ばれていた。

東海道と中山道との追分には、「右　東海道いせみち」「左　中仙道　美のち」と彫られた**①追分道標**が建っている。常夜灯も兼ねた道標は文化13年（1816）に諸国定飛脚の宰領たちから寄進されたもので、大きな火袋が載せられている。

また、道標近くにあるトンネルは草津川隧道《ずいどう》と呼ばれ、かつてはトンネルの上を川が流れていた。草津川は川床が家々の屋根より高い、いわゆる天井川だったが平成期に廃川となり、現在は市民広場として活用されている。

追分を越えると草津宿の中心部になり、すぐに**②史跡草津宿本陣**が見える。寛永12年（1635）に本陣職を拝命し、東海道で二川宿本陣と並ぶ現存本陣建屋である。玄関、上段の間、控えの間、厨房、風呂、雪隠などが遺こり、敷地は約1300坪。各地の本陣が300坪程度であることからも、草津宿本陣の豪華さがうかがえる。

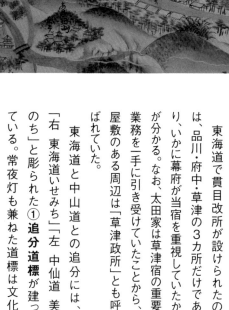

姥が餅屋があった矢橋との追分

少し進むと、右手に天平7年(735)創建の**③常善寺**がある。徳川家康は関ケ原の戦いに勝利した4日後に当寺へ立ち寄り、僧・一秀に田畑50石を与えるとともに、草津宿の人々に発展に力を入れるよう申し付けたという。本尊の木造阿弥陀如来坐像は重要文化財で、建長5年(1253)頃に造られた宋様式の名品といわれている。

寺近くには**④草津宿街道交流館**があり、草津宿の再現模型や旅道具などを見ることができる。その先にあるのは、前述した貫目改を務めた太田家の跡地。現在は**⑤太田酒造**本社となっており、2階の資料館で幕府との荷送りの際に使われた「御用筥」などが展示されている。

中心部を出ると、右手に立木神社がある。境内には延宝8年(1680)に建立された県内最古の石造道標(旧追分道標)が移植されており、推定樹齢300年の黒松も見ることできる。

宿を離れて草津川を越えると、琵琶湖南部の矢橋《やばせ》に向かう追分に差し掛かる。この矢倉追分はかつて、草津名物・姥《うば》が餅屋があったといわれる。現在は市の中心部に移転しているが、広重は保永堂版・草津宿でこの地を描いており、絵の右隅に描かれた**⑥矢倉道標**も現存する。

この追分を右折して、矢橋港から大津へと舟で向かうのが人気となり、広重も近江八景の一つとして「矢橋帰帆」を描いた。現在、渡船場は公園として保存され、巨大な石造常夜燈もそびえ、かつての舟運の賑わいを今に伝える。渡船場の目印だった大銀杏は樹齢250年ほどで、樹高は23mにも及ぶ。

③常善寺
天平7年(735)開基。徳川家康が関ケ原の戦いに勝利した直後に宿陣した寺として知られる

④草津宿街道交流館
東海道・中山道に関する絵図や旅の道具類などを公開。草津の町並みが分かる模型も展示している

⑤太田酒造
「隠し目付」を務めた太田家の跡地。廃藩後に酒造りを始め、現在は「太田酒造 道灌蔵」として営業している

⑥矢倉道標
矢橋港へと続く道との追分にある道標。かつてはこの地に姥が餅屋があったという

ミニ知識

琵琶湖を詠った和歌「もののふの矢橋の舟は早かれど急がばまわれ瀬田の長橋」は、「急ぐなら強風で当てにならない矢橋渡舟より、瀬田回りが確実で良いという意味で、ことわざ「急がば回れ」の語源にもなった。

Column
— コラム —

中山道の魅力と見所

中山道《なかせんどう》は主に山間部を通る街道であることから川留め・川越しの労苦は少なく、また木陰が続くことから夏場の人気街道だった。ただし、平坦部は少ないため冬場の高地は凍てつき、五街道の中でも最も過酷な道中として知られた。

特に急斜面が続く木曽地区は米作に不向きなため、米の代わりに白木を年貢として納めさせたり、義務付けられた人馬の提供数を半分に減らしたりするなど、地元事情を考慮した運営が行われていた。そのほか、荷物搬送に牛を多用したり、当番の問屋が自宅を問屋場として提供する宿もあったりなど、街道管理は必ずしも画一的でなく、ある程度の自由度があったことが判明している。

古い町並みが残る奈良井宿

東海道の宿場は明治以降、開発により多くの遺構が失われたが、山間部である中山道には開発を免れた地域もあり、特に木曽地区の妻籠《つまご》宿、奈良井宿は重要伝統的建造物群保存地区に指定されるなど、全国的に見て最も宿場らしい雰囲気を味わえる地区と言っても過言でない。

信州・美濃地区の街道沿いにも見どころは多く、特に高度1600mの和田峠や、1000mの碓氷峠周辺は五街道でも類を見ない高度地区だったため、旅人支援として食料や水を無料で提供したり、焚火で暖を取らせたりする建屋が置かれていた。「餅屋」「施業所」などと呼ばれたこれらの施設は、現在復元され、往時の旅人支援の様子を詳しく伝えている。加えて、幕末に行われた皇女和宮《かずのみや》御降嫁の旅の様子を伝える宿駅も多くあり、当時の朝廷と幕府の複雑な関係を知る上で欠かせない史跡となっている。

深谷本陣に遺る和宮御下賜の草履

旅人を支援した和田峠の施行所

53

京との追分を控えた要衝

大津宿

瀬田の唐橋を渡り、琵琶湖南部の古刹を巡る旅へ。和歌にも詠まれた逢坂の関を越えれば、京と伏見の分岐点・髭茶屋追分だ。

宿データ

場所／滋賀県大津市
戸数／3650
人口／14892
本陣／2
脇本陣／1
旅籠／71
距離／東西16町51間
南北1里19間余
最寄り駅／JR大津駅

①瀬田の唐橋
日本三名橋に数えられる長橋。近江八景「瀬田の夕照」としても知られる

瀬田の唐橋を渡り 木曽義仲ゆかりの寺へ

草津宿から大津宿《おおつ》へ向かう際、矢橋の短絡ルートを通らず東海道を進む場合は、琵琶湖最南部を回ることになる。途中、瀬田川には①**瀬田の唐橋**（長橋）が架かっている。織田信長が本格的に整備をした橋で、「唐橋を制する者は天下を制す」といわれるほどの交通の要衝だった。

現在の橋は近代になって架けられたものだが、京都の宇治橋、山崎橋と並んで日本三古橋ともいわれる名橋で、緩やかな反りと往時の擬宝珠が印象的である。瀬田の夕景は近江八景に選ばれるほど素晴らしく、広重の浮世絵「瀬田の夕照」の題材にもなっている。

橋の南には、真言宗大本山の石山寺《いしやまでら》がある。境内には天然記念物の珪灰石が広がる珍しい寺で、平安時代には京都の清水寺や奈良の長谷寺と並んで三観音に数えられた。また紫式部が参籠し、源氏物語を著したことでも知られる。天平19年（747）開山の歴史ある大寺院である。

東海道を北に進むと湖畔には②**膳《ぜ》所《ぜ》城跡**があり、現在は公園になっている。膳所城は家康が藤堂高虎に築城させた城だが、元の石垣は明智光秀の坂本城や、浅野長政の大津城などの石垣が再利用されている。中には比叡山の石地蔵も含まれており、戦国時代の目まぐるしい変化が感じられる。

その先にあるのは③**義仲寺《ぎちゅうじ》**。平安末期に源頼朝と対立した木曽義仲《よしなか》の墓所がある寺院だ。なお、義仲を信奉していた松尾芭蕉は「義仲の墓の傍に祀って

②膳所城跡
湖水を利用して築かれた城跡。付近の膳所神社には移築された大手門が建つ

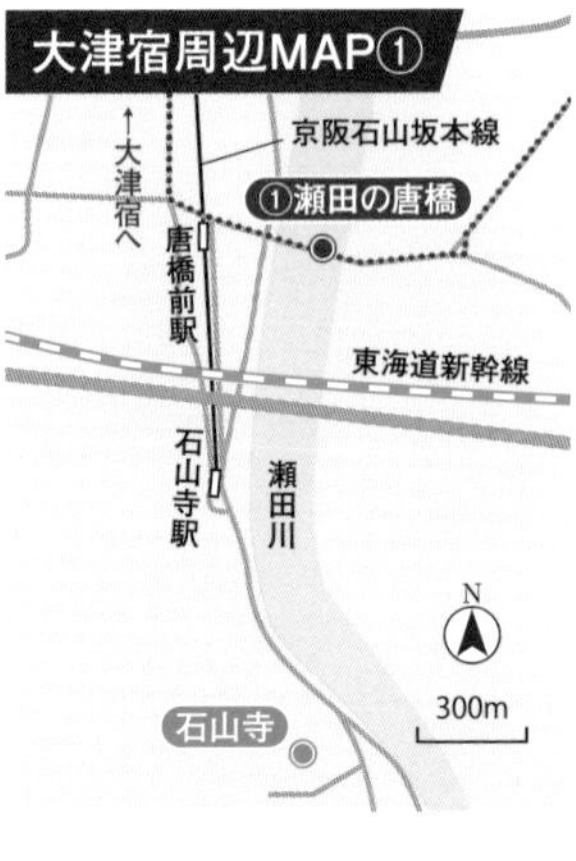

大津町古絵図（個人蔵） 大津市歴史博物館
江戸時代中期に作られた地図。
東海道は大津宿で直角に折れ曲がり、逢坂の関を経て京方面へ向かう

ほしい」と遺言したことから、芭蕉の墓も置かれている。

宿場は現代的な街並みになっており、遺構はそれほど見られないが、約2km北には天台寺門宗総本山**④三井寺**《みいでら》がある。正式には長等山園城寺といい、日本三大不動の一つとして知られている寺院。667年、天智天皇は都を飛鳥から近江大津京へ移したが、天皇が崩御すると大友皇子と大海人皇子が皇位を争う乱となった。この壬申の乱の結果、大友皇子は敗北して自害し、皇子の子である与多王《よたのおおきみ》が父の霊を弔うために創建した寺院が三井寺のルーツとなった。本尊は天智天皇の御念持仏といわれる弥勒菩薩だが、秘仏として非公開となっている。

④三井寺
天台寺門宗の総本山。広大な境内には国宝の金堂のほか、釈迦堂や観音堂など多くの建造物が立ち並ぶ

③義仲寺
平安末期の武将・木曽義仲を祀る寺。境内には松尾芭蕉の墓も立つ

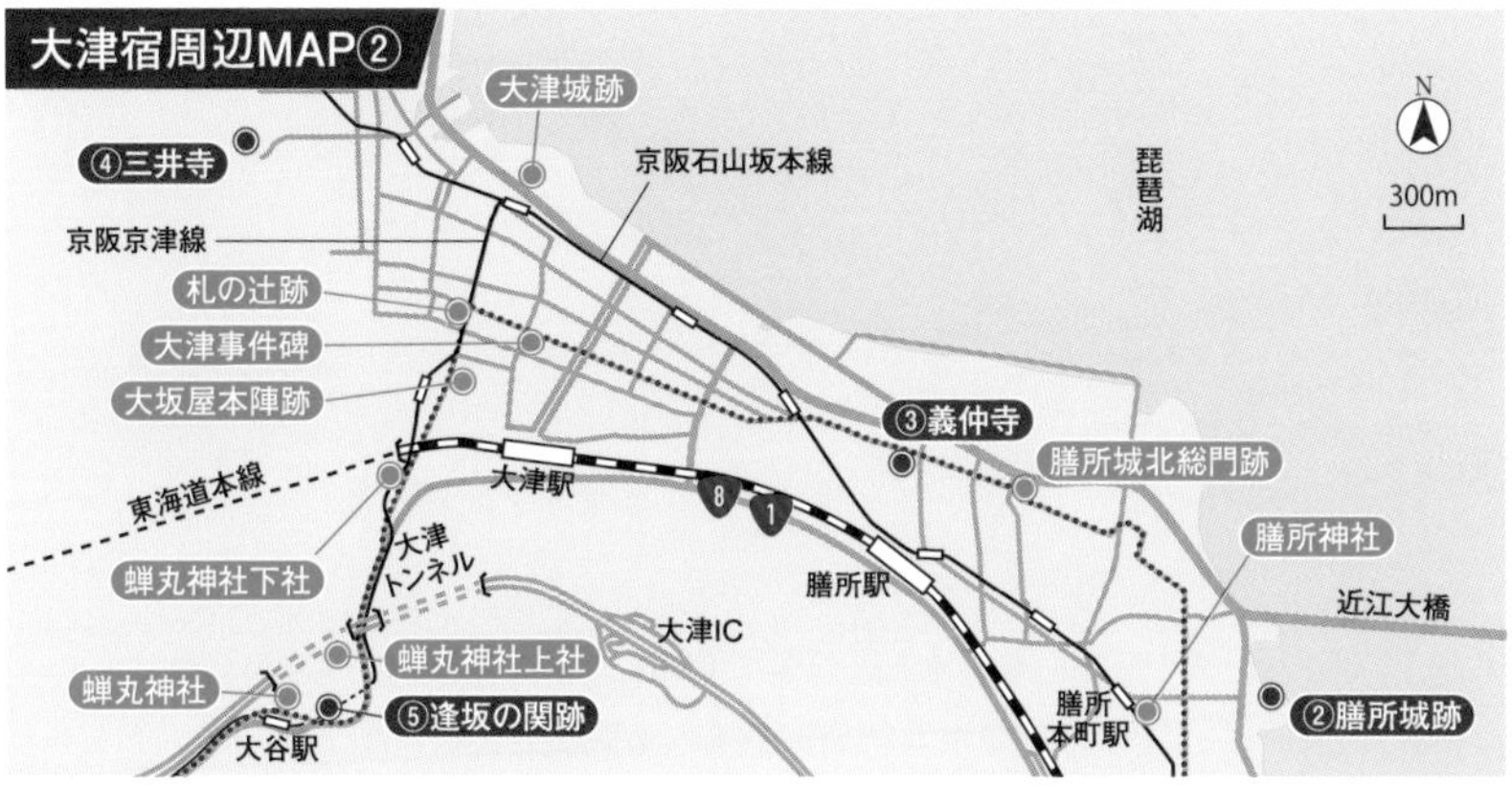

京・大坂の分岐点
髭茶屋追分へ

ＪＲ大津駅を過ぎ、坂を登り切ると三関の一つとして知られる**⑤逢坂《おうさか》の関跡**がある。近江逢坂の関は、山城との国境近くにあり、平安中期以降、越前愛発《あらち》関に代わり重要な役割を果たしてきた。江戸時代の関所とは異なり、「都に事あれば全通行を止める」ことを目的とするもので、この関所の外側が東国と呼ばれた。

逢坂の関は平安時代の琵琶の名手・蝉丸が「これやこの　行くも帰るも　別れては　知るも知らぬも　逢坂の関」と詠い、小倉百人一首に収められたことで広く知られている。現在は関所に関する句を刻んだ石碑が並ぶ公園となり、近くには蝉丸神社も建っている。

京方面へしばらく進むと、走井水で知られた**⑥月心寺**がある。同寺に湧き出る清水は枕草子でも紹介されたほどの名水で、旅人たちもここで喉を潤した。かつては周辺に茶屋も並び、広重も保永堂版で描いたほど賑わった場所だった。

さらに進むと、近江と山城の境である**⑦髭茶屋《ひげちゃや》追分**となる。ここは現在も滋賀県と京都府の県境で、「右　京道、左　伏見道」と記された道標が建っている。右の東海道（三条街道）は三条大橋に繋がり、左の東海道（伏見街道）は大坂高麗橋へと至る。いずれも昔からある幅の狭い街道のため、東海道を分ける重要な追分にしてはこぢんまりとしたと印象だ。

⑤逢坂の関跡
逢坂山に残る石碑。鈴鹿関・不破関とともに「三関」の一つに数えられた

⑦髭茶屋追分
大津方面から右に進むと53次の終着点である京・三条大橋へ、左に進むと伏見を経由して大坂・高麗橋に至る

⑥月心寺
日本画家・橋本関雪の別邸。寺に隣接する庭園には「走井」の語源となった湧き水が流れる

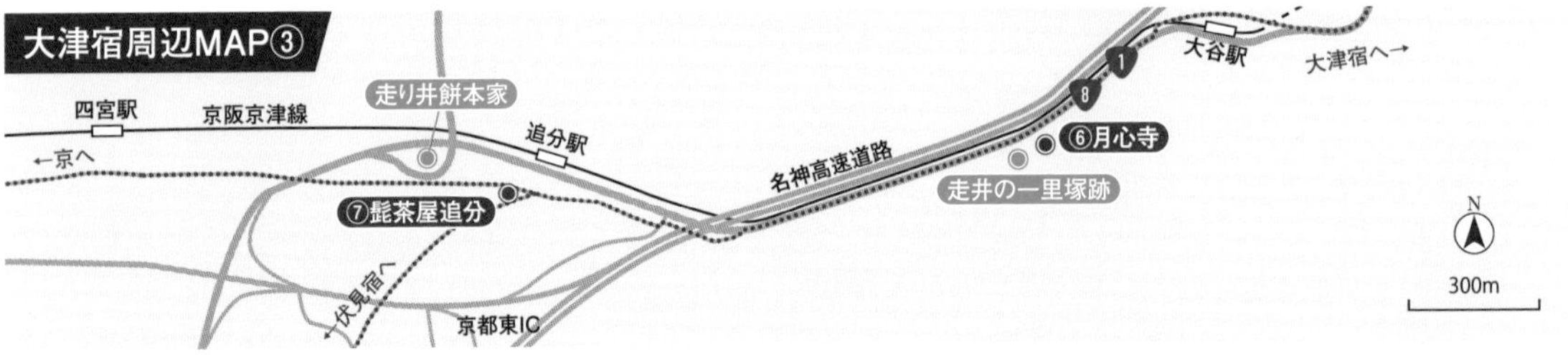

ミニ知識

逢坂関跡付近には「元祖走井餅本家碑」と刻まれた碑が建つ。走井水と近江米で作られた「走井餅」は当地の名物。
現在は髭茶屋追分付近の「走り井餅本家」のほかに、京都府・石清水八幡宮の門前でも販売されている（P147）。

PART 5

髭茶屋追分～高麗橋

大坂までの4宿は
いずれも淀川沿いに設けられた。
酒造りの里・伏見宿では幕末の激闘の跡が、
船待ち宿が残る枚方宿では
淀川舟運の歴史が垣間見れる。
大坂城が見えてくれば、
終点・高麗橋はすぐそこだ。

54

清き水が流れる名酒の里

伏見宿

京からほど近く、幕末期は戦乱の舞台にもなった伏見宿。宿周辺は清い水が湧き続け、酒造りが盛んな土地でもある。

宿データ

場所／京都府
京都市伏見区
戸数／6245
人口／24227
本陣／4
脇本陣／2
旅籠／39
距離／東西10町
南北1里6町
最寄り駅／京阪伏見桃山駅

④伏見十石舟　提供：NPO法人 伏見観光協会
江戸期に酒や米を運んだ輸送舟を模した遊覧船「十石舟」。宇治川派流を巡るクルーズ（約50分）が体験できる

鳥羽伏見の戦いの跡地がそこかしこに

徳川幕府の二代将軍秀忠は、大坂の陣で豊臣氏が滅ぶと、直ちに東海道の大坂延伸に着手した。京への東海道との分岐点は大津宿先の髭茶屋追分としたが、この地点を追分にしたのは主に西国に配した外様大名が京へ立ち寄り、朝廷へ接近するのを避けたためといわれる。

大坂へ向かう東海道としては第一の伏《ふし》見《み》宿は、京阪・伏見桃山駅付近。駅近くには銀座発祥地の碑が立ち、ここにかつて銀貨の鋳造を行う銀座役所があることを伝えている。

駅の北側に伸びる大手筋通りを東に向かって歩くと、左手に①**御《ご》香宮《こうのみや》神社**が見えてくる。徳川家から特別な扱いを受けてきた由緒ある神社で、大鳥居は紀州徳川家から寄進されている。一方、幕末に起こった鳥羽伏見の戦いの際は、薩摩藩などの官軍の拠点として活用された。まさに新生日本誕生の中心地といえるだろう。境内にある石庭は見応えがあり、美しい清水が湧き出てい

①御香宮神社
境内から良い香りの水が湧き出たことが社名の由来。通りに面した表門は伏見城の大手門が寄進されたものと伝わる

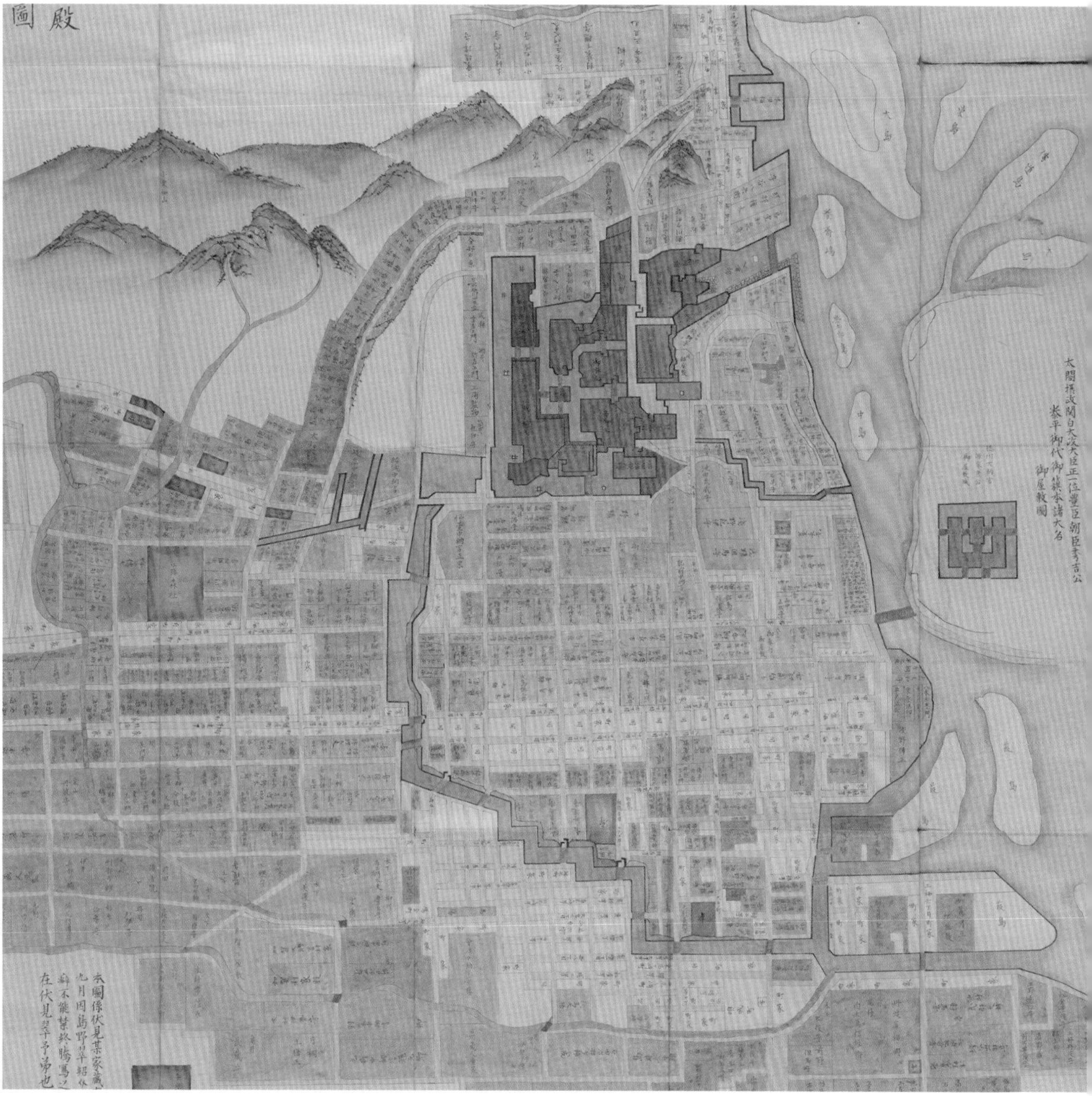

伏見桃山御殿御城之画図 国立国会図書館デジタルコレクション
明治期に描かれた木幡山伏見城と城下町の図（左側が北）

るのも伏見ならではである。

ここからさらに東には、明治天皇と昭憲皇太后を祀る**②伏見桃山陵**がある。明治天皇は伏見桃山城の本丸だったこの地を気に入り、生前から墓所として指定していたという。明治という新時代は伏見で始まり、伏見で終わったと考えると感慨深いものがある。

伏見桃山駅に戻り、京阪鉄道と近鉄に挟まれた奈良街道沿いには料亭・魚三楼がある。同店の格子戸には、慶応４年（１８６８）に勃発した鳥羽伏見の戦いで飛び交った銃弾跡がそのまま遺り、近代日本黎明期の混乱を今に語り続けている。

②伏見桃山陵
230段の階段を上った先にある明治天皇の陵墓。付近には桓武天皇の柏原陵もある

名物・伏見の酒を堪能　龍馬ゆかりの寺田屋も

伏見公園北の道を西へ進むと、清酒メーカーの月桂冠と黄桜の本社が見えてくる。③**月桂冠大倉記念館**は明治42年（1909）竣工の酒蔵を転用した資料館で、酒造用具などを展示するほか、利き酒も体験できる。そもそも「伏見」という名は、きれいな地下水（伏水）が湧き出ることから名付けられたという説もあり、この地が清酒の街、水の街であることが実感できる。

なお、記念館の西を流れる宇治川派流には船付き場があり、④**伏見十石舟**のクルーズが体験できる。江戸期に物資などを運んだ舟を地元の観光協会が復刻し、酒蔵が立ち並ぶ様子を水上から眺める人気のツアーである。

その先の竜馬通りには、坂本龍馬の定宿であった⑤**寺田屋**がある。幕末の志士が日本の行く末について激しく議論した場所で、文久2年（1862）には公武合体を奉ずる藩主の父・島津久光の側近らが、藩内の急進派を殺傷した寺田屋騒動が起こっている。現在の建物は再建されたものともいわれるが、庭には有栖川熾仁《たるひと》親王の揮毫による殉難の碑が建ち、幕末の複雑な世相を語る。内部は資料館として見学できるほか、予約すれば宿泊できる。

③月桂冠大倉記念館

月桂冠の酒蔵を活用した企業博物館。酒造用具や酒器などが展示され、利き酒体験もできる

名物

伏見の酒

日本有数の酒どころとして名高い伏見の町には、今も多くの蔵元が建ち並ぶ。写真は明治期の瓶を復刻した月桂冠の「レトロボトル吟醸酒」

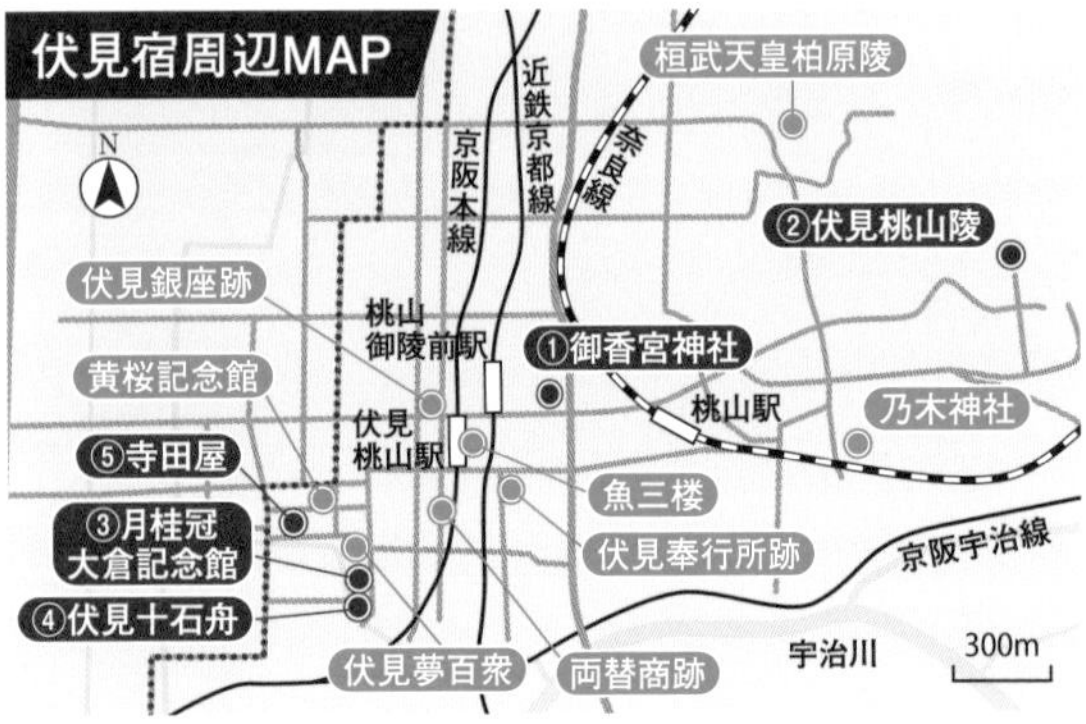

⑤寺田屋

幕末に起こった寺田屋事件の舞台となった船宿。坂本龍馬が幕府役人に襲撃された宿としても知られる

休憩所

伏見夢百衆

月桂冠の本店として建てられた大正期の建物を活用した土産物店。酒の仕込み水を使ったコーヒーや甘味も味わえる

ミニ知識

伏見宿の北にある伏見稲荷大社は和銅4年（711）創建と伝わる稲荷神社の総本宮。千本鳥居をはじめ、境内には1万基もの鳥居が建ち、海外からも多くの観光客が訪れる。

Column
コラム

京・三条大橋への道

一般的な「東海道53次」を旅する場合、旅人は髭茶屋追分を右に進み、京・三条大橋を目指した。山科から蹴上《けあげ》までの道中には地蔵を祀る祠が点在しているほか、皇太子時代に大化の改新を断行した天智天皇の陵墓も残る。樹木が生い茂る古墳は簡素ながら威厳があり、当時の並外れた権力を今に伝えている。

　蹴上の交差点を左折すると、三条大橋へと続く道がまっすぐ伸びる。街道の南にある知恩院は法然上人ゆかりの寺として名高いが、家康が寺地を拡大し、秀忠・家光が山門再建を後押しするなど徳川家との縁も深い古刹である。これら支援には幕府が朝廷を牽制し、有事の際の戦に備える意味合いもあったとされ、同じく徳川家によって城構えに改められた金戒光明寺は幕末の動乱期に、京都守護職の本陣が置かれている。

　三条大橋の手前には江戸時代の尊王思想家・高山彦九郎の像があり、両手をついて京都御所を望拝する独特の姿が印象深い。鴨川を跨ぐ橋は天正18年（1590）、豊臣秀吉によって架橋され、江戸期は幕府によって管理された。現在の橋は昭和期に架け替えられたものである。

　近くの三条河原はかつて刑場や晒し場として使われ、橋の上では幕末の志士たちによる争いも繰り広げられた。橋の擬宝珠に残る刀傷は、元治元年（1864）に起こった池田屋事件の際につけられたものといわれる。新選組が討ち入った旅籠・池田屋の跡地も橋の西側にあり、幕末に起こった事件の一幕が垣間見れる地域となっている。

53次の西の起点・三条大橋

尊王家・高山彦九郎の像

三条大橋のたもとにある弥次喜多像

55

淀宿

三川が交わる水運の要衝地

宇治川や木津川の合流地であり、水運の要衝として栄えた淀宿。江戸期に築かれた淀城の石垣が、往時の反映を伝える。

宿データ

場所／京都府京都市伏見区
戸数／836
人口／2847
本陣／0
脇本陣／0
旅籠／16
距離／14町57間半余
最寄り駅／京阪淀駅

①淀城跡公園
徳川幕府によって築かれた新淀城の跡地。天守台の石垣や水堀が残る

城跡に残る與杼神社 石清水八幡宮にも参拝

淀川沿いにある伏見～大坂間は舟運があり、特に下りは川の流れに乗るため効率的で、利用客も多かった。一方、上りは流れに逆らうため、川岸から人足が牽くような区間もあり、時間を要し舟賃も高くて不人気だった。そのため宿利用は上り方面へ徒歩で向かう旅人が大半で、3宿は「片宿」とも呼ばれた。

宇治川と桂川に挟まれた淀《よど》宿は、秀吉が側室・淀君のために城を築城した際にできた町。しかし、城は関ヶ原の戦い後に取り壊され、徳川家によって付近に新たな淀城が建造された。この城も戊辰戦争の戦火を浴びたため消失したが、跡地である**①淀城跡公園**には今も石垣が残る。

現在、城跡には応和年間（961～964）に勧請した大明神を祀る**②與《よ》杼《ど》神社**が建てられている。もともとは桂川水運の守護神だったが桂川改修のため明治33年（1900）に淀城跡に移設された。拝殿は慶長12年（1607）建造の由緒あるもので、国の重要文化財に指定されている。

大坂方面へ進み、木津川を越えると**③石清水《いわしみず》八幡宮**がある。大分県の宇佐八幡宮、福岡県の筥崎宮とともに日本三大八幡宮と称される神社で、平安時代に宇佐神宮から勧請された。内殿と外殿が前後に並ぶ八幡造りの本殿をはじめ、10棟の御本社が国宝となっている。

御本社内には織田信長が寄進した黄金の雨樋もあり、都の裏鬼門（南西）を守護する存在として厚く信仰されてきた神社である。展望台からは近くにある京都競馬場や、はるか先の京都タワーまで見渡すことができる。

②與杼神社
城跡内に建つ神社。境内には大坂の豪商・淀屋が寄進した高灯籠が建つ

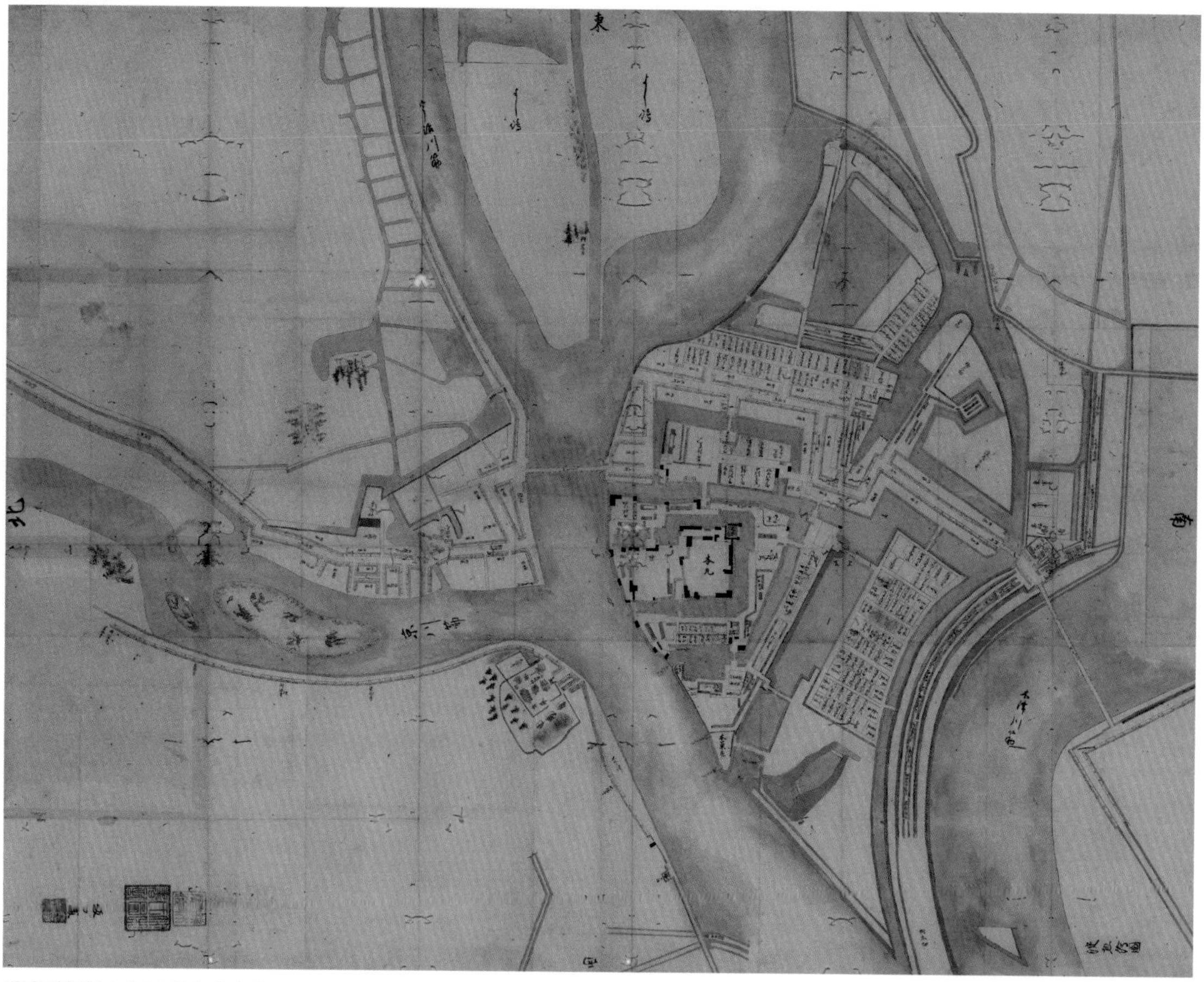

淀惣絵図 西尾市岩瀬文庫蔵
江戸前期、永井氏時代の淀城を描いたとされる絵図

③石清水八幡宮
三川の合流地点にそびえる男山に鎮座。エジソン記念碑や楠木正成の楠など偉人ゆかりの見どころも多い

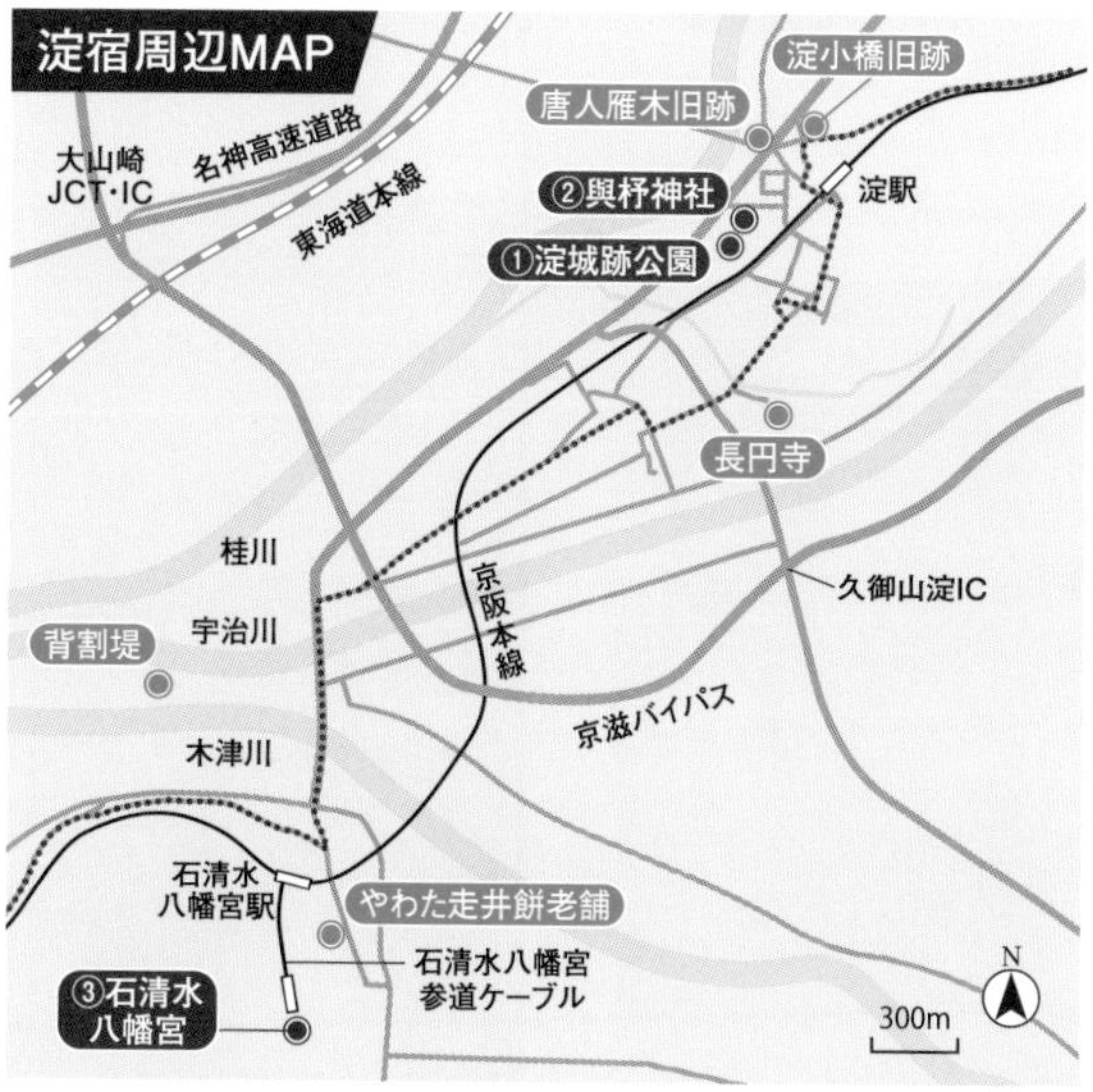

名物

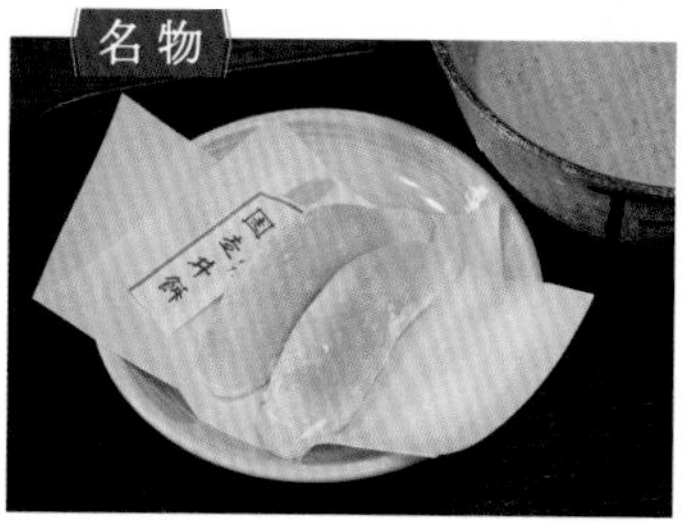

走井餅
石清水八幡宮の門前にある「やわた走井餅老舗」は明治期に大津の本家から分かれ、現在は直系の味を唯一引き継ぐ店舗となっている

56

「くらわんか舟」で名高い 枚方宿

淀川舟運で栄えた枚方宿には、今も風情ある古い町並みが残る。宿内には旅人たちが利用した、船待ちの宿が現存する。

宿データ

場所／大阪府枚方市
戸数／378
人口／1549
本陣／1
脇本陣／0
旅籠／69
距離／南北13町17間
最寄り駅／京阪枚方市駅

万年寺山を望む風情ある街道

枚方《ひらかた》宿は「くらわんか舟」で知られる。京・大坂間を往来する三十石船が枚方に寄港すると、二人乗りの茶舟が近づき「酒くらわんか」「餅くらわんか」と方言でぶっきらぼうに飲食を勧めたことからこの名が付いた。

宿の手前には、天野川が流れている。御三家である紀州徳川家の大名行列の際、臨時に架橋することもあった川である。近くには現在もバッタリ床几や大戸を付けた旧家があり、宿場の雰囲気が漂っている。

枚方市駅付近には古い道標が残り、都市でありながら昔ながらの風情が感じられる。駅の西側には京街道（東海道）と磐船《いわふね》街道の分岐点があり、**①宗左の辻**と呼ばれている。道標には「右くらじたき」の文字が刻まれ、倉治（交野市）にある源氏の滝へと続くことを示している。

宿の南側にある万年寺山は、豊臣秀吉が建てた**②御茶屋御殿跡**であり、家臣である枚方城主・本多政康の娘を住まわせた地ともいわれている。現在は

①宗左の辻
京街道と磐船街道の分岐点。角野宗左という油商人の屋敷があったことに由来する

よと川の図（部分）
大阪市立住まいのミュージアム蔵
江戸時代（18世紀）に描かれた淀川沿いの絵図

淀川舟運を体験　一本松海運提供
大阪水上バスと一本松海運は淀川舟運を体験できるイベントを定期的に開催。枚方船着場・八軒家浜船着場間を観光船で遊覧する人気プランだ

③台鏡寺
宿場の人々から信仰された「夜歩き地蔵」が祀られている

②御茶屋御殿跡
豊臣秀吉が建てた御殿跡で、淀川や対岸地域が一望できる

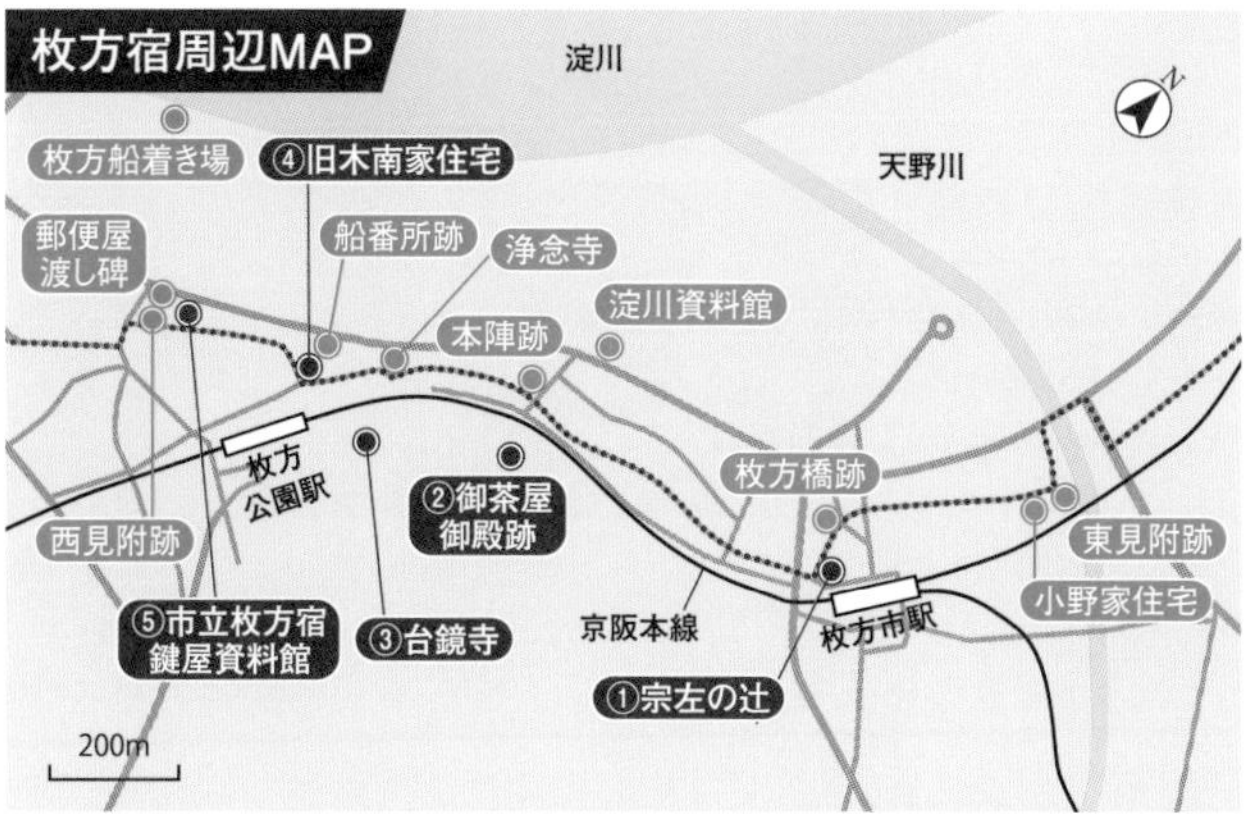

眺めのよい公園になっていて、付近にある意賀美《おかみ》神社も梅の名所として知られる。

　また、近くにある③**台鏡寺**には宿場の人々の信仰を集めた「夜歩き地蔵」が祀られている。足先や衣服の裾に汚れがあることから、夜になると寺を抜け出し、人々の願いを叶えるために宿場を歩いたという伝承を持つ不思議な地蔵である。

船待ちの宿「鍵屋」で舟運の歴史を学ぶ

東海道を進むと、**④旧木南家住宅**が見えてくる。江戸初期から庄屋と宿場の要職である問屋役人を務めた木南喜衛門家の主屋で、くらわんか舟の鑑札を保持していたほか、幕末には農業や金融業も手広く営んだ名家。内部は非公開ながら、出格子や虫籠窓を備えた表屋造りの外観は一見の価値がある。

さらに進むと船待ち宿・鍵屋を活用した**⑤市立枚方宿鍵屋資料館**に到着する。鍵屋は安永2年（1773）の文書にも登場しており、幕末期には三十石船の船待ちの宿として賑わった。平成9年（1997）まで料亭旅館として営まれていたが、現在は資料館となり、主屋は江戸期の姿に復原して街道文化を伝える拠点となっている。

主屋では上下に開閉する出入口の構造や船客の休憩・待合場所などが見学可能。別棟の展示室では、宿場に残された古文書や民具、出土品などを見られる。普通は人目に付かない場所に置かれる竈屋《かまや》を、入口付近に設けるなど、街道を歩く人を呼び込む工夫にも注目すると面白い。事前に予約すれば枚方名物である「ごんぼ汁」付きの弁当も味わえる。

④旧木南家住宅
庄屋と問屋役人を兼ねた木南家の屋敷で、伝統的な町屋建築の特徴を備える

ごんぼ汁　名物
「くらわんか舟」で売られていたゴボウの入った汁を再現。「割烹 藤」のごんぼ汁を鍵屋資料館でも味わえる（要予約）

⑤市立枚方宿鍵屋資料館
船待ちの宿として賑わった「鍵屋」を活用した資料館。「くらわんか舟」で使用されたと考えられる当時の磁器や、等身大の模型などが展示されている

枚方市蔵

ミニ知識

三十石船とは30石（約4.5t）の貨物が載せられる船を指すが、実際の人乗り三十石船は30石以下の輸送力だった。上りは下りに比べて時間・料金もほぼ2倍かかったという。

Column
— コラム —

間の宿・佐太と佐太天神宮

二代秀忠の時代に大坂まで延伸された東海道沿いには、今も多くの歴史的舞台が残るが、その中の一つに間の宿・佐太《さた》がある。枚方宿〜守口宿間にあるこの地は河内名所図会にも詳細に描かれ、淀川舟運の舟客や街道を行き交う人馬で賑わう場所だった。

当地は菅原道真《すがわらのみちざね》の所領地であり、昌泰4年（901）に道真が左遷先の大宰府に向かう際にも、この地にしばらく滞在した。一説によれば、宇多天皇の計らいを期待し、この地で朝廷からの沙汰を待つための逗留だったという。

宿の中心にある佐太天神宮は、文楽や歌舞伎の演目「菅原伝授手習鑑」の「佐太村の段」ゆかりの神社として名高い。道真の死後から約50年後の天暦年間に、残された木像を御神体として祀ったのが始まりと伝わる。現社殿は老中を務めた淀城

江戸初期に再建された本殿

主・永井尚政が江戸初期に再興したもので、大阪府の指定文化財。境内には豪商淀屋四代目三郎衛門が慶安3年（1650）に寄進した石井筒や、道真が自画像のために自らの姿を写したといわれる菅公水鏡の池もあり、大阪みどり百選に選定された豊かな森が広がっている。また、道真が学問の神様といわれることから、受験シーズンはもとより、各種資格を目指す人々が多く訪れるパワースポットでもある。

菅公水鏡の池

慶安3年寄進の石井筒

57

守口宿

文禄堤が伝える街道文化

明治維新の際に計画された「大坂遷都」。守口宿はその舞台となった。宿内には豊臣秀吉が築造を命じた文禄堤の跡も残る。

宿データ

場所／大阪府守口市
戸数／177
人口／764
本陣／1
脇本陣／0
旅籠／27
距離／南北11町51間
最寄り駅／京阪守口市駅

①文禄堤
豊臣秀吉が築かせた淀川左岸の堤防。現在は守口宿周辺のみで見ることができる

明治天皇の大坂行幸ゆかりの寺を巡る

江戸方面から来る旅人にとって、守口宿は東海道57次の最後の宿。幕府文書にも「東海道の継立は品川宿から守口宿まで」と記載され、遠隔地からも広く知られていた。大坂からわずか2里にあることから、馬継を行わない例外的宿駅でもあり、街道史を伝えようと、教育委員会解説板をはじめ、地元の幅広い情報発信が続けられている。

守口宿は①**文禄堤**と呼ばれる堤防上にあり、周囲よりも一段高い場所に設けられている。この堤は豊臣秀吉が文禄5年（1596）、大坂と京を最短距離でつなぐよう、毛利輝元・小早川隆景・吉川広家の3大名に命じて作らせた堤防道で、大阪市北区〜守口市・寝屋川市〜枚方市に至る約27㎞に及んだ。現在は守口宿跡を中心に700mほどしか残らないが、周辺には旧家も残り、風情ある街道を楽しむことができる。

宿の北東には一里塚跡がある。わずかな痕跡を残すのみだが、東海道57次の最後・守口宿が近いことを知らせる塚である。

宿内に入ると、すぐに②**盛泉寺**が目に留まる。東御坊とも称された東本願寺派の古刹で、慶応4年（1868）に明治天皇が行幸した際には、同寺に三種の神器を奉安する賢所を設け、朝廷行事を行った。賢所跡は石柱と鉄パイプで囲われた特別区画となっており、三種の神器を載せたお羽根車を通すための塀重門も残されている。

この行幸は、維新後の「大坂遷都構想」の一環として知られる。当時、新政

②盛泉寺
明治天皇の大坂行幸の際、三種の神器を奉安した賢所が設けられた寺院

③難宗寺
明治天皇・大正天皇の行在所となった上段の間が残る。明治天皇から拝領した猩々緋菊紋船印も展示(見学は要予約)

府の内部では日本の新首都を決める際、大坂か江戸かで意見が二分された。大坂遷都を主張していた大久保利通は、「天皇が500年ぶりに京都を離れ、大坂でしばらく御親政」という実績作りのため、大坂行幸を計画。三種の神器もお羽根車で運び、守口宿で朝廷行事を実施した。しかし、江戸城が無血開城されると、政府方針は前島密《ひそか》らによる江戸遷都案へと傾き、大坂遷都は幻に終わった。

盛泉寺の先には、天皇の行在所となった**③難宗寺**がある。蓮如上人が文明9年(1477)に創建した歴史ある寺院で、西御坊とも称される西本願寺派の古刹。現在の本堂は文化7年(1810)に創建されたもので、上段の間には玉座も残り、歴史的出来事を伝える。菊の御紋入り瓦と鐘楼、樹齢500年ともいわれる大銀杏も印象的な寺院である。

近くには本陣跡があり、「守口宿は東海道57番目の宿」という解説板が掲げられているほか、宿中央部には**④高札場**も新設されている。ほぼ実物大のもので、街道文化を正確に伝承しようという守口市の官民一体となった熱意を感じさせる。

なお、高札場付近から北西方向に文禄堤を離れると、地下鉄守口駅先に**⑤守口文庫**がある。守口宿で宿役人を務めてきた菊田家が代々収集した貴重な資料類を所蔵・公開する、東海道57宿の中でもトップレベルの資料館である。

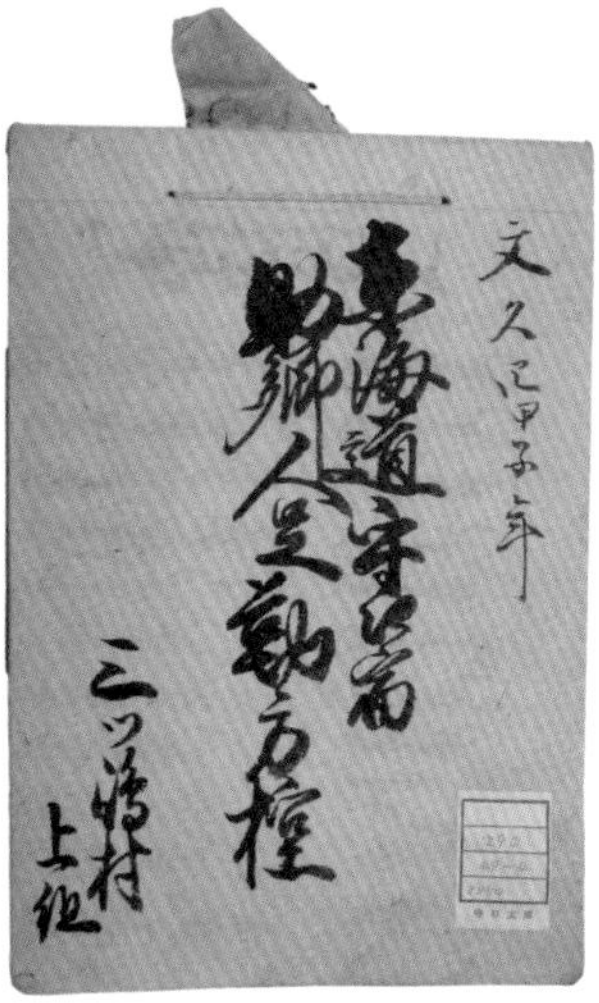

⑤守口文庫
江戸中期〜明治初頭の古文書や絵図など、守口宿に関する史料を収蔵する資料館(月・火・木・金曜開館)

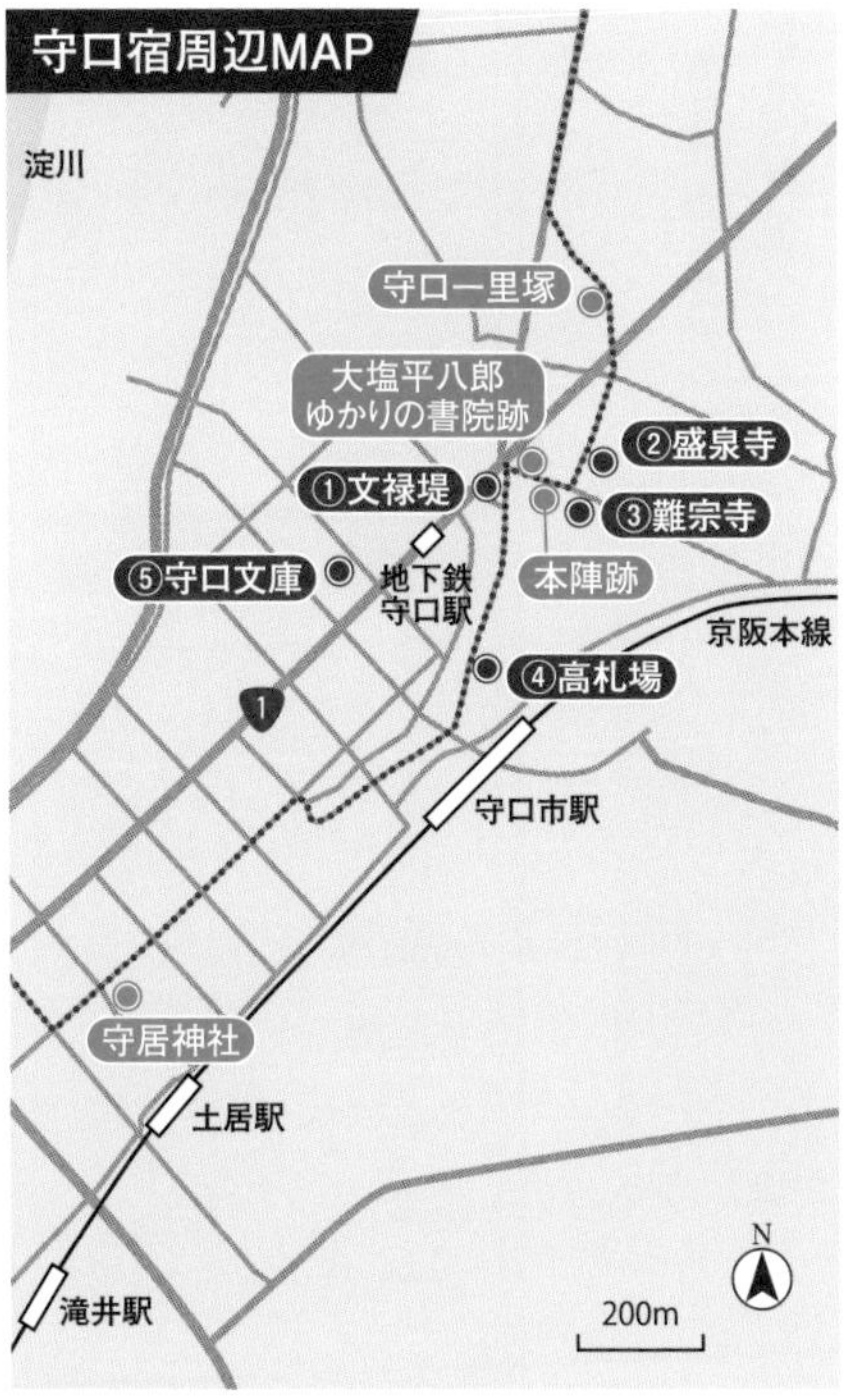

④高札場
宿や街道の歴史を伝えようと再現された高札場

終

高麗橋

水都に架かる東海道の終点

江戸から始まった東海道57次も、とうとう終点に到着した。豊かな水が流れる西の都は、今も多くの人で賑わう。

④大坂城
巨大な石垣と水堀に囲まれ、日本三名城の一つにも数えられる。江戸期は幕府の譜代大名が城代として管理した

「太閤の城」を眺めつつ京橋、そして高麗橋へ

守口方面から続く東海道は、**①京橋**を過ぎると西へまっすぐ伸びる。道中には**②八軒家船着場跡碑**があるが、江戸時代はこの辺りが三十石船の発着地であり、8軒の船宿をはじめ旅籠・問屋・飛脚屋が建ち並んでいた。

東海道は当初、京橋口が終点だったが、その後、**③高麗橋《こうらいばし》**に変更されている。江戸から約140里(約550㎞)の距離にあり、徒歩ならほぼ2週間の旅路であった。大坂城の外堀・東横堀川に架かる高麗橋の周辺はかつて豪商の店舗がひしめき、西詰には高札場が立つなど賑わう場所だったという。明治9年(1876)には橋の東詰に里程元標が置かれ、国道1号線の終端および国道2号線の始点となったが、現在は大阪駅近くの梅田新道交差点に移動している。

さて、当地の中心部といえば**④大坂城**(大阪城)である。そもそも家康が東海道に宿駅伝馬制を導入したのは、役人による遠隔地管理を滞りなく行うためであり、大坂夏の陣で豊臣家を滅

⑤豊国神社
大坂城内にある豊臣秀吉を主祭神とする神社。境内には秀吉像が立つ

宿データ

場所／大阪府大阪市中央区
戸数／―
人口／―
本陣／―
脇本陣／―
旅籠／―
距離／―
最寄り駅／京阪北浜駅

③高麗橋
江戸方面からの東海道57次終着点。高麗使節の送迎施設があったことが名前の由来と伝わる。橋のたもとには里程元標跡の碑が建つ

①京橋
大坂城二の丸にある橋。当初はここが東海道57次の終点（起点）だった

②八軒家船着場跡碑
8軒の船宿が並んでいたことが地名の由来。京から三十石船に乗った旅人はここで下船した

ぼした後は、西国に配した外様大名の監視強化のため、大坂城代との連絡が重要視された。東海道の大坂延伸も、この流れの中で行われた施策で、東海道57次と大坂城は切り離せない関係にある。

　市民から「太閤さんのお城」として親しまれている大坂城の歴史は、天正11年（1583）に豊臣秀吉が本願寺跡地に城を築いたことに始まる。慶長20年（1615）の大坂夏の陣で落城した後、大坂は幕府直轄領となり、三代将軍家光の時代に再建された。天下普請による築城だったため、現在の城内に残る石垣は備前、讃岐など広範囲から集めた石材が使われている。中でも見応えあるのは岡山藩主・池田忠雄が備前犬島から運び込んだ「蛸石《たこいし》」。高さ5・5m、横幅11・7m、表面積60㎡に及ぶ巨石で、他にも熊本藩主・加藤忠広が讃岐小豆島から持ち込んだ石なども見られ、その多くは見附入口に使われた。城を訪れた人々は、その迫力に圧倒されたという。

　城の大半は慶応4年（1868）の鳥羽伏見の戦いの際に焼失したため、現天守は昭和4年（1931）に竣工した「復興天守」と呼ばれるものである。そのほか、大手門、多門櫓などは重要文化財に指定されていて、城内には豊臣秀吉・秀頼・秀長を主祭神とする**⑤豊国《ほうこく》神社**も鎮座している。

　このように現在の大坂城は天守や周辺施設一つとっても、江戸からの57次の目的地にふさわしく、東海道の旅の締めくくりとしてぜひ訪ねてみたい史跡である。

高麗橋周辺MAP

P86	舞坂宿	脇本陣茗荷屋	053-596-3715
P88	新居宿	新居関所	053-594-3615
		紀伊国屋資料館	053-594-3821
P90	白須賀宿	おんやど白須賀	053-579-1777
P92	二川宿	二川宿本陣資料館	0532-41-8580
		商家「駒屋」	0532-41-6065
P94	吉田宿	吉田城鉄櫓	0532-51-2430
P96	御油宿	御油松並木資料館	0533-88-5120
P98	赤坂宿	大橋屋	0533-56-2677
P102	岡崎宿	岡崎城	0564-22-2122
		カクキュー	0564-21-1355
P106	鳴海宿	有松・鳴海絞会館	052-621-0111
		竹田嘉兵衛商店	052-623-2511
P112	桑名宿	六華苑	0594-24-4466
P114	四日市宿	なが餅 笹井屋	059-351-8800
		諏訪神社	059-352-2422
P116	石薬師宿	小澤家本陣跡	059-374-1182
P118	庄野宿	庄野宿資料館	059-370-2555
P120	亀山宿	亀山市歴史博物館	0595-83-3000
P122	関宿	関まちなみ資料館	0595-96-2404
		関宿旅籠玉屋歴史資料館	0595-96-0468
		深川屋	0595-96-0008
P128	土山宿	扇谷伝承文化館	090-6969-3108
		東海道伝馬館	0748-66-2770
		土山本陣跡	0748-66-0007
P130	水口宿	水口城跡	0748-63-5577
P132	石部宿	石部宿場の里	0748-77-5400
		旧和中散本舗・大角家	077-552-0971
		田楽茶屋	0748-77-5300
P134	草津宿	史跡草津宿本陣	077-561-6636
		草津宿街道交流館	077-567-0030
		太田酒造	077-562-1105
		うばがもち本店	077-566-2580
P138	大津宿	月心寺	077-524-3421
P142	伏見宿	月桂冠大倉記念館	075-623-2056
		寺田屋	075-622-0252
		伏見夢百衆	075-623-1360
P146	淀宿	やわた走井餅本舗	075-981-0154
P148	枚方宿	枚方宿鍵屋資料館	072-843-5128
P152	守口宿	難宗寺	06-6991-5896
		盛泉寺	06-6991-2028
		守口文庫	06-6992-7117
P154	高麗橋	大阪城	06-6941-3044

主な施設データ

P14	品川宿	品川宿交流館	☎03-3472-4772
P18	川崎宿	東海道かわさき宿交流館	☎044-280-7321
P26	藤沢宿	藤沢市ふじさわ宿交流館	☎0466-55-2255
P32	小田原宿	小田原城	☎0465-22-3818
		小田原宿なりわい交流館	☎0465-20-0515
		ういろう	☎0465-24-0560
P34	箱根宿	箱根関所	☎0460-83-6635
		甘酒茶屋	☎0460-83-6418
P38	三嶋宿	三嶋暦師の館	☎055-976-3088
P44	吉原宿	富士山かぐや姫ミュージアム	☎0545-21-3380
P46	蒲原宿	ツル家製菓店	☎0545-81-0237
		木屋江戸資料館	☎054-385-3441
		旅籠・和泉屋	☎054-385-7111
		旧五十嵐邸	☎054-385-2023
		志田邸・東海道町民生活歴史館	☎054-385-7557
P50	由比宿	由比本陣公園(東海道由比宿交流館)	☎054-375-5166
		春埜製菓	☎054-375-2310
		小池邸	☎054-376-0611
P54	興津宿	清見寺	☎054-369-0028
		水口屋ギャラリー	☎054-369-6101
		興津坐漁荘記念館	☎054-369-2221
P56	江尻宿	追分羊かん	☎054-366-3257
		次郎長生家	☎054-353-5000
		船宿末廣	☎054-351-6070
P58	府中宿	駿府城	☎054-251-0016
		石部屋	☎054-252-5698
P62	丸子宿	丁子屋	☎054-258-1066
		吐月峰柴屋寺	☎054-259-3686
P64	岡部宿	大旅籠柏屋	☎054-667-0018
P66	藤枝宿	田中城下屋敷	☎054-644-3345
		千貫堤・瀬戸染飯伝承館	☎054-646-0050
		喜久屋	☎0120-410-668
P68	嶋田宿	島田市博物館・大井川川越遺跡	☎0547-37-1000
		大井神社	☎0547-35-2228
P74	日坂宿	川坂屋	☎0537-27-2020
P76	掛川宿	掛川城	☎0537-22-1146
P78	袋井宿	東海道どまん中茶屋	☎0538-44-8595
		居酒屋どまん中	☎0538-43-8858
P80	見付宿	旧見付学校	☎0538-32-4511
		旧赤松家記念館	☎0538-36-0340
		明善記念館	☎053-421-0550
P84	浜松宿	浜松城	☎053-453-3872
		犀ヶ崖資料館	☎053-472-8383

おわりに

東海道完成４００周年という記念すべき２０２４年は、元旦に上州路で社会人駅伝、2日・3日に箱根駅伝が開催され、賑やかに明けました。

この「駅伝」という競技名は大正6年（１９１７）、東京奠都50周年記念に京都～東京間のリレーが企画された際、東海道宿駅伝馬制になぞらえて名付けられたものです。この日本発祥の街道リレーは現在、欧米からアフリカ諸国にまで「エキデン」の名で親しまれており、将来は五輪種目にもなり得るほど国際的な競技となりました。

ただ、そのルーツである街道・宿場の役割を詳しく知る人は少なくなり、江戸期の重要施策が正確に伝承されない現状に寂しさを感じる昨今です。街道・宿場について教科書がほとんど触れない時代となって久しく、若年層は街道の役割について学ぶ機会がないため、関心を持つ人も多くありません。従来の広重の浮世絵中心の説明だけではなく、新たな形で宿場を解説することも必要であり、その点も加味して本書の執筆に取り掛かりました。

執筆に際し、改めて東海道の取材に出たところ、「京までの53次」だけでなく、「大坂までの57次」をより本格的に解説・発信する環境が整ってきたと強く感じました。56番宿である枚方では、毎月第2日曜に「五六市（ごろくいち）」というイベントを開催しています。これに加え、最近は伏見も東海道54番目の宿だった史実を伝えようと、「五四市（ごよんいち）」という市を開いたとのこと。53次の終端地である京都市が、54番宿の情報を発信しはじめたことは、大変意義深いものがあります。

コロナ問題も一段落したことから、すでに箱根路や中山道・木曽路ではインバウンド客が増加し、馬籠峠を歩く外国人は日本人散策者の2倍になったといいます。妻籠宿では外国向けに特別なPRをしなくても、海外客のSNS発信によりインバウンド客が増え続けているそうです。旧街道もネットを上手に活用すれば、地域振興に繋げ得るという明るい兆しが見え始めたのはうれしい限りです。

若い世代から高齢者まで、幅広い世代が街道観光に興味を持てば、街道は国民的健康法の会場となり、沿線の活性化にも寄与します。信頼性の高い幕府史料を活用し、新鮮味ある解説を広く展開すれば、多くの人に街道へ関心を持ってもらえます。宿場訪問者が増えることで、街道観光振興と地方活性化にも繋げられるでしょう。そのような日が一日も早く訪れることを強く願う次第です。

最後に、本書の出版に当たり、静岡新聞社出版部の鈴木淳博氏には企画段階から校了に至るまで、大変お世話になったことを書き添え、感謝して締めくくりといたします。

令和6年4月
東海道町民生活歴史館館主・館長
朝日大学客員教授
志田　威

著者略歴

志田威（しだ・たけし）

1943(昭和18)年生まれ。1967年、東京大学経済学部卒業後、日本国有鉄道入社。1987年に東海旅客鉄道(JR東海)経営管理室長以降、取締役総務部長、常務取締役、本社専務取締役、ジェイアール東海不動産社長などを歴任。現在は「東海道町民生活歴史館」館主兼館長、朝日大学客員教授、(財)恵那市観光協会「恵那観光大使」、(社会福祉法人)中部盲導犬協会評議員会委員長。著書に「東海道57次」(ウェッジ)、「東海道五十七次の魅力と見所」(交通新聞社)、共著に「東海道・中山道 旅と暮らし」(静岡新聞社)など。

歩いて学ぶ東海道57次

2024年4月23日　第1刷発行

著　者　志田威

ブックデザイン　株式会社エイティ・プロ

発行者　大須賀紳晃

発行所　静岡新聞社

〒422-8033 静岡市駿河区登呂3-1-1

電話054-284-1666

印刷・製本　図書印刷株式会社

ISBN 978-4-7838-2640-8　C0026